农地边际化研究导论

AGRICULTURAL LAND

新理论、新方法、新思路

李焕 著

中国社会科学出版社

图书在版编目（CIP）数据

农地边际化研究导论：新理论、新方法、新思路／李焕著 . —北京：
中国社会科学出版社，2023.1

ISBN 978 – 7 – 5227 – 1277 – 2

Ⅰ.①农…　Ⅱ.①李…　Ⅲ.①农业用地—土地利用—研究—中国
Ⅳ.①F321.1

中国国家版本馆 CIP 数据核字（2023）第 014764 号

出 版 人	赵剑英
责任编辑	范晨星
责任校对	李 莉
责任印制	王 超

出　　版	中国社会科学出版社
社　　址	北京鼓楼西大街甲 158 号
邮　　编	100720
网　　址	http://www.csspw.cn
发 行 部	010 – 84083685
门 市 部	010 – 84029450
经　　销	新华书店及其他书店

印刷装订	三河市华骏印务包装有限公司
版　　次	2023 年 1 月第 1 版
印　　次	2023 年 1 月第 1 次印刷

开　　本	710×1000　1/16
印　　张	25
插　　页	2
字　　数	385 千字
定　　价	129.00 元

序　一

人地关系最早是由亚历山大·冯·洪堡与和卡尔·李特尔提出，它的格局、过程与演变一直都是地球科学学科关注的重点领域。随着生产和科学技术的发展，人类越来越多地对地球环境产生影响，人地关系呈现出全球性的危机。其中，农地边际化是人类活动影响地表覆被变化的一种重要表现形式。在全球变化、农业现代化及城市化过程中，农地边际化也是人类需要面对的一种特殊人地关系矛盾。本人也非常关注人地关系研究的进展以及相关学科的发展。鼓励青年学者大胆开展创新性的跨学科综合研究。农地边际化研究是一个集地球科学、管理学和经济学等多学科一体的综合性研究主题，具有鲜明的跨学科特色，是一个值得深入研究的领域。

本书紧密围绕农地边际化问题，分别从理论研究、现状研究、行为研究和治理研究四个方面展开论述。首先，书稿从理论层面探讨了农地边际化的内涵，创新性地提出了"农地利用心理纯收益"的概念作为衡量农地边际化的新依据，并基于演绎式的研究范式提出了以收益—投入弹性理论为基础的农地边际化分类标准，同时从外部性角度分析了农地边际化对区域农地价值与价格的影响。其次，基于理论研究，本书对我国不同地区的农地利用现状及农地边际化问题开展了实证研究，并通过实证研究来进一步验证和改进农地边际化理论研究的成果。再次，本书从农户行为响应方面论述了农地边际化背景下多元主体行为特征及与农地边际化的关联。最后，作者从农地边际化治理角度分别探讨了农地边际化综合整治、应急管理和政策调控。尤其是农地边际化的应急管理研究，紧密结合了当下新冠疫情的情况，以日韩农地边际化应急管理为参考，论述中国农地边际化应急管理的实践。

本书通过对农地边际化理论与实践的探讨，以期为农地边际化研究提供新范式、新理论和新思路。本书值得管理学、地球科学、经济学等领域学者和研究生交流参考，也值得自然资源、农业农村、环境保护等部门的管理者用于决策参考。

中国科学院院士

浙江大学地球科学学院教授

序　二

2015 年，联合国通过了《2030 年可持续发展议程》，为人类与地球的和平与繁荣描绘了现在和未来的共同蓝图。该议程的核心内容是 17 项可持续发展目标 SDGs（包括消除饥饿），并呼吁所有国家采取行动以实现这些目标。可持续的粮食生产、供应和消费是消除饥饿的关键。然而，随着城市化和工业化的发展，大量农村劳动力涌入城市，大量农地被抛荒。农地边际化这一问题已成为实现 SDGs 的主要障碍之一。另外，农地边际化对农村地区土地利用/覆盖变化和社会经济条件产生了深刻影响。因此，在农地保护与粮食安全研究日益受到重视的背景下，农地边际化研究逐渐成为一个重要的研究领域。

The 2030 Agenda for Sustainable Development, adopted by all United Nations Member States in 2015, provides a shared blueprint for peace and prosperity for people and the planet, now and into the future. At its heart are the 17 Sustainable Development Goals (SDGs), which are an urgent call for action by all countries – developed and developing – in a global partnership, including zero hunger. Sustainable food production, supply and consumptionare the keys to ending hunger. However, with the development of urbanization and industrialization, a large number of rural labourers flew into cities and a considerable amount of agricultural land was abandoned. This common phenomenon of agricultural – land marginalization has become a major obstacle to achieving SDGs. The increasing marginalization of agricultural land has had a profound impact on land use/cover change and socio – economic conditions in rural areas. Therefore, in the context of the growing importance of research on agricultural land protection and food security, the study of agricultural – land marginalization has gradually become a significant research field.

本书首先从理论角度对农地边际化概念进行了深入探讨，并指出了传统研究在理论基础和研究方法上的局限性。鉴于这些局限性，作者生动地提出了农地利用心理纯收入的概念，用于评估农地边际化的风险。此外，该书还提出，随着农村数字化改革的推进和农民信息技术的普及，农民的行为自由度大大提高。因此，农民的生计正变得更加多样化和个性化。个人偏好和主观能动性对农民行为的影响不断增强。因此，如何科学认识农民各种行为的特征和趋势，如何引导农民进行合理、健康、可持续的日常行为，如何建立注重农民个人生活质量的现代农村生活方式，成为学术研究的前沿课题。

This book first thoughtfully discusses the concept of agricultural – land marginalization from a theoretical perspective and highlights the limitations of traditional research on theoretical basis and research methods. Given these limitations, the author eloquently puts forward the concept of psychological net income of agricultural land use, which is used to assess the risk of agricultural land marginalization. In addition, the book proposes that, with the promotion of digital reform in rural areas and the popularization of information technology among farmers, the freedom of farmers' behaviour has increased greatly. As a result, farmers' livelihoods are becoming more diverse and personalized. The influence of personal preference and subjective initiative on farmers' behaviour is constantly strengthening. Therefore, how to scientifically understand the characteristics and trends of farmers' various behaviours, how to guide farmers to carry out reasonable, healthy and sustainable daily behaviours, and how to establish a modern rural lifestyle that values farmers' personal quality of life have become frontier topics in academic research.

基于上述认识，作者创新性地将个体时空行为分析的研究方法引入农地边际化研究,深入研究了农民个体行为的演变与农地边际化之间的关系。从我所在学科的角度来看,本书最大的学术贡献在于将个体时空行为的概念和时间地理学的分析框架纳入了农业土地利用变化的研究领域。瑞典地理学家 Torsten Hägerstrand 和他的同事在 20 世纪 60 年代中期开创了时间地理学。然而,大多数采用时间地理学视角的研究主要集中在城市及市民,对农村和农民的讨论较少。本书对农民时空行为研究的理论和方法进行了全面而简洁的阐述。论述了应用大数据分析农民时空行为的优势。我相信,这个从个体角度研究农民土地利用行为的新方向,将成为未来该领域一个新的重要研究热点。

Based on the above understanding, the author innovatively introduces the research method of individual spatiotemporal behaviour analysis into the study of agricultural – land marginalization. The book provides an in – depth examination of the relationship between the evolution of individual farmers' behaviour and the marginalization of agricultural land. From the perspective of my discipline, the greatest academic contribution of this book is that it incorporates the concept of individual spatiotemporal behaviour and the analytical framework of time geography into the research field of agricultural land use change. The Swedish geographer Torsten Hägerstrand and his associates created time geography in the mid – 1960s based on ideas he had developed during his earlier empirical research on human migration patterns in Sweden. However, most of studies that used the time – geographic perspective focused mainly on cities and their residents, with little discussion on rural areas and farmers. This book provides a comprehensive and succinct account of the theories and methods of farmers' spatio – temporal behaviour research. It cogently discusses the advantages of applying big data to analyze farmers' spatio – temporal behaviours. I believe that this new research direction on farmers' land use behaviour from the perspective of individuals will become a new and significant focus in this field in the future.

本书所涉及的学科包括管理学、地理学和经济学,涉及的方法包括统计学、空间分析和建模。本书研究跨学科性强,创新性突出,理论背景扎实,经验证据丰富。对这一领域感兴趣的研究人员、学生和从业人员都将受益匪浅,对解决中国粮食安全问题、促进可持续发展具有很高的理论和实践指导价值。

The disciplines involved in this inspiring book include management, geography and economics, and the methods involved include statistics, spatial analysis and modelling. The research presented in this book is highly interdisciplinary, with outstanding innovativeness, solid theoretical background and rich empirical evidence. Researchers, students and practitioners interested in this area will benefit enormously from reading this book, which has a high theoretical and practical guiding value for solving China's food security problems and promoting sustainable development.

Mei-Po Kwan

英国社会科学院院士

美国科学促进会会士

香港中文大学教授

2022 年 12 月

目　　录

图 索 引

表 索 引

Index

Figure Index

Table Index

第 一 章

农地边际化的概念由来
与产生背景

农地边际化问题在不同的时期有特定的表现形式和规律特征，一直是全球可持续发展研究的重点内容之一。从第一次工业革命开始，因经济发展、城市化和工业化，全球农村的耕地面积不断减少，农地带给农场主或是农户的收益也受到了巨大的冲击。基于此，农地的经济生产能力因持续下滑而开始低于其他土地利用类型的集约边际。在不同土地利用类型的地租比较优势之下，农地会被其他用途排挤而滑入边际利用。19世纪初，以大卫·李嘉图为代表的学者观察到，在农地的投入和生产中，农场主的经济收益也存在如同资本家一般的利润变化曲线。他们尝试使用经济学中的边际效用学说，从生产成本角度对土地的边际现象进行阐释，从而发现经济学中的边际学说同样适用于农地边际现象。在此基础上，结合大量的理论研究和实践调查，大卫·李嘉图提出了跨时代的理论——地租理论，地租理论的提出，为后续学者研究土地问题提供了新的方向。从19世纪中期开始，国外学者就针对农地边际化展开了一系列讨论，并提出了"农地是不是真的存在边际化现象，存在什么样的边际化现象，为什么会存在农地边际化现象"等一系列问题。

在中国，随着社会经济的发展，伴随着耕地集约边际收益的降低，农户会通过不断调整自身在耕地上的投入产出以获得最大收益。经研究发现，在政府、市场和农户响应耕地边际化的过程中，大量的农村劳动力、资金和土地因城乡比较优势而不断流失。据国家统计局数据显示，2019年全国外出务工人数高达17425万人，第一产业增加值占比从2016年的8.1%降至2020年的7.7%。中国面临大范围农地边际化的风险。因此，国家农村农业部接连发布《关于统筹利用撂荒地促进农业生产发展的指导意见》《国务院办公厅关于坚决制止耕地"非农化"行为的通知》，对由耕地边际化所带来的耕地抛荒、撂荒、耕地非农化等社会现象予以高度重视。

本章将从边际土地的概念及应用、农地边际化产生的背景、农地边际化驱动因素这三方面来具体介绍农地边际化研究的背景与起源。

Since the marginalization of agricultural land has specific manifestations andregular characteristics in different periods, it has been one of the hot topics of global sustainable development research. Since the first industrial revolution, because of economic development, urbanization and industrialization, the agricultural land in rural areas around the world has been decreasing, and making a negative impact on the farming income. Given this context, the economic productivity of agricultural land fluctuates continuously and starts to be lower than marginal benefits of intensive use of other types of land use. Due to the comparative advantage of land rents of other different land use types, agricultural land will be crowded out by other types of land and will slide into marginal use. In the early 19th century, scholars, represented by David Ricardo, observed that the economic income of farmers in the process of agricultural land use has a curve of variation of profit similar to that of capitalists. They tried to use the marginal utility theory in economics to explain the marginal phenomenon of land from the perspective of production cost, and found that the marginal theory in economics is also applicable to the marginal phenomenon of agricultural land. On this basis, combined with a large number of theoretical studies and practical investigations, David Ricardo put forward an inter-epoch theory— land rent theory, which gives a new direction to subsequent research on land issues. Since the middle of the 19th century, foreign scholars have launched a series of discussions on the marginalization of agricultural land, raising a series of questions such as "whether the phenomenon of marginalization of agricultural land really exists, what kind of marginalization exists, and why the phenomenon of marginalization of agricultural land exists".

With the development of society and economy of China, farmers will continuously adjust their input and output onagricultural land to obtain the maximum benefit because of the decrease of the marginal benefits of intensive utilization of agricultural land. It has been found that a large amount of rural labor, capital, and land is continuously lost due to the comparative advantages of urban and rural areas in the process of government, market, and farmers responding to the marginalization of agricultural land. According to data from China bureau of statistics, the number of rural migrant workers of China was 174.25 million in 2019, and the proportion of the added value of the primary industry dropped from 8.1% in 2016 to 7.7% in 2020. China is suffering from the risk of a large-scale marginalization of agricultural land. Therefore, the ministry of agriculture of the people's republic of China has successively issued "*The Guidance on the Coordinated Use of Land Abandoned for Cultivation to Promote the Development of Agricultural Production*" and "*Notice of the General Office of the State Council on Resolutely Prevent the 'Non-Agriculturalization' of Agricultural land*" to address relevant problems, including the abandonment of agricultural land and non-agriculturalization of agricultural land.

This chapter will introduce the background and origin of the study of marginalization of agricultural landfrom three aspects: the concept of marginal land and its application, the background of marginalization of agricultural land, and the driving factors of marginalization of agricultural land.

第一节　边际土地的概念及应用

农地边际化理论研究的前提是需要对边际化、边际土地等核心概念的梳理和理解。正确理解这些学术概念对深化农地边际化的理论内涵至关重要。边际土地概念的发展大致可以梳理出三个方向：第一，关注于土地利用的经济效益，认为边际土地就是那些失去或即将失去经济生产能力的土地；第二，关注于土地的生态环境保护功能，认为边际土地就是不适宜种植粮食作物的土地、被人类活动破坏的土地和被忽视而未被充分利用的土地；第三，关注于土地的自然特性，认为边际土地一般是指自然条件较差的林地、天然草地、未利用地。在农地边际化研究领域更偏重于对农地利用的经济效益分析。然而，不同研究领域对边际土地以及农地边际化的认识并不一致。为了更深入地了解边际土地的概念及应用，本节将从"边际化"的学术概念与来源、"边际土地"概念的由来与发展、边际土地概念在不同学科的应用这三方面展开论述。

一　"边际化"的学术概念与来源

（一）边际与边际主义的由来与发展

"边际"（Margin）一词原指事物在时间或空间上的边缘或界限。随着西方资本主义国家资本原始积累和生产要素在区域间的快速流动，经济事物在生产、交换、分配和消费过程中逐渐凸显出频率和总量的上限，即在一定条件下的最后增量。[①] 19 世纪中叶，瑞典经济学家威克塞尔曾经指出："边际原理是高等数学和数学物理的延伸运用，即把已知量看作可变量（一般来说是连续可变的量），并把它们的变化率看成新的量（牛顿

---

① John Stuart Mill, "Principles of Political Economy with Some of their Applications to Social Philosophy", *Journal of Philosophy Psychology & Scientific Methods*, Vol. 11, No. 8, 1911, pp. 163 – 167.

的微分数，莱布尼兹的微分系数）。"① 1862—1874 年，杰文斯、门格尔和瓦尔拉斯提出了边际效用学说，将"边际效用"作为"边际主义"的"特性"，通过理论的方式展现出来。② 随着边际效用学说逐渐受到学术界的广泛使用，生产成本和边际效用成为学者进一步研究"边际"的两大主流方向。

从生产成本角度看，亚当·斯密和大卫·李嘉图都建立了生产成本的理论。亚当·斯密提出了"钻石与水"悖论，认为产品的经济价值取决于投入的人工，所以他对钻石昂贵的解释是，生产钻石需要很多劳动力去发现和开采。在均衡状态下，价格反映了每单位产品的成本，而且各个部门的收益率一致③；此外，大卫·李嘉图将边际的概念与土地的使用相结合，提出了地租理论，他认为土地的价格取决于生产力最低的耕地——边际土地的价格，所以当其他条件不变时，对于农作物的需求增加，则土地价格也会上升，因为农民会开辟低生产力的土地④。

从边际效用角度看，以奥地利学派的弗里德里希·冯·维塞尔为代表的 19 世纪的经济学家们在解决价格的基本经济意义的基础上，进一步细化了该术语的定义，即边际效用或者边际收益，指的是消费者从一单位新增商品或服务中得到的效用（满意度或收益）。⑤ 在该经济现象的基础上，新古典经济学基于无差异曲线所推出需求曲线，提出了边际效用递减假设，认为尽管产品要素的稀缺性被认为相当重要，但是更为关键的是个体的需求和他们从商品得到的边际收益；同时，奥地利学派把边际效用理论作为出发点，结合人体主观神经学和心理学，建立了边际效用定律，认为边际效用递减导致人们不会希望某一种东西有很多，而是

① Knut Wicksell, "Vorlesungen über Nationalökonomie", *Political Science Quarterly*, Vol. 29, No. 1, 1914, pp. 151 – 152.

② William Stanley Jevons, *Theory of Political Economy*, Macmillan and Co., 1888.

③ 王瑶：《重新解读亚当·斯密的"钻石与水之谜"》，《中国社会科学院研究生院学报》2009 年第 4 卷第 2 期。

④ 赵一、李娟娟：《马克思与李嘉图的地租理论比较分析》，《改革与战略》2011 年第 27 卷第 10 期。

⑤ 周维宏：《社会政策视域下的日本农村振兴路径》，《日本学刊》2018 年第 5 期。

希望两者都有适量的①。完美替代的情况下，这个结论就不适合，因为两种商品完全一样，而在完全补充的情况下最为适用。

19 世纪中叶，边际主义逐渐成为普遍的经济价值解释理论，并逐渐开始运用到土地领域。例如，托马斯·查莫斯在其著作《论政治经济学与社会的道德状况即道德前景》中，提出了"耕地边际"的概念；卡尔·马克思在其著作《资本论》中，从需求和供给角度阐述了"边际主义"理论，他提出劳动价值说，将效用和使用价值区别开来，并批判和发展了大卫·李嘉图的地租理论，在厘清地租与利润区别的基础上，提出了级差地租、绝对地租与垄断地租，进一步细化了"土地的价格取决于生产力最低的耕地——边际土地的价格"② 原理的客观条件。

20 世纪初，此类有关边际的思想理论被主流学者定义为"边际主义"③。边际主义是由边际效用和边际成本发展而来的经济学理论，主要是运用边际分析方法来研究经济事物的增量的性质和作用。随着社会经济的不断发展，边际成本、边际收益、边际替代率以及边际消费倾向等概念先后提出并受到广泛使用。1914 年，约翰·霍布森在《工业与财富》④ 一书中首创"边际主义"一词，用以概括经济学家们所接受的边际效用论和边际生产理论。但由于时代的局限性，霍布森所提出的理论，仅仅是把"边际主义"解释为"一种经济分析"，仅限于研究边际成本或边际生产力在经济分析中的作用，而非阐释边际特性在决定经济事物发展均衡中的作用。

土地利用作为一种社会经济活动，很多土地经济学家都将经济学的边际生产力理论引入对农地利用变化的研究中。1980 年，国际组织（Commission of the European Communities，CEC）提出了农业边际化的

① 冯兴元：《奥地利经济学派评述》，《社会科学战线》2017 年第 8 期。

② 李长春、徐琬儿：《经济学中的地租理论：从古典到现代》，《海南师范大学学报》（社会科学版）2020 年第 33 卷第 4 期。

③ 颜鹏飞：《西方边际主义经济学产生和发展的根源》，《武汉大学学报》（社会科学版）1992 年第 2 期。

④ 王明友、王天一：《从边际主义经济学的先驱看边际革命的产生》，《北京工业大学学报》（社会科学版）2005 年第 4 期。

概念，认为农业边际化情形可定义为经济生产能力处于边际化时的那种状况。[1] 1996 年，Brouwer、Baldock 和 Godeschalk 以土地利用与社会—经济结构为依据，将农地边际化视为农地因社会、经济、政治和环境等多因子影响而不再具有生产能力的过程。[2]

20 世纪 90 年代，随着中国耕地面积因经济发展、城市化、工业化而不断减少，农地撂荒现象不断发生，学术界开始将研究重点转向农地弃耕撂荒、耕地粗放经营与集约度变化等问题。通过大量的研究和实践，多数学者将农地弃耕撂荒归因于"农业比较利益低、土地流转困难、税费负担过重"等因素，认为该类土地问题存在经济学上的"边际效应"。中国学者开始将研究重心转向"农地边际化""边际土地"等领域，比如定光平学者尝试从边际化角度对中国农地利用中的变化、农地边际化的概念、类型、诊断指标与方法、驱动因素等理论层面进行探索性研究（见表 1 –1）。

表 1 –1 边际理论发展历程

边际理论的发展历程	观点来源	对边际的理解	时间	代表人物	主要观点
理论起源	传统生活中的事物大小、日出日落现象	时空上的边际	—	—	时间和空间存在边缘和界限
	经济生活中的生产、消费	经济中存在边际	—	—	每一单位新增商品带来的效用，这就是生产或消费的边际

① Commission of the European Communities（CEC），1980，"Effects on the environment of the abandonment of agricultural land"，Commission of the European Communities，Luxembourg.

② Brouwer，F.，Balfock，D. and Godeschalk F.，et al.，1999，Marginalisation of agricultural land in Europe，LISIRD NAPLIO CONFERENCE PAPERS，pp. 1 – 13.

边际理论的发展历程	观点来源	对边际的理解	时间	代表人物	主要观点
理论主流研究方向	边际效用学说生产成本角度	"钻石与水"悖论	1776 年	亚当·斯密	产品经济价值取决于相对于需求的产品数量的多寡
		地租理论	1817 年	大卫·李嘉图	边际的概念与土地的使用相结合；土地的价格取决于生产力最低的耕地——边际土地的价格
理论奠基	经济中存在边际牛顿微积分莱布尼兹的微分系数	边际可量化可用高数物理运算法则去解释边际现象	19 世纪中叶	威克塞尔	边际原理是高等数学和数学物理学的延伸运用，即把已知量看作可变量（一般来说是连续可变的量），并把它们的变化率看成新的量（牛顿的微分数，莱布尼兹的微分系数）
	经济中存在边际	边际效用学说边际具有"特性"	1862—1874 年	杰文斯、门格尔和瓦尔拉斯	将"边际效用"作为"边际主义"的"特性"，通过理论的方式展现出来
	边际效用学说边际效用角度在解决价格的基本经济意义的基础上	边际效用定律木桶原则机会成本最低原则	1884 年	奥地利学派的弗里德里希·冯·维塞尔	边际效用递减导致人们不会希望某一种东西有很多，而是希望两者都有适量的

续表

边际理论的发展历程	观点来源	对边际的理解	时间	代表人物	主要观点
理论批判	"边际主义"理论需求和供给角度	劳动价值说	1867—1894年	卡尔·马克思	将效用和使用价值区别开来
	大卫·李嘉图的地租理论	地租分类	1867—1894年	卡尔·马克思	在厘清地租与利润区别的基础上，提出了级差地租、绝对地租与垄断地租，进一步细化了"土地的价格取决于生产力最低的耕地——边际土地的价格"原理的客观条件
理论归总	概括经济学家们所接受的边际效用论和边际生产理论	首创"边际主义"一词	1914年	约翰霍布森	研究边际成本或边际生产力在经济分析中的作用
国际农地边际化研究	边际主义理论农地存在边际化现象	提出了农业边际化的概念	1980年	Commission of the European Communities（CEC）	认为农业边际化情形可定义为经济生产能力处于边际化时的那种状况

（二）边际分析方法的由来与发展

边际分析法广泛运用于经济行为和经济变量的分析过程，如在对效用、成本、产量、收益、利润、消费、储蓄、投资、要素效率等分析中多有边际概念。[①] 1814年，马尔萨斯提出对经济边际问题运用微分法分析的可行性假设。[②] 1824年，汤普逊（W. Thompson）在可行性假设的基础

---

① 李文明、吕福玉：《网络经济边际效应与网络文化产业发展模式研究》，《现代财经》（天津财经大学学报）2011年第31卷第10期。

② 蔡继明、陈臣：《论古典学派价值理论的分野》，《经济学动态》2017年第4卷第6期。

上，通过对政府的商品和劳务采购获利问题的研究，首次将微分法运用于经济边际问题分析。① 随着边际分析方法在经济问题中的广泛使用，以瓦尔拉斯（L. Walras）、杰文斯（W. S. Jevons）等学者为代表的②边际效用学派对边际分析中的相关概念进行了阐释。边际效用学派学者将定性化的边际效用概念③从现象中抽离，与微积分中的"导数"和"偏导数"相结合④，使之能够成为定量分析的概念。基于量化边际概念的边际分析法，其数学原理简洁而丰富。边际分析方法以离散 discrete 情形、连续continuous 情形两种情形为基础，对边际值 marginal value 进行数学测算（即因变量关于自变量的变化率）。可以用公式（1-1）来说明：

$$边际值 = \Delta f(x) / \Delta X \qquad (1-1)$$

式中：Δ 代表变量，$\Delta f(x)$ 代表经济产出，X 代表经济投入。

二　"边际土地"概念的由来与发展

（一）"边际土地"概念的由来

边际土地是边际效益分析概念的延伸。边际土地这一概念在不同学科里有不同的定义。尤其在经济学中，边际土地概念被大量引用，经济学家习惯从土地利用的成本收益角度进行定义。威廉·配第把土地价格的本质定义为剩余劳动的产物并提出在其他条件相同的情况下，地租的大小取决于雇用工人的数量、土地丰度和市场道路距离⑤。而法国资产阶级庸俗政治经济学的创始人萨伊认为，土地的价值和边际化程度是由劳动、资本和土地三个要素综合考量的。⑥ 而美国经济学家雷利·巴洛维认为，边际土地就是在当前所考虑的用途之下无租或处于粗放边际之外的土地，而且它是个相对概念，会随着客观条件的变化而变化。

与此同时，亚当·斯密（1723—1790）在《国富论》第 1 卷第 4 章

---

① 巴红静：《以历史的眼光看待未来：经济史的研究方法》，《东北财经大学学报》2010 年第 4 卷第 1 期。

② 奚兆永：《边际原理研究》，《经济评论》2003 年第 4 卷第 5 期。

③ ［法］莱昂·瓦尔拉斯：《纯粹经济学要义》，蔡受百译，商务印书馆 1989 年版。

④ ［英］斯坦利·杰文斯：《政治经济学理论》（中文版），郭大力译，商务印书馆 1964 年版，第 2、3、8、15、18、19、20 页。

⑤ 陈冬野：《配第经济著作选集》，商务印书馆 1981 年版，第 85 页。

⑥ 蔡继明、邓茂：《谷书堂经济思想评述》，《经济学家》2015 年第 4 卷第 11 期。

中提出了著名的钻石与水的价值悖论①。该悖论说明，土地因为被使用而具有价值；土地价值的大小，与其说取决于其用处的大小或人们对它的需要程度，不如说取决于相对于需求的土地数量的多寡。若土地对于农户的使用价值低于农户的期望值，那么无论土地数量多少，其都会因为价值与期望的巨大落差而沦为"边际"。在综合前人研究的基础上，大卫·李嘉图对"边际土地"的概念进行了综合论述，即边际土地的核心基础在于区域内的土地是否具备能够满足人类耕种及其他经济需求的能力，土地的价值会因其经济生产能力的不同而产生较大差异②。随后，卡尔·马克思批判和发展了大卫·李嘉图的地租理论，提出了级差地租、绝对地租与垄断地租③，并进一步分析了"土地的价格取决于生产力最低的耕地——边际土地的价格"的客观条件。

（二）"边际土地"概念的发展

1980 年，国际组织（Commission of the European Communities，CEC）提出了农业边际化的概念，认为农业边际化情形可定义为经济生产能力处于边际化时的那种状况。20 世纪 90 年代，随着农地粗放经营的方式越来越普遍，国内外农地弃耕撂荒现象愈演愈烈，"农地边际化"问题被提出，并成为农地利用变化研究领域的重要研究问题。由于环境的脆弱性较突出，学术界主要关注农地边际化带来的环境效应，尤其是耕地撂荒对环境的影响。例如，西方学者 Correia 认为弃耕土地会因农业复合系统的单一化而导致生物多样性减少。20 世纪末，GIS、遥感等技术兴起，为农地利用变化情况的信息提取提供了便利性，学术界由此将研究重点转向农地边际化的时空发展演变。国内外学者多是通过卫星遥感影像获取不同时空尺度的农地利用现状信息，研究不同时期或不同区域的农地利用结构、农地经营集约度等变化特征，总结出农地边际化的时空演变规律。同时，根据农业土地利用变化的时空动态特征研究农地边际化的驱

---

① ［英］亚当·斯密：《国民财富的性质和原因研究：上卷》，商务印书馆 1972 年版，第 44、59、137 页。

② ［英］大卫·李嘉图：《政治经济学及赋税原理》，华夏出版社 2005 年版，第 43、45、54、71、88 页。

③ 吴易风：《评杜能的〈孤立国〉》，见杜能《孤立国同农业和国民经济的关系》，中文版，商务印书馆 1986 年版，第 xvii 页。

动力因素。虽然遥感与 GIS 的结合极大地推动了农地边际化的空间动态研究与驱动力研究，但关注点主要是宏观上的社会经济环境等因素，而忽视了微观上"人"的土地利用行为与农地边际化之间的关系。

21 世纪，关于农地边际化的研究不断深入，国内外学者将视角从宏观层面转变到微观层面，开始聚焦农地边际化过程中农户的行为响应研究。在农户行为研究上，学术界提出了农户行为理论。农户行为理论将农户的各种行为看作是经济行为，并假设农户为"完全理性"的经济人，从经济学的角度研究农户在农村经济活动和生活中进行的各种选择决策。由于农户在做出各种行为选择决策时，不只是考虑效用最大化，还会受到个人认知、价值观念等心理因素的影响，因此农户行为理论存在忽视主观因素对农户影响的缺陷。2014 年，行为经济学获得诺贝尔经济学奖，其将心理学与经济学相结合的优势弥补了农户行为理论的不足。行为经济学中的期望价值理论、前景理论等为农地边际化研究中分析农户行为响应与农地边际化之间的互馈关系与影响机制提供了理论支撑。自此，将行为经济学应用到农户行为响应研究中成为农地边际化研究领域的新方向。

在西方经济学家研究的基础上，中国经济学家也从土地利用的成本收益角度对边际土地进行了定义并补充了相关概念。比如，中国经济学家殷章甫认为，再生产时，当经营土地的 TR（总收益）大于 TC（总成本），有超额利润，则该土地为超边际土地。因此，边际土地这一概念最早是应用于分析土地的经济生产能力，分析方法主要是采用成本收益法。

三　边际土地概念在不同学科的应用

（一）边际土地在经济学中的应用

在经济学家研究的基础上，国内外其他领域的学者围绕各自特定的研究目的相继开展了一系列实证研究，进一步丰富了边际土地的概念。边际土地是土地经济学里的一个专有概念。土地经济学最初渊源于政治经济学。资产阶级古典经济学家威廉·配第、杜尔哥、亚当·斯密、詹姆斯·安德森、大卫·李嘉图等对级差地租理论的探讨，奠定了现代资产阶级土地经济学的理论基础。其后，杜能又建立了位置级差地租（即区位地租）的理论模型。

马克思、恩格斯、列宁在批判和继承资产阶级古典经济学理论的基础上，创立了土地肥力理论、地租地价理论及土地国有化理论，成为马克思主义土地经济学的核心内容。当代美国著名经济学家保罗·A. 萨缪尔森和雷利·巴洛维将地租置于市场经济体系中进行研究，分别提出了土地供求理论和土地收益理论。由于世界各国存在土地制度及经济发展水平和阶段的差异性，因而各国对土地经济学的研究内容和重点也具有明显的时空差异性。20 世纪后期，一方面，由于人口、资源、环境的可持续发展问题日益突出和重要，人地关系备受青睐，土地可持续利用理论又成为研讨的热点；另一方面，随着社会主义经济体制的转变，制度经济学呼声日隆，产权成为现代市场经济的核心权利，因而土地市场及土地产权制度改革迅速成为瞩目的焦点。

（二）边际土地在生态学中的应用

生态学家根据土地利用的不同限制因素，将边际土地分为自然边际土地、生物边际土地、环境—生态边际土地、有弹性边际化土地，并构建了一个分层次的边际土地评估框架，再对密歇根洲西南地区 9 个县市的农地利用变化情况进行了研究。[①] 以丘陵山区边际化为代表，定光平将边际土地定义为因当前土地用途相对不经济而有可能向其他用途转变（包括闲置不用）的土地，具有脆弱性、易变性、渐进性等特点。[②] 也有学者在研究三峡库区土地合理开发过程中将荒山草坡及灌木杂丛视为边际土地，并将边际土地划分为水土保持型、农业生产型和林业经营型三类。[③] 在全球能源危机及可耕作土地资源有限的大环境下，很多学者将视线抛向利用边际土地种植能源作物发展绿色能源。

在生态环境方面，农地边际化通过改变土地利用方式、土地覆被状况减少土壤侵蚀。农地发生边际化现象时，为减少投入成本，农户在施肥上的对策为减少农家肥而增加化肥的投入。如在实行农地承包制以前，农地施肥以绿肥、动物粪便等有机肥为主；而 20 世纪 80 年代中后期以

[①] 陈展图：《生态安全和粮食保障双约束的休耕空间分区研究》，博士学位论文，西南大学，2020 年。

[②] 定光平、刘成武、黄利民：《惠农政策下丘陵山区农地边际化的理论分析与实证——以湖北省通城县为例》，《地理研究》2009 年第 28 卷第 1 期。

[③] 李贤伟：《退耕还林理论基础与技术研究》，博士学位论文，四川农业大学，2004 年。

来，有机肥的使用逐渐减少，化肥使用量增加，土壤中有机质含量的减少使土壤中的团粒结构减少，土壤容易板结，土质变差，土壤肥力下降。农地边际化过程中，农户在劳动力投入、施肥方式的变化上主要表现为化学药品用量减少，甚至对区域停止使用化肥等化学用品，这将有利于当地自然生境的恢复，也有利于生物多样性的恢复。[①]

（三）边际土地在地理学中的应用

在诸多土地问题的研究当中，地理学发挥了极其重要的作用。地理学聚焦陆地系统表面，立足于国家社会经济发展需求，从微观个体、中观斑块、宏观区域等不同尺度出发，对国家发展过程中的土地利用、土地生态等问题进行研究。地理学分支众多，总体分为自然地理学和人文地理学。其中，自然地理学是通过对原生自然环境或人为自然环境的要素组成、时空结构等方向的研究，探讨其空间分布差异、自然—经济—社会之间的相互关系及形成和发展的内在规律，并将研究结果运用于农业生产、生态环境治理等方面的一门学科。人文地理学是基于人地的相互作用关系，协同经济学、政治学、生态学等学科，运用实地调查、地理模型等定性定量方法，对因土地综合利用过程中所形成的资源短缺、环境污染等问题进行深入研究的学科。

在土地边际化过程中，土地使用者会因为土地收益无法达到其预期，而使得土地使用者在统筹考虑之后，逐渐减少在土地上的资金、技术和劳动力等要素的投入，甚至停止经营形成弃耕撂荒的现象。对于沦为边际的相关土地，会随着人类活动的减少和自然的正态演替，逐渐从人文环境转变为自然环境。在此转变过程中，乃至转变之后，边际土地及其生态环境都可以通过自然地理学的方法和理论进行有效的分析。自然地理学对边际土地的科学分析，将对国家和地方政府有效解决边际土地的整理和再利用具有科学的指导和借鉴意义。对于土地边际化过程而言，土地使用者的投入和相关活动的改变是该现象产生和发展的最活跃因素。而土地使用者的投入和相关活动又受到各种社会、政治、经济以及文化的影响。因此在该领域的研究中，诸多学者倾向于采用人文地理学的方法和理论去研究土地边际化以及边际土地的驱动因素。

---

① 黄利民：《农地边际化及其效应研究》，博士学位论文，华中农业大学，2009年。

（四）边际土地在管理学中的应用

从 19 世纪开始，学者逐渐将边际的概念与土地相结合，提出了经济意义上的边际土地的概念。随着社会经济的发展，土地管理的相关事务逐渐成为国家资源管控的重要议题，如何有效地使用和管理土地成为一个国家科学利用资源的关键。由此，土地资源管理应运而生。土地资源管理，通过国家运用法律和行政手段对土地财产制度和土地资源的合理利用实施各种管理措施，其本质是国家在一定的环境条件下综合运用行政、经济、法律和技术手段，为提高土地利用的生态、经济和社会效益，维护在社会中占统治地位的土地所有制，调整土地关系，监督土地利用而进行的决策、计划、组织、协调和控制等综合性活动。[1]

而边际土地，则是作为土地资源管理问题研究中的重要对象之一。为了进一步核定边际土地的管理范围，诸多学者开始将管理学的理论和方法引入边际土地之中，例如，曹晓风等学者在《中国科学院院刊》2021 年第 3 期"战略与决策研究"中对边际土地的概念做出了如下定义：边际土地是指由于土壤障碍限制突出、水热资源约束强、地形条件局限大，导致农业产能和经济效益低下、生态脆弱的土地。[2] 由此可见，学者通过立足于土地的问题和实际表现，赋予边际土地管理学角度的概念，进一步明确管理对象，为地区和国家确定土地是否边际以及制定相关的政策、措施予以管理提供参考和借鉴。

第二节　农地边际化产生的背景

伴随着社会经济的发展、人口劳动力的城乡迁移，作为农村耕地变化的主体因素——农户会在经过观望与决策之后，因为耕种的收益回报低于城镇第二、第三产业工作回报而不断调整自身的耕种时间和精力成本的投入，这使得粮食生产积极性大幅下降，从而导致农地利用的集约

---

① 龙花楼：《论土地利用转型与土地资源管理》，《地理研究》2015 年第 34 卷第 9 期。

② 曹晓风、孙波、陈化榜、周俭民、宋显伟、刘小京、邓向东、李秀军、赵玉国、张佳宝、李家洋：《我国边际土地产能扩增和生态效益提升的途径与研究进展》，《中国科学院院刊》2021 年第 36 卷第 3 期。

度下降；也有农户会完全停止耕种，向城镇迁移，出现弃耕撂荒现象。而在此背景下，农户心理预期务农收入与预期务农机会成本的巨大落差会使得耕地边际化程度不断加重，这将对地区农地利用变化、粮食产量甚至耕地承载力造成极大的冲击。本节具体从经济发展对农地边际化的影响、环境变化对农地边际化的影响、自然灾害对农地边际化的影响三方面展开论述。

一 经济发展对农地边际化的影响

（一）城市化与农地边际化

改革开放以来中国城市化水平不断提高，2020 年年末中国常住人口城镇化率超过 60%，高达 63.69%，已经逐步接近中等收入国家的平均水平。如表 1 - 2 所示，从区域上看，上海、北京等六个省市常住人口城镇化率达 70% 及以上。上海常住人口城镇化率最高，达到 88.10%，北京位居第二，常住人口城镇化率 86.60%，天津以 83.48% 的城镇化率排名第三。值得注意的是，截至 2019 年，仍有 22 个省份（例如：贵州、云南、甘肃、西藏常住人口城镇化率不足 50%，西藏最低仅 31.50%）城镇化率低于全国平均水平，但绝大多数省市城市化率已然超过 50%。

表 1 - 2 **2020 年全国常住人口城镇化率**

省份	常住人口城镇化率（%）
上海	88.10
北京	86.60
天津	83.48
广东	71.40
江苏	70.61
浙江	70.00
辽宁	68.11
重庆	66.80
福建	66.50
内蒙古	63.40
山东	61.51

省份	常住人口城镇化率（%）
湖北	61.00
黑龙江	60.90
宁夏	59.86
山西	59.55
陕西	59.43
海南	59.23
吉林	58.27
河北	57.62
江西	57.40
湖南	57.22
安徽	55.81
青海	55.52
四川	53.79
河南	53.21
新疆	51.87
广西	51.09
贵州	49.02
云南	48.91
甘肃	48.49
西藏	31.50

资料来源：2020 年《国民经济和社会发展统计公报》。

伴随着地区城市化水平的不断提高，城镇发展的用地瓶颈和乡村土地的粗放利用共存，城乡用地矛盾逐渐显化，基于城乡一体化的用地格局演变成为研究的焦点。耕地受到城市化影响在区域间重新分配，且大部分地区耕地面积持续减少。耕地资源的这种重新分配，势必导致区域农业化程度降低。同时，在经济快速发展、城乡一体化和新农村建设的进程中，城市建设用地需求快速扩张尤其是交通基础设施建设进程加快，各项建设占用耕地呈现快速扩张的趋势，耕地的边际化趋向在经济发达地区表现得更为突出。

城市化的推进也并不意味着耕地数量的一直下降。有研究认为城市化水平与耕地面积减少之间存在倒 U 形关系①，在城市化水平较低阶段（城市化水平低于 65%），城市为实现经济和社会的快速发展，选择通过占用耕地的方式以扩大城市发展所需的土地资源储备；而到城市化后期（城市化水平超过 65%），城市土地利用方式会由粗放利用逐步转变为集约利用，新增建设所占用的耕地数量和速率会相对减少。② 因此，现阶段除了优化土地利用配置，尽量减少因建设所占用耕地的面积，也应该通过土地整理，从位置、形状和规模等方面对零碎或不经济的耕地进行合并，将一些零散低产量的耕地进行连片整治。同时，适度规模经营，一方面，在一定程度上有利于形成合理的土地利用格局，能够使得农村劳动力结构得到优化；另一方面，也能够促进农村劳动力在合理的程度上向非农产业转移，从而推动健康、持续、有效的城市化。在城市化快速推进的背景下，通过城市土地整理和农村土地整理协调进行，使得城市化进程中农村得到可持续发展，农村自身功能也不断向城乡一体化方向发生变化。城乡系统中物质、能量、信息的流动与协同，将促进城乡优势资源互补，有助于打破中国长期存在的城乡"二元"结构，实现城乡统筹发展。

不同的农民对于农地边际化的响应表现为两个相反的行为：一部分农民坚守耕地资源；另一部分则放弃耕地资源。坚守耕地农民的家庭一般具有收入水平低、粮食供给不足、教育水平落后等特点。不断上升的人口压力和严重的贫困状况，迫使这些坚守耕地资源的农民主要依靠耕地产出的农产品为生，但这部分农民一般采用的是粗放的生产方式，这难以实现耕地的规模化生产，导致区域农业化程度难以提高。另一部分放弃耕地资源的农民，通过外出城市打工来提高收入，至于家庭的耕地资源则是承包给他人或者荒废。如果耕地抛荒现象严重，同样不利于区域的农业化水平持续发展。为了保障耕地和粮食安全，国家已经采取了耕地补偿等社会措施以补偿农民在收入方面的不足，以此提高农民对耕

---

① 李魁：《东亚工业化、城镇化与耕地总量变化的协动性比较》，《中国农村经济》2010 年第 10 期。

② 王成军、吴厚纯、费喜敏：《城市化加速期维持我国耕地数量稳定的可行性分析》，《中国农业资源与区划》2015 年第 36 卷第 3 期。

地种植的积极性，提高农业的生产能力，保障合理的农业化水平。实现耕地资源使用收益的大幅提升，是实现工业化背景下的土地规模经营和发展现代高效农业的关键。通过耕地资源集聚，可以有效增加农民收入、加快农业现代化进程，从而真正实现农业现代化。因此，从农业规模经营的角度来看，应该尽可能地使耕地利用处于报酬递增的阶段，至少也是处于报酬不变的阶段，而不是处于报酬递减的阶段。

（二）工业化与农地边际化

1. 工业化冲击弱质化的农业

20 世纪 80 年代到 21 世纪初，为进一步加快中国城市化、工业化进程，建立起中国自身的工业体系，中国进一步向外开放市场，引入外来资本、技术和产业。随着外来工业产业链在沿海城市落地、本土乡镇企业在农村兴起，带来了巨大的岗位缺口和劳动力需求。在国家务工福利政策和市场杠杆的驱动下，大量农民进城务工，在帮助国家发展工业化的同时以寻求自身发展，这极大地推动了沿海城市工业化和本土乡镇企业的发展。进入 21 世纪以后，中国城市化水平大幅度提高，使得城市基础建设、生活水平也有了极大的提高。

如表 1－3 所示，1990—2020 年，20 年间乡村就业比重不断降低，而城镇就业比重不断提升甚至赶超农村就业比重。农村因支持城市工业化、城市化的发展，向城市及本土中心城镇提供了大量资金、土地和优质劳动力而导致农村自身发展滞缓，这使得城乡差距在该阶段进一步扩大。而在 21 世纪以来的 20 年，在国家"城市反哺农村政策""工业反哺农业政策"的支持下，城市的资金、工业技术、工业产品向农村回流，这一方面让农村有了更多的就业岗位和就业机会；另一方面使得农村劳动力向外流出的速率有所减缓。

但是这并不代表农村对城市的支持由此停止，农村农业依然为城市发展提供资金、劳动力和土地。由于城乡发展差距巨大，为满足自身发展和家庭需求，新一代农村劳动力更多的是倾向前往大城市、中心城市、沿海城市寻找就业机会，这导致农村即使有国家政策的支持，农村劳动力依然呈现净流出的趋势。农村长期净流出资金、土地、优质劳动力，导致农村农业得不到良好的哺育和发展；同时农产品市场受到工业品市场的冲击，进而处境更加艰难。工业化流水线生产周期短、利润高，而农业生产周期长、利润低，在强烈的对比下，农户对于耕地种植的积极性大大降低，弃耕务工的渴望程度增加，这导致了农户使用农地的效率降低，最终出现农地边际化甚至弃耕撂荒的现象。

表1-3　　　　　1990—2020年全国城镇及乡村就业人员统计

年份	就业人员总计（万人）	城镇就业人员（万人）	城镇就业人员所占比重（%）	乡村就业人员（万人）	乡村就业人员所占比重（%）
1990	64749	17041	26.3	47708	73.7
1991	65491	17465	26.7	48026	73.3
1992	66152	17861	27.0	48291	73.0
1993	66808	18262	27.3	48546	72.7
1994	67455	18653	27.7	48802	72.3
1995	68065	19040	28.0	49025	72.0
1996	68950	19922	28.9	49028	71.1
1997	69820	20781	29.8	49039	70.2
1998	70637	21616	30.6	49021	69.4
1999	71394	22412	31.4	48982	68.6
2000	72085	23151	32.1	48934	67.9
2001	72797	24123	33.1	48674	66.9
2002	73280	25159	34.3	48121	65.7
2003	73736	26230	35.6	47506	64.4
2004	74264	27293	36.8	46971	63.2
2005	74647	28389	38.0	46258	62.0
2006	74978	29630	39.5	45348	60.5
2007	75321	30953	41.1	44368	58.9
2008	75564	32103	42.5	43461	57.5
2009	75828	33322	43.9	42506	56.1
2010	76105	34687	45.6	41418	54.4
2011	76196	36003	47.3	40193	52.7
2012	76254	37287	48.9	38967	51.1
2013	76301	38527	50.5	37774	49.5
2014	76349	39703	52.0	36646	48.0

年份	就业人员总计	城镇就业人员	城镇就业人员所占比重	乡村就业人员	乡村就业人员所占比重
	（万人）	（万人）	（%）	（万人）	（%）
2015	76320	40916	53.6	35404	46.4
2016	76245	42051	55.2	34194	44.8
2017	76058	43208	56.8	32850	43.2
2018	75782	44292	58.4	31490	41.6
2019	75447	45249	60.0	30198	40.0
2020	75064	46271	61.6	28793	38.4

资料来源：《中国农业统计年鉴》。

2. 工业三废污染农地

20 世纪 80 年代开始，中国进一步引入外来工业产业链和发展本土乡镇企业，但是此阶段大多是发展利于国防的军重工业和用于民生的民用制造业。此类工业化产业产生工业产品的废弃衍生物污染性较大，所以在工业产品促进国家经济、国防、民生发展的同时，其衍生物也极大地破坏了农地及其周边环境。目前，对农地造成影响的污染物主要可以分为三类：工业废水、工业废气和工业废渣。

第一，工业废水污染耕地方面。根据全国环境公报数据显示，2019年中国工业废水排放量为 252 亿吨。据不完全统计，全国污水灌溉污染面积约为 354 万公顷，因此受污染的粮食约为 1200 万吨。大量的工业废水渗入农地土壤甚至进入地下水，导致农地土壤发生污灌性污染。第二，工业废气污染耕地方面。据统计，2020 年全国电力烟尘、二氧化硫、氮氧化物排放量分别为 15.5 万吨、78.0 万吨、87.4 万吨，分别比 2019 年下降 15.1%、12.7%、6.3%（资料来源：中电联行业发展与环境资源部：《中国电力行业年度发展报告 2021》）。工业废气排放进入大气层，在空气中进一步发生化学反应并与水汽结合，以降雨的方式降落到耕地上，进而污染耕地。第三，工业废渣污染耕地方面。工业废渣的排放和不合理处理会严重污染农地土壤。一方面工业废渣遇水后会产生工业废水的二次污染，另一方面工业废渣本身也会散发各种有毒气体，变为工业废气散入空气中（见图1－1）。

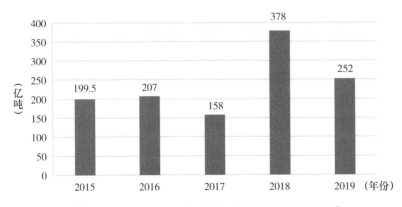

图1－1　2015—2019年工业废水排放总量变化趋势①

（三）农民行为与农地边际化

农民是耕地利用的主体，也是耕地产出的收益者。探讨农地边际化与农民行为之间关系的前提是需要了解耕地与农民之间的关系。耕地与农民之间的关系复杂多样，大致可以归纳为以下三类：其一，经济关系。耕地是农民最重要、最基本的生产资料和生活资料。农民通过经营耕地获得粮食丰收，这是农民维持基本生存和获得相应经济收入的主要手段。对没有非农就业的农民来说，来自耕地的经济利益是最根本的利益。任何政策、制度的制定与执行，必须考虑到农民的经济利益。其二，社会关系。农民对耕地具有排他性的产权，因此耕地是农民的一种重要社会保障。外出务工的农民如果失业了，仍然可以回到农村从事农业生产，不至于解决不了温饱问题。这是维持社会稳定、保证国家可持续发展的重要因素之一。另外，农民个体在老年丧失劳动能力时仍能从耕地中获得收益，比如将土地租赁给他人耕种等。这对保障农村地区老年人的社会福利起到了重要的作用。其三，生态关系。耕地除了具有自身的生态系统之外，它也是区域生态系统的一个重要组成部分。耕地及耕地上的农作物不仅给农民提供经济产出，还具有清净空气、保护土壤、美化环

———————

① 资料来源：国家统计局生态环境部。

境等生态功能。① 耕地对于农民有着多重意义，农民作为"经济人"所追求自身利益最大化的含义是多方面的。这种最大化不仅仅是经济利益的最大化，还是综合利益的最大化，既包括了经济利益，也包括了社会利益和生态利益。

二 环境变化对农地边际化的影响

自然环境是耕地进行农业生产的基础，自然环境的变化作用于耕地质量、投入成本和外部环境等多个因素，导致农民农业生产条件发生变化，从而对农地边际化产生影响。自然环境因素主要包括气候、土壤、地形地貌、水、灾害等。

（一）气候环境变化与农地边际化

2021 年 8 月，联合国政府间气候变化专门委员会（IPCC）发布《2021 年气候变化：自然科学基础》。报告指出，即使是在温室气体排放大幅减少的情况下，世界也可能在未来 20 年内暂时升温 1.5℃。联合国秘书长古特雷斯发表声明称，这份报告是向人类发出的"红色代码"。全球气候的变化，使得中国的 800 毫米等降水线、400 毫米等降水线以及 0℃等温线出现上移。IPCC 的研究报告指出，如果年平均气温上升 3.6 度，作为中国的三大农作物之一的水稻的产量将会下降 5%—12%，另外两大农作物小麦和玉米也都将不同程度地减产。② 气候变暖给土壤中的微生物提供了有利的生长环境，使其活跃性增加，对土壤中有机质的分解作用加强。因此，如果不及时向土壤中添加所缺少的有机质，会使得土壤中有机质比重迅速减少，土壤贫瘠化程度将进一步加深，农作物生长因缺少所需要的养分，从而导致农产品质量下降。

气候因素对农业生产有至关重要的作用，温度、降水、湿度等气候因子都直接决定了区域种植制度，也对作物的产量有重要影响。根据相关研究显示，由于气候的变化，到 2050 年，非洲大部分国家会有超过

---

① 毕继业、朱道林、王秀芬：《耕地保护中农户行为国内研究综述》，《中国土地科学》2010 年第 24 卷第 11 期。

② Intergovernmental Panel on Climate Change（IPCC），"Climate Change 2021：the Physical Science Basis"，https：//www. ipcc. ch/report/sixth – assessment – report – working – group – i/.

50%的耕地不再适宜种植。气候对土地用途和耕地作物种类都起到方向性的作用，是耕地质量和适宜性评价的一项基本因素。在各项主要气候因子中，温度决定了耕地进行栽种的能量条件，降水因子中的降水变化率、降水强度和蒸散等决定了耕地种植的质量，湿度直接影响耕地的灌溉条件和作物种植稳定性，影响产出效率。比如，生长季节气温每提高1%，中国小麦平均产量会下降0.3%。[①] 气候变暖导致中国部分地区如华南稻作地区的农作物生长周期缩短，作物呼吸作用增加，最终使产量下降。因此，气候因素对耕地利用率有极大的影响。

气候类型对种植结构和复种指数起重要作用，当气候条件较为恶劣，耕地产出效率较低，农民耕种积极性较低，一旦出现极端气候或农民耕种机会成本增大时，发生农地边际化的可能性极高。此外，由于农业生产对气候因素较为敏感，受近年来气候变化特别是全球变暖的影响，降雨规律出现反常变化，持续高温等极端天气频发，极大地增加了农业生产的不稳定性，对粮食产量造成影响。全球变暖的同时，病虫害危害扩大，农作物生长所需的农药施用量不得不增加，最终导致农民耕作的成本提高，而在此过程中，农民过高的成本投入和低收益是造成农地边际化的重要原因。研究认为中国粮食产量与气候要素之间的变异系数为8.3%，这表明中国粮食产量与气候要素的异常变化有密切关系。[②] 由于中国平均气温升高，蒸发增强，北方水资源短缺状况将进一步加剧，未来极端天气事件呈增加趋势，耕地因气候变化而降低粮食生产能力的可能性增加。[③] 如果不采取积极的应对策略和措施，预计到2030年中国种植业总体生产能力可能比2010年下降5%—10%，这将减弱粮食等大宗农产品的供给能力。[④]

---

① 覃志豪、唐华俊、李文娟：《气候变化对我国粮食生产系统影响的研究前沿》，《中国农业资源与区划》2015年第36卷第1期。

② 王春乙、张继权、霍治国、蔡菁菁、刘兴朋、张琪：《农业气象灾害风险评估研究进展与展望》，《气象学报》2015年第73卷第1期。

③ 石成玉：《气候变化、农业水利投资与我国耕地产出效率分析》，《农业技术经济》2015年第11期。

④ 覃志豪、唐华俊、李文娟：《气候变化对我国粮食生产系统影响的研究前沿》，《中国农业资源与区划》2015年第36卷第1期。

（二）土壤环境变化与农地边际化

土壤供给农作物生长所需的养分和水，土壤肥力直接决定了耕地的生产力，形成耕地质量的差异。土壤肥力是耕地质量评价的基本内容，主要包括有机质、土层厚度、土壤质地、酸碱度等多个指标。其中有机质是土壤养分的重要来源，可以改善土壤结构，提高缓冲性，起到保水、保肥的作用；土层厚度直接反映了土壤的熟化程度，影响作物根系发育；土壤质地决定了土壤的耕性，影响持水性和渗透性；酸碱度决定作物有效养分的吸收和生理环境。土壤肥力是级差地租产生的重要原因，包括自然肥力和人工肥力。自然肥力是土地本身的客观属性，而人工肥力是通过耕作、施肥、播种等产生的肥力，包含土地使用者人力、财力、物力的投入。土壤肥力的差异造成农地边际化动力的不同，肥力较好的土地所需投入的成本相对较低，产出效益较高，其边际化的可能性远小于肥力较差的耕地。肥力较差的耕地由于需要投入更多的劳动力、肥料等成本以提高其人工肥力，在该投入不经济的情况下极有可能造成农地边际化。此外，土壤肥力也是动态变化的，不适当的施肥和耕地利用方式会导致土地肥力下降，从而降低农民耕种的积极性，造成农地边际化，形成恶性循环。

（三）水文环境变化与农地边际化

2021年7月，中国河南省经历了特大洪水的自然灾害。此次自然灾害给城市地区带来极大经济财产损失的同时，也使得农村地区的农作物受到侵害。如表1-4所示，2019年中国年均受旱面积高达784万公顷。水资源的缺乏和地区性的分布不均匀，严重影响着耕地的数量和质量，是农地边际化的诱因之一。

表1-4　　　　　　1978—2019年全国历年土地受灾面积　　　　单位：万公顷

年份	总受灾面积	水灾	旱灾	其他自然灾害
1978	5081	311	3264	1506
1979	3937	676	2465	796
1980	5003	969	2190	1844

续表

年份	总受灾面积	水灾	旱灾	其他自然灾害
1981	3979	862	2569	548
1982	3313	836	2070	407
1983	3471	1216	1609	646
1984	3189	1063	1582	544
1985	4437	1420	2299	718
1986	4714	916	3104	694
1987	4209	869	2492	848
1988	5087	1195	3290	602
1989	4699	1133	2936	630
1990	3847	1180	1817	850
1991	5547	2460	2491	596
1992	5133	942	3298	893
1993	4883	1639	2110	1134
1994	5505	1733	3042	730
1995	4582	1273	2346	963
1996	4699	1815	2015	869
1997	5343	1142	3352	849
1998	5015	2229	1424	1362
1999	4998	902	3016	1080
2000	5469	732	4054	683
2001	5221	604	3847	770
2002	4695	1229	2212	1254
2003	5451	1921	2485	1045
2004	3711	731	1725	1255
2005	3882	1093	1603	1186
2006	4109	800	2074	1235
2007	4899	1046	2939	914
2008	3999	648	1214	2137
2009	4721	761	2926	1034
2010	3743	1752	1326	665

年份	总受灾面积	水灾	旱灾	其他自然灾害
2011	3247	686	1630	931
2012	3496	773	934	1789
2013	3135	876	1410	849
2014	2489	472	1227	790
2015	2177	562	1061	554
2016	2622	853	987	782
2017	1848	541	987	320
2018	2081	395	771	915
2019	1926	668	784	474

资料来源：《中国统计摘要2020》。

2020年，中国气温偏高，降水偏多，气候年景偏差。长江流域出现1998年以来最严重汛情，暴雨洪涝灾害重，气象干旱总体偏轻，但区域性阶段性特征明显，华南秋冬季干旱较重；高温出现时间早、南方持续时间长；登陆台风偏少，但登陆地点和影响时间集中；冷空气影响范围广、局地降温幅度大①。与近10年相比，气象灾害造成的直接经济损失偏多。如图1-2所示，2010—2020年，2016年的年平均降水量是历史上最多的，达729.7毫米，空间分布南北多中间少，全国暴雨洪涝严重、干旱总体偏轻。2019年，全国平均降水量645.5毫米，空间分布南北多中间少。

在自然灾害的侵袭下，农户抗风险能力较为薄弱，能够获得的收益几乎为零，且灾后恢复能力较差，使得农户在灾后选择继续耕种农地时，需要承受较大的心理压力。这就导致农户在考量自身与家庭负担的前提下，较为倾向于弃耕务农以维持家庭的正常生活支出。这种情况大大增加了农地边际化的风险。农作物与水通过土壤建立水分交换关系，水资源和灌溉情况影响作物产量的高低和耕地质量的好坏。特别是在干旱、

---

① 《〈2020年中国气候公报〉速览》，《中国气象报》2021年2月10日第3版。

沼泽化和盐碱化地区，水文条件对作物生产更是起决定性作用，而在山地丘陵地区，排水、防洪、灌溉等水文设施建设也对耕地经济效益起重要作用。除了地表水，水文条件也包括地下水状况，地下水埋深通过影响土壤的通透性对耕地质量产生作用，地下水矿化程度影响作物生长。此外，全球气候变化造成水资源总量减少，水资源供需矛盾进一步升级。在干旱地区和水文设施不足的地区，其耕地利用还需建立灌溉、排水设施，而山地丘陵地区由于坡度的限制，还需建造农业梯田和采取措施防止崩塌、滑坡和泥石流。因此，这些地区受水资源和水利设施的限制，发生农地边际化的可能性较高。

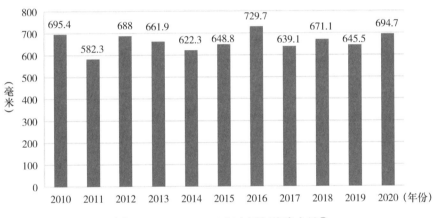

图 1-2　2010—2020 年全国年均降水量①

三　自然灾害对农地边际化的影响

自然灾害包括气象灾害、地质灾害、海洋灾害等。它们对农地边际化有着显著的影响。灾毁耕地无法进行耕种，需要进行复垦才能重新投入农业生产，这直接导致了农地边际化。中国各种灾害频发，灾害会对耕地造成极大破坏，形成灾毁耕地，进而给农民的农业生产带来很多不利的影响。

（一）气象灾害与农地边际化

2019 年 1 月，全国共出现 1 次大范围强降雨天气过程，主要时段集

---

① 资料来源：2020 年《中国气候公报》。

中在 7 日夜间至 11 日早晨，云南、贵州至江南出现强降雨天气过程。其中云南省南部降雨量达到 100—180 毫米，多个站点日降雨量突破有气象记录以来 1 月极值，造成玉溪、红河、文山 3 市（自治州）8 个县（市）2.8 万人受灾，3 人死亡；农作物受灾面积 1.3 千公顷，其中绝收近 400 公顷。① 7 月，受近期强降雨影响，云南多地发生洪涝、山体崩塌、滑坡、泥石流等自然灾害，多起灾害共造成云南红河、怒江、临沧、昭通、丽江、曲靖、保山、迪庆 8 州（市）3.5 万人受灾，14 人死亡，3 人失踪，167 人紧急转移安置；1467.3 公顷农作物受灾，其中绝收 234.7 公顷。同年，全国共出现 3 次冷空气过程，略少于常年同期（3.4 次），集中出现在中下旬；出现 2 次大范围雨雪天气过程，主要发生在江南南部和西南南部。据统计，低温冷冻和雪灾共造成河南、广东、广西、云南、西藏、青海 6 个省（自治区）3 万人次受灾，农作物受灾面积 3.7 千公顷。2 月低温冷冻和雪灾共造成江苏、湖北、湖南、西藏和青海 5 个省（区）50.8 万人次受灾，13.8 万人次需紧急生活救助，农作物受灾面积 34.5 千公顷。②

（二）地质灾害与农地边际化

自然灾害对地形地貌特征的影响也非常明显。地形地貌的变化直接影响植被发育和土壤的质地，一方面对区域内的水热状况起重要作用，另一方面也决定了该区域耕地利用的成本。地形地貌主要包括高度、坡度和坡向，高度影响水热垂直分布，通过积温对地区农业熟制和土地利用类型产生作用；坡度决定了土地耕种适宜性，对土壤侵蚀和灌溉等都直接产生作用；坡向对光照有直接影响，决定了局部小气候的形成。特别是对于山地丘陵地区来说，地形地貌因素对耕地的效益和利用方式起到极为重要的作用，特别是坡度决定了进行耕种、土地改良和农田建设所能获得的经济效益高低，而滑坡等地质灾害的产生也与地形地貌因素直接相关（见表 1－5、表 1－6）。

---

① 中华人民共和国应急管理部救灾和物资保障司：《应急管理部发布 2019 年 1 月份全国自然灾害基本情况》，http：//www.mem.gov.cn/xw/bndt/201902/t20190201_229838.shtml。

② 中华人民共和国应急管理部救灾和物资保障司：《应急管理部发布 2019 年 1 月份全国自然灾害基本情况》，http：//www.mem.gov.cn/xw/bndt/201902/t20190201_229838.shtml。

表1－5   2005—2019年中国地质灾害情况统计

年份	地质灾害						
	发生地质灾害次数（次）				发生地震灾害次数（次）		
	总数	滑坡	崩塌	泥石流	总数	5.0级以下	5.0级以上
2005	17751	9367	7654	566	13	2	11
2006	102804	88523	13160	417	10	1	9
2007	25364	15478	7722	1215	3	1	2
2008	26580	13450	8080	843	17	5	12
2009	10580	6310	2378	1442	8	1	7
2010	30670	22250	5688	1981	12	7	5
2011	15804	11504	2445	1358	18	4	14
2012	14675	11112	2152	952	12	1	11
2013	15374	9832	3288	1547	14	0	14
2014	10937	8149	1860	554	20	1	19
2015	8355	5668	1870	483	14	0	14
2016	10997	8194	1905	652	16	4	12
2017	7521	5524	1356	387	12	4	8
2018	2966	1631	858	339	11	4	7
2019	6181	4220	1238	599	13	3	10

资料来源：2020年《中国第三产业统计年鉴》。

表1－6   2017年中国各地区地质灾害统计

地区	发生地质灾害数量										直接经济损失
	总数	自然因素	人为因素	总数	崩塌	滑坡	泥石流	地面塌陷	地裂缝	地面沉降	
	处	处	处	处	处	处	处	处	处	处	万元
北京	2	2		2	2						53.00
天津	1	1		1	1						43.00
河北	10	10		10	7	1	1	1			188.70
山西	3	2	1	3	2				1		55.00
内蒙古	6	4	2	6		2		4			0.01
辽宁	41	41		41	1	12	28				7354.00
吉林	63	62	1	63	6	8	49				4122.90

地区	发生地质灾害数量										直接经济损失
	总数	自然因素	人为因素	总数	崩塌	滑坡	泥石流	地面塌陷	地裂缝	地面沉降	
	处	处	处	处	处	处	处	处	处	处	万元
黑龙江											
上海											
江苏	3	3		3	1	2					30.00
浙江	75	74	1	75	21	47	7				1236.30
安徽	58	50	8	58	33	23	1	1			175.20
福建	82	78	4	82	43	39					827.80
江西	325	220	105	325	55	246	7	17			1869.89
山东	5	5		5	1			4			24.60
河南	20	10	10	20	1	8		11			279.00
湖北	850	705	145	850	80	738	14	15	2	1	25436.90
湖南	3490	3194	296	3490	328	3022	51	73	5	11	153116.41
广东	154	144	10	154	90	49	2	11		2	1186.30
广西	745	702	43	745	335	320	33	52	5		13088.76
海南	2	1	1	2	2						25.00
重庆	584	581	3	584	116	441	13	8	2	4	13700.00
四川	175	173	2	175	35	64	76				71106.57
贵州	136	116	20	136	27	94	7	3	4	1	18144.62
云南	338	338		338	48	247	36	2	3	2	13385.04
西藏	59	59		59	12	24	23				4280.38
陕西	152	149	3	152	80	61	10	1			6242.30
甘肃	61	57	4	61	13	27	16	1	4		20834.85
青海	7	3	4	7	2	4	1				888.50
宁夏	13	13		13	4	5	2		2		30.00
新疆	61	61		61	10	40	10	1			1751.59

资料来源：2018 年《中国国土资源统计年鉴》。

中国是个地质灾害频发的国家，2005—2014 年中国地质灾害发生总数均在 10000 次以上，2015—2019 年地质灾害总数也均在千次以上。首先，在所有地质灾害之中，山体滑坡发生的次数最多，这对处于半山腰以及山脚落石处的农田将会带来极大的损害。其次，坍塌和泥石流对农田的损害也极为巨大，其伴随岩石、土壤和水流，在重力作用下俯冲而下，其巨大的冲击会顷刻冲垮村庄，冲毁农作物，其留下来的泥沙岩石可将大量农田掩埋。最后，地震也会对农田的种植带来巨大破坏。因为地震的产生往往会带动山体的摇动，而震级较强的地震会导致山体落石乃至滑坡的产生，同时导致土地发生皲裂。此外，强级地震会破坏农户的村居环境，侵害其家庭生命财产安全，导致农户难以在短时间内继续维持正常的种植。因此，当耕地面临滑坡、坍塌、泥石流等地质灾害情况时，该耕地进行农业生产的成本会急剧提高，农民的务农机会成本也相应提高，这时这部分耕地更有可能基于其本身地形地貌的劣势受到农地边际化的影响。

（三）海洋灾害与农地边际化

中国是世界上遭受海洋灾害影响最严重的国家之一，2020 年中国海洋灾害以风暴潮和海浪灾害为主，海冰、赤潮、绿潮等灾害也有不同程度发生。各类海洋灾害给中国沿海经济社会发展和海洋生态带来了诸多不利影响，共造成直接经济损失 8.32 亿元，死亡（含失踪）6 人。其中，风暴潮灾害造成直接经济损失 8.1 亿元；海浪灾害造成直接经济损失 0.22 亿元，死亡（含失踪）6 人。海洋灾害的发生，不仅会以巨大的破坏力对中国沿海地区经济发展和人民的经济财产安全造成严重的损害，还会以海水入侵的方式，侵入地区淡水系统，进而对农地产生不可估量的影响（见表 1－7）。

表 1－7　　　　　　　　2020 年沿海地区受灾情况

省 （自治区、 直辖市）	致灾原因	2020 年		近 10 年平均值	
		死亡（含失踪） 人口	直接经济 损失	死亡（含失踪） 人口	直接经济 损失
		（人）	（万元）	（人）	（万元）
辽宁	风暴潮	0	26335.74	1	16435.28
河北	无	0	0	1	37049.76

续表

省 （自治区、 直辖市）	2020 年		近 10 年平均值	
	致灾原因	死亡（含失踪）人口	直接经济损失	死亡（含失踪）人口	直接经济损失
		（人）	（万元）	（人）	（万元）
天津	无	0	0	0	964.68
山东	海浪	0	194.10	0	75476.54
江苏	海浪	0	1918.99	3	14734.48
上海	无	0	0	2	982.72
浙江	风暴潮	0	35482.70	14	192535.32
福建	风暴潮	0	12403.20	11	139226.47
广东	风暴潮	0	4919.44	13	281774.24
广西	风暴潮、海浪	6	325.00	1	46179.10
海南	风暴潮、海浪	0	1580.00	8	71424.88

资料来源：《2020 年中国海洋灾害报告》。

　　根据吉本－赫兹伯格原理（见图 1－3），在自然状态下，含水层咸、淡水保持着相对平衡，同时地下水和海水也处于相对稳态的循环状态。但是由于海洋灾害的出现，打破了该平衡，咸水界面通过海洋灾害的冲击力，形成高压，从而向淡水系统倾斜压力，由此导致咸淡水的临界面向陆地方向移动，含水层中的淡水受到侵蚀，相对储存空间被海水取代，于是就发生了海水侵蚀。① 海水侵蚀侵入陆地淡水系统，首先侵占了淡水的相对储存空间，引起地下水位上涨。地下水位的上涨，淹没了农作物的根系，使得其难以继续呼吸作用，从而导致农作物的衰败。其次，海水的倒灌，会改变原陆地淡水系统中微量元素的比例。在此过程中，大量的钠元素、氯元素会随着海水的侵蚀留存在淡水系统中，而微量元素的改变会使得原生活习性的农作物难以适应新平衡下的微量元素比例。

---

　　① 李甲亮、王琳、任加国、刘艳玲：《污水人工湿地处理对滨海生态系统修复研究进展》，《地质灾害与环境保护》2005 年第 3 期。

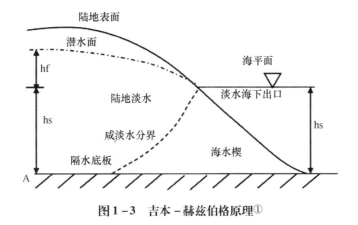

图1-3 吉本-赫兹伯格原理①

第三节 农地边际化驱动因素分类

全球范围的农地边际化演化存在一定的共性。一般在经济发展的初始阶段，由于在城乡比较优势的推拉下，农村劳动力不断从农村流向城市，使得耕地撂荒之后的闲置浪费以及盲目扩大城镇建设用地面积的现象增加。但是当经济发展到一定程度时，国家对于耕地可持续利用的重视程度提高，加大土地整治力度和资金投入，对该现象会起到一定的抑制作用。但是，不同时期、不同国家和地区的农地边际化的主导驱动因素也会不同。如何理解农地边际化共性驱动因素与个性驱动因素的变化规律是本节的重点。因此，本节将具体从地租因素驱动、劳动力流失驱动和政府决策驱动三方面展开论述。

一 地租因素驱动

早期，西方学者运用地租驱动理论开展耕地撂荒研究较多，也是目前国内弃耕撂荒研究的主流理论之一。持有该观点的学者认为，耕地地租的高低是影响耕地撂荒的主要因素。地租驱动理论的最大优点在于可以将耕地被边际化过程以数学公式的形式进行表现，使定量研究耕地撂

---

① 马凤山、蔡祖煌:《论海水入侵综合防治应用技术》,《中国地质灾害与防治学报》2000年第3期。

荒问题成为可能。虽然在很多相关研究中没有明确提出地租是耕地被抛荒的主要驱动因素,但是他们所提及的"比较效益""比较经济利益"就是地租的一种表现形式。马克思按照地租产生的原因和条件的不同,将地租分为四类:绝对地租、级差地租、垄断地租和分离地租。

(一)绝对地租与农地边际化

绝对地租是指由于土地私有权的存在,租种任何土地都必须缴纳的地租,其实是农产品价值高于社会生产价格所产生的那部分超额利润,即土地所有者凭借土地私有权的垄断所取得的地租。[①] 现阶段中国集体农业的土地属于集体,所以,农村耕地所创造的绝对地租的最终拥有者是集体而不是国家。因此,国家通过剪刀差的方式从集体农户中取得的那部分收入带有农业税的色彩。近年来中国农村经济体制改革和国家大幅度提高农产品收购价格的结果,使剪刀差大大缩小,使农业中的大部分超额利润又从国家手中归还给了农民,当农户把其中的一定份额上交集体时就形成了集体农业中的绝对地租[②]。如果农户耕种的农产品收入不足以支付绝对地租,那么就会损伤他们种田的积极性,从而使田地出现荒芜的现象。

(二)级差地租与农地边际化

根据马克思级差地租理论,农业资本家经营面积相同质量不同的土地,向土地所有者交纳地租数量不同,这就表现为级差地租[③]。级差地租有两种形式:级差地租Ⅰ[④]和级差地租Ⅱ[⑤]。在市场经济环境下,对土地的占有和使用,一般采用地租的形式体现土地的价值。根据级差地租的来源可以确定,中国当前农村土地不仅存在地租,还存在级差地租[⑥]。

经文献研究发现,耕地抛荒现象较为严重的地方大多集中在丘陵、

---

① 裴宏:《马克思的绝对地租理论及其在当代的发展形式》,《经济学家》2015年第7期。

② 许晓婷、袁嘉薇、李夏浩祺、张媛、冯泽雯、贺斯梦、阴翠芳:《咸阳市耕地撂荒驱动因素分析及对策》,《咸阳师范学院学报》2021年第2期。

③ 金栋昌、陈怀平:《马克思级差地租理论的文本意蕴及其现实适用性——基于〈资本论〉文本内容的系统考察与应用分析》,《经济学家》2019年第4期。

④ 《资本论》第三卷,人民出版社1975年版,第732页。

⑤ 《资本论》第三卷,人民出版社1975年版,第761页。

⑥ 宫斌斌、郭庆海:《现阶段农村地租:水平、影响因素及其效应》,《农村经济》2019年第3期。

山区以及经济欠发达地区。这主要是由于该类地区生产技术和基础设施薄弱、土壤有机质含量低、距离城市中心消费市场较远且运输成本因距离较远而较为昂贵。因此，土地的所有者在该类土地上所获得的地租相较于其他区位的耕地有所减少。而对于农地的使用者——农户而言，耕种该类耕地所获得的经济收益无法满足自身家庭的发展需求甚至是无法满足地租的支付。因此，农民不愿将自身的精力和其他生产要素再持续地投入耕地的耕种过程当中，由此导致该类型的耕地被闲置抛荒。

（三）垄断地租与农地边际化

垄断地租产生于具有某种独特自然条件的土地，是指从具有独特自然条件的土地上所获得的超额利润转化而来的地租。因此，该理论也为农地单一化所带来的边际化问题带来了理论解释，也为农业农地特色化转型发展提供了理论依据。由于随着经济的不断发展，农业生产综合效益越来越低，这是驱动农地边际化的关键原因。第二、第三产业所获得的经济收入比第一产业是较高的，农产品价格是偏低的，加之较高的农业生产成本，农民生产积极性急剧下降。虽然政府出台了很多惠及农民、支持农业发展的政策，比如发放耕地保护补贴减轻农民负担，但是仍然无法遏制务农机会成本的不断上升，导致农产品市场风险较大。农户在观望期间，会因为耕种的收益回报低于城镇第二、第三产业工作回报而不断调整自身的耕种时间和精力成本的投入，这使得粮食生产积极性大幅下降，从而导致农地利用的集约度下降，也有农户会完全停止耕种，向城镇迁移，出现弃耕撂荒现象。

近年来，中国不断推进乡村振兴战略，提倡农村发展自主特色产业。该战略立足于农村发展实际，从顶层设计角度引导地区农村充分利用地区资源打造地区"品牌效应"，从而获得高于普通农业生产的"垄断利润"，进而缓解农村因第一产业收益过低而形成的农村土地弃耕撂荒现象。在近几年的实践过程中，诸多农村为进一步发展农村经济、打造地区品牌效应而逐渐开展"农家乐""农村旅游景点""农村风景文化"等地区特色文旅项目，该类农村发展计划一方面极大带动了农村发展，另一方面极大改善了农村土地边际化程度，促进了农村土地由单一的农业功能向旅游、服务业功能转变。

（四）分离地租与农地边际化

分离地租是关于非农业用地的地租在土地所有权与土地经营权相分离的条件下，无论租用耕地或非耕地都须支付地租。近年来，在工业化、城市化快速发展时期，非耕地因市场杠杆和分离地租的共同驱动下，其需求量远超于供给量而导致了城市用地紧张。同时，耕地资源面临工业和城市土地利用的经济竞争，以及城乡建设用地增减挂钩政策的出台促使土地发展权流向城市，部分耕地非农化利用的趋势不可逆转。随着经济快速发展不仅极大提升了人们的生活条件，更让人们对生存环境有更多的要求，比如居住条件、交通设施和娱乐休闲等。

第二、第三产业的发展促进了新时期产业结构的转型升级，加快了耕地向其他土地利用类型的转移，以保障非农产业对土地的差异化需求。非农产业的崛起拓张与对土地的差异化需求要求社会对农业所占用的土地资源进行重新调整分配，从而极大改变了农地的数量与利用结构。随着经济的发展，人民生活质量持续提高，人口数量不断攀升，导致较多耕地转化为生产优质生活需求品的其他用地，如公共娱乐设施、集体经营性建设用地等。而无论是城镇化对非农用地转化的推动还是经济建设发展对用地的需求，都进一步加大了对耕地资源的压力，从而导致耕地总量的下降和人均耕地的不断减少。

二 劳动力流失驱动

新古典经济学通常把农民在粮食生产中投入的单位劳动力或者单位土地视为同质的，然而在特定的经济社会和自然环境背景下，农民作为一个整体在投放农业劳动、资本和土地时存在质和量的差别，经济学领域通常将这种差别用于分析或评价耕地撂荒现象。劳动力价格与粮食产品和粮食生产资料价格间的变化，以及粮食产品价格与林产品价格间的相对变化是判断坡耕地撂荒与否的关键变量。农村劳动力的外流或者回流都会对区域耕地撂荒情况产生影响。

（一）农村劳动力的流失现状

21世纪以来，外出务工成为农村劳动力的主要选择之一。他们希望通过外出务工，获得比单一农业更多的经济收入，以满足家庭生存发展的需要。因此，农村劳动力逐渐出现由农村向乡镇、城市净流出的客观现象。但是这种情况制约了农村经济的发展，导致农村劳动力不足。劳动力的外流使得农村劳动力市场出现明显的短缺，在一定程度上制约了农村经济的发展。劳动力市场的短缺迫使岗位供给方需要向劳动力供给方提供更多的劳动报酬以填充自己的岗位所需要的人才或劳动力。同时，农户会因家庭的养老压力和自身的发展需求，不再将自身局限于农地的耕种和利用，而是选择将自身劳动力供给放在能获得更多的经济报酬上。而在农业劳动力市场与非农业劳动力市场中，非农劳动力市场以其经济比较优势，促使农业劳动力市场的劳动力向非农劳动力市场流动，致使农业劳动力市场在本身因老龄化导致劳动力不足的情况下，进一步出现劳动力大量析出的情况。农村老龄人口劳动力能力低下，适龄劳动力的大量析出，使得农村农地的利用率大大降低。因此，在无人耕种的情况下，农地的利用趋于边际甚至弃耕撂荒（见表1-8）。

表1-8　　　　　　　　2015—2020年城乡劳动力流动

年份	城镇新增就业人数（万人）	全国农村外出务工人数（万人）	全国农村本地务工人数（万人）	城镇居民人均可支配收入（元/年）	农村居民人均可支配收入（元/年）	城市消费水平（元/年）	农村消费水平（元/年）
2015	1312	16884	10863	31194	11421	21392	9222
2016	1314	16934	11237	33616	12363	23078	10129
2017	1351	17185	11467	36396	13432	24445	10954
2018	1361	17266	11570	38250	14617	26112	12124
2019	1352	17425	11652	42358	16020	28063	13327
2020	1186	16959	11601	43834	17131	27007	13713

资料来源：国家统计局。

（二）农村劳动力流失的原因

在面临耕种成本提高而收入却不容乐观的农业现状时，农民实际耕种的纯收益不符合预期，自然会选择离开。因此，当农户的纯收益低于当地社会平均收入水平时，农民的生产积极性可能大幅下降。在经过观望与决策之后，农户通常会在之后的耕作过程中减少投入成本；也有农户会完全停止耕种，向城镇迁移。此外，农村劳动力日渐老龄化，农村没有充足的劳动力，在工业和其他产业发展规模较大、发展速度较快的地方，大量农民进城务工追求更高的收入水平，农户家庭剩余劳动力多为妇女和老人。

农业劳动力转移是城镇化进程中的必然趋势。受区域经济发展水平和城乡二元结构差异的共同驱动，农村劳动力转移作用于农地边际化对粮食产量的影响机制中。一方面，农业劳动力要素的转移导致务农机会成本的上升和比较收益的下降，促使耕地资源发生由量变到质变意义上的闲置浪费现象，这种人口流动造成农业劳动力整体素质的下降，同时降低了边际产出效率，在短期内影响着粮食生产的稳定性，导致农业总产出下降。另一方面，农地边际化将会引起农业生产性投入量的减少，包括农业劳动力要素的减少。

（三）农村劳动力流失对农地利用的负面影响

由于城乡差距的不断拉大，且农地的边际化导致第一产业无法再给农户个体以及农村集体带来良好的经济收益，越来越多的年轻人和精壮劳力选择进城打工，寻找新的发展机遇，希望能得到一份更好的工作，挣得可观的收入。而农村劳动力大量析出，导致农村农业劳动力数量减少，导致许多耕地无人进行耕作而撂荒，同时也导致"空心村""空巢老人"等社会问题。同时，在政府、市场、农户响应耕地边际化的过程中，大量的农村劳动力、资金、土地因城乡比较优势而不断流失。而地方农村在农业资金短缺、劳动力大量析出、耕地出现闲置的背景下，也逐渐寻求产业转型，这使得很多村庄受利益的驱使由传统种植业转向服务业、旅游业和工业等。而农村的产业转型在一定程度上冲击着地方农村农业的发展。

三　政府决策驱动

农地非农化的驱动力主要包括经济驱动与权力驱动，因此推断农地非农化的主要倡导者之一是地方政府。中国目前耕地资源的产权制度存在缺陷，耕地资源配置非市场化，土地流转不畅等制度因素与政府的决策和管理密不可分。例如，政府在城乡土地利用方面，实行"占补平衡"政策，但由于政策的不完善以及地方政府对土地财政的追逐，导致补充耕地"上山下海"和质量下降，使得补充耕地被撂荒的可能性大大增加。当前发生的土地违法案件中，凡是性质严重的土地违法行为，几乎都涉及地方政府管理监督上的缺位。

（一）政府违法占用农地

一般而言，地方各级政府在农地的审批、使用、监督执行等各个环节具有举足轻重的作用。而在政府违法用地的过程中，地方政府因监督管理上的缺位而导致产生违法、违规占用农村农地。相较于农村居民违规建造宅基地、法人或其他组织违规使用土地的民生经济行为，政府违法用地存在较为明显的行政特征，其主要形式有以下两个方面。

一是政府违法用地行为具有行政性。现实中，地方政府因对农地具有法理意义上的征用权和一、二级土地市场信息的垄断，极易凭借政府的公信力和权威性，通过地方政策、行政命令等方式，非法占用、使用、出让农地。因此，相较于一般公民、其他经济商业组织对农地违法使用、占用，政府非法占用农地具有浓重的行政性。2015—2017 年，政府非法批地多达 6 起，买卖和非法转染则是高达 45 起。二是政府违法用地行为的强制性。地方政府作为当地的最高行政机关，对辖区内的土地具有征用、整理、规划等权能。但因政府权力监管的缺位，地方政府为加快经济的发展和满足自身政绩的积累，容易过度依赖权能所赋予地方政府的强制力，对辖区内的农地进行了缺乏科学性、可持续发展性的规划、审批和使用。根据自然资源部于 2018 年发布的《中国国土资源统计年鉴》数据发现，2015—2017 年，全年发现违法用地案件分别为 54417 件、49438 件、40651 件，涉及耕地面积分别为 8242.68 公顷、8283.33 公顷、7229.07 公顷（见表 1-9）。

（二）政府对农地抛荒的不作为

最高人民法院于 2015 年 1 月 15 日首次通报了人民法院关于行政不作为十大典型案例，主要包括：行政机关对群众的举报或申请置若罔闻，对民众的合理利益诉求不予支持，以及行政主体间相互推诿，执法走过场、执行不到位等行政不作为现象。① 以北京市第四中级人民法院 2019 年发布的行政案件司法审查报告为例，2019 年，法院共审理行政案件 1749 件，较 2018 年的 1686 件增加 63 件。其中，政府职能不履行、政府信息不公开等政府不作为行为是行政案件争议的首要两位（见图 1-4）。

---

① 丁志刚、蒋月锋：《现代政府治理视域下的行政不作为及其治理》，《西南民族大学学报》（人文社科版）2017 年第 38 卷第 1 期。

表1-9

2015—2017年全国各级机关单位土地案件统计

年份/案件类别	合计			省级机关			市级机关			县级机关		
	总件数	涉及土地面积		总件数	涉及土地面积		总件数	涉及土地面积		总件数	涉及土地面积	
		总数	耕地		总数	耕地		总数	耕地		总数	耕地
	(件)	(公顷)	(公顷)	(件)	(公顷)	(公顷)	(件)	(公顷)	(公顷)	(件)	(公顷)	(公顷)
2015	54417	25405.27	8242.68	30	249.03	58.77	47	194.61	56.36	497	1000.91	302.67
2016	49438	24529.46	8283.33	103	778.40	213.23	58	228.80	74.21	476	896.24	344.61
2017	40651	21109.87	7229.07	13	158.46	22.54	111	530.30	77.51	626	1625.25	324.37
本年①发现违法	75241	29823.72	10621.90	29	394.47	24.01	229	627.32	97.87	948	1912.94	433.47
本年立案	48089	23624.93	8308.57	16	365.10	22.70	108	466.78	73.21	664	1665.61	377.42
本年发生案件立案	20555	9391.85	3425.07	4	7.21	1.05	36	115.91	24.95	214	598.35	174.62
买卖或非法转让	45	30.12	2.18									
破坏耕地	679	114.93	78.05							2	1.03	0.94
非法占地	19606	9127.71	3316.80	3	6.96	1.05	34	115.83	24.95	210	594.34	173.63
非法批地	6	2.48	1.91									
低价出让土地												
其他	189	85.96	12.24	1	0.25		2	0.08		1	2.93	

① 该表"本年"指代2018年。

续表

年份/案件类别	乡级机关			村（组）集体			企事业单位			个人		
	总件数	涉及土地面积		总件数	涉及土地面积		总件数	涉及土地面积		总件数	涉及土地面积	
		总数	耕地		总数	耕地		总数	耕地		总数	耕地
	（件）	（公顷）	（公顷）	（件）	（公顷）	（公顷）	（件）	（公顷）	（公顷）	（件）	（公顷）	（公顷）
2015	919	950.88	439.96	4603	1872.80	735.89	13605	16202.96	4743.78	34716	4934.11	1905.25
2016	705	655.86	277.95	4704	1376.79	501.14	12090	15736.93	4861.29	31302	4856.44	2010.90
2017	652	688.01	325.06	4481	1188.13	470.11	10904	13880.52	4866.60	23864	3039.20	1142.88
本年发现违法	923	1018.83	445.78	7849	2173.69	819.88	15883	17641.30	6398.74	49380	6055.17	2402.15
本年立案	717	838.16	386.36	5399	1468.54	571.57	12429	14998.08	5391.26	28756	3822.66	1486.05
本年发生案件立案	165	253.21	110.94	2126	678.38	291.34	3999	6028.72	2123.80	14011	1710.07	698.37
买卖或非法转让				2	1.01		7	5.85	1.01	36	23.26	1.17
破坏耕地	1	1.03	1.03	62	7.90	6.51	38	56.42	24.05	576	48.55	45.52
非法占地	160	225.89	107.56	2005	645.69	278.35	3909	5931.92	2090.04	13285	1607.08	641.22
非法批地	2	2.05	1.84	2	0.38	0.04				2	0.05	0.03
低价出让土地												

资料来源：2018 年《中国国土资源统计年鉴》。

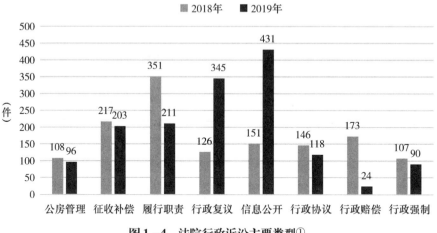

图1-4 法院行政诉讼主要类型①

政府职能不履行，是政府不作为的主要方面之一，即认为政府行政不作为是指政府部门或人员没有履行自己应当履行的行政职能的行为。2018—2019年，北京第四中级人民法院共受理了562件政府职能履行方面的行政案件，这侧面反映出政府职能不履行对人们日常正常生产生活带来极大的不便。以农地弃耕撂荒为例，农户因国家耕地指标的硬性要求，在弃耕撂荒之前，需与地方职能政府达成符合法理的一致意见。但是，在实际生产生活中，农户在处理相关事务时会存在"见面难""协商难""处理慢"等政府不履行职能的不作为问题。在难以获得合理的处理结果以及自身家庭的生活压力之下，农户的选择从主动退地变为被迫撂荒，同时农户也因此背负了一定的法律责任和心理负担。这就造成农户在面临后续的相关处罚时，往往选择上访或是通过法律途径以维护自身的利益。在这种模式下，整个信息工作都是围绕着行政决策的制定而展开的，往往倾向于地方政府自身的利益诉求，而农户作为行政相对人在信息工作中只是一个信息的被动接收者，只能在不知情的情况下被动接受政府的决策行为，而有时政府的决策行为却极大地损害了农民的利益（见图1-5）。

---

① 资料来源：北京市第四中级人民法院2019年《行政案件司法审查报告》。

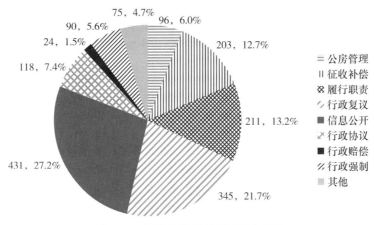

图 1-5　法院各类型行政诉讼占比①

（三）政府对坡耕地治理的投入不足

中国是世界上水土流失最严重的国家之一，2019 年，全国共水土流失面积 271.08 万平方千米。其中，水土侵蚀面积 113.47 万平方千米，风力侵蚀面积 157.61 万平方千米。按侵蚀强度分，轻度、中度、强烈、极强烈、剧烈侵蚀面积分别为 170.55 万平方千米、46.36 万平方千米、20.46 万平方千米、15.97 万平方千米、17.74 万平方千米，分别占全国水土流失总面积的 62.92%、17.10%、7.55%、5.89%、6.54%（见图 1-6、图 1-7、表 1-10）。

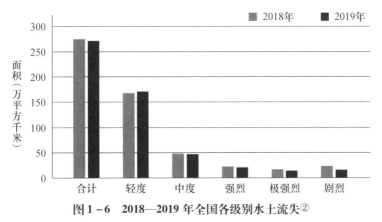

图 1-6　2018—2019 年全国各级别水土流失②

---

① 资料来源：北京市第四中级人民法院 2019 年《行政案件司法审查报告》。

② 资料来源：2019 年《中国水土保持公报》。

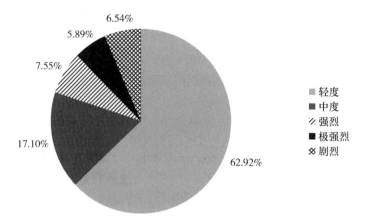

图 1-7 2018—2019 年全国各级别水土流失占比①

表 1-10   2018—2019 年全国重点关注区域水土流失情况统计

重点关注区域	年度	水土流失面积（平方千米）			
		轻度	中度	强烈及以上	合计
青藏高原	2019 年	343781	145439	120888	610108
	2018 年	344996	145501	122988	613485
	变化情况	-1215	-62	-2100	-3377
西北黄土高原	2019 年	123423	52788	33904	210115
	2018 年	120057	56560	37109	213726
	变化情况	3366	-3772	-3205	-3611
长江经济带	2019 年	290291	50168	54708	395167
	2018 年	278906	54297	67770	400973
	变化情况	11385	-4129	-13062	-5806
京津冀	2019 年	41936	1050	852	43838
	2018 年	40787	2277	1627	44691
	变化情况	1149	-1227	-775	-853
三峡库区	2019 年	14190	2776	2019	18985
	2018 年	13890	2702	2642	19234
	变化情况	300	74	-623	-249

---

① 资料来源：2019 年《中国水土保持公报》。

重点关注区域	年度	水土流失面积（平方千米）			
		轻度	中度	强烈及以上	合计
丹江口库区及上游	2019 年	21681	3316	3107	28104
	2018 年	21024	3182	4321	28527
	变化情况	657	134	− 1214	− 423
东北黑土区	2019 年	164752	30089	23826	218667
	2018 年	163508	31490	26627	221625
	变化情况	1244	− 1401	− 2801	− 2958
西南石漠化区	2019 年	175755	36295	36578	248628
	2018 年	169427	37297	45121	251845
	变化情况	6328	− 1002	− 8543	− 3217
三江源国家公园	2019 年	18040	2901	5603	26544
	2018 年	12291	3295	11301	26887
	变化情况	5749	− 394	− 5689	− 334

资料来源：2019 年《中国水土保持公报》。

由于人们的耕作方式粗放，导致坡耕地不仅产量低而且水土流失十分严重。据调查，2019 年青藏高原水土流失总量 610108 平方千米；西北黄土高原水土流失总量 210115 平方千米；长江经济带水土流失总量 395167 平方千米。截至 2021 年 8 月 9 日，水利部已联合国家发展改革委下达 2021 年中央预算内投资计划 34.07 亿元用于黄河流域淤地坝建设和坡耕地水土流失综合治理，其中中央投资 26.93 亿元，包括淤地坝工程 6.5 亿元、粗泥沙集中来源区拦沙工程 6.93 亿元、坡耕地水土流失综合治理工程 13.5 亿元。就财政支出而言，可以清楚地看到，国家对坡耕地治理问题的投资力度之大。虽然政府投入了大量资金，但是在其他方面，政府对坡耕地的相关投入和治理依然存在诸多亟待解决的问题。

第一，缺乏多部门联合统一规划。坡耕地是全省水土流失的主要策源地，面积大、分布广，但是缺少更深入的调查和研究，坡耕地底数不清，现状不明，缺乏多部门联合统一规划。治理进度和投入仍然不足，距离彻底解决坡耕地水土流失和有效利用问题尚存较大差距。

第二，坡耕地水土流失治理政策措施不统一。特别是坡耕地治理的国家投入项目，林业部门对 25 度以上的坡耕地退耕还林项目有国家补助，水利部门则没有，导致项目实施中土地协调困难，群众工作难做。项目建设没有统一规划，各部门坡耕地治理项目条块分割突出，没有形成集中连片治理合力，坡耕地治理整体推进缓慢。

第三，坡耕地综合治理技术措施不统一。坡耕地综合治理工程局限于实施坡改梯工程，与当地群众配水配路、调整农业产业结构等治理需求存在一定差距，工程建设受限较大，不能与治理大户相结合实施生物措施，治理成效不明显。应因地制宜，在因需投入上采取差别化措施。

第四，治理成果后期管护面临难题。近年来贵州坡耕地经济果木林种植面积迅速扩大，但很多项目由于缺少后续管护资金，加之乡镇农技人员少且大部分时间被其他工作占用，因此难以做好后期管护工作。各地合作社虽然增长较快，但是自我发展能力弱，缺少相应的龙头企业带动，合作社单打独斗参与市场竞争，市场经验不足，品种开发、市场分析、风险应对能力弱。

第 二 章

传统农地边际化研究的特征与局限

传统农地边际化研究经过几十年的发展取得了丰硕的成果，但是对农地边际化这一学术概念的定义及内涵解释还缺少统一认识，不同学科的研究人员对农地边际化及边际土地的定义也并不相同。比如生态环境研究领域对边际土地的理解与土地资源管理研究领域对边际土地的理解就有区别，生态环境研究领域对边际土地的理解是从土地对生态系统的贡献角度考虑，而土地资源管理研究领域对边际土地的理解更多的是从利用效率和效益角度考虑。同时，农业经济研究领域的边际效益分析与西方经济学中的边际效益分析也并不完全吻合，这导致农地边际化理论研究存在瓶颈，即对边际土地的定义到底是按照西方经济学中的边际效益分析方法切入，还是以土地利用纯收益作为判断标准。

传统农地边际化研究着重从农地利用纯收益、农地利用集约度以及粮食播种面积等方面综合诊断农地边际化风险和程度。这一传统诊断标准被广泛应用于不同山地丘陵地区的实证研究。在农地边际化分类方面，传统研究习惯将边际化分类为真性边际化和假性边际化，进而判断区域农地边际化是否可逆。由此可以看出，传统农地边际化研究对农地边际化的基础理论以及实证经验做出了重要贡献。但传统农地边际化研究仍然存在一些不足，比如理论与实际的不匹配问题、实证研究区域过于单一问题和缺少农户时空行为响应研究等。

针对以上传统农地边际化研究的现状以及存在的不足，本章将首先梳理传统农地边际化研究的理论基础，并以中国的实证研究为主要整理对象，梳理传统农地边际化研究的历史脉络，进而总结传统研究中农地边际化的定义。其次，针对传统农地边际化实证研究中所广泛应用的诊断标准和分类方法进行梳理和总结。最后，根据理论和实证的研究现状，对传统农地边际化研究存在的不足进行详细分析。

The traditionalstudy on marginalization of agricultural land had obtained a great achievements under decades of development. However, there is no clear definition of the academic concept of marginalization of agricultural land. Researchers in different disciplines made different definitions on marginalization of agricultural land, as well as marginal land. For example, there is a difference between the understanding of marginal land in the ecological study and that in the land management study. The ecological environment discipline defines marginal land based on the understanding of land's contribution to ecosystem. While the understanding of marginal land in the discipline of land resource management is much more based on the understanding of utilization efficiency and benefit. The marginal benefit analysis in the discipline of agricultural economy is not completely consistent with that in western economics, which leads to difficulties in the theoretical study of marginalization of agricultural land. So it is unclear that, whether the concept of land marginalization should is defined based on the marginal analysis or on the net income analysis.

The traditionalstudy on marginalization of agricultural land comprehensively diagnoses the risk and degree of the marginalization of agricultural land mainly from the aspects of the net margin of agricultural land use, the intensity of agricultural land use and the sown area of grain. The traditional diagnostic criterion is widely used in empirical studies of different mountainous and hilly regions. Regarding the classification of marginalization of agricultural land, traditional study normally classify it into true marginalization and false marginalization, and then judge whether marginalization of agricultural land in the region is reversible. Therefore, the traditional study has made important contributions to the basic theory and empirical experience of study of marginalization of agricultural land. However, there are still some insufficiencies in traditional study, including the mismatch between theory and practice, the empirical study areas are lack diversity and research on farmers' spatio-temporal behavior is not enough.

In order to address the shortcomings of traditional study on marginalization of agricultural land, firstly, this chapter sorts out the theoretical basis and development process of traditional study on marginalization of agricultural land, and then summarize the definition of traditionalagricultural land marginalization. Secondly, this chapter deeply analyzed the diagnostic criteria and classification methods which widely used in the traditional empirical studies. Finally, this chapter made a detailed analysis of the shortcomings of traditional studies on marginalization of agricultural land based on the current development situation of the theoretical and empirical studies.

第一节　传统农地边际化研究的理论框架

在传统农地边际化中，农地边际化被看作是经济边际化的一个新的分支。学者认为，农地边际化现象即是发生在农地上的经济边际化现象。因此，在起初的农地边际化之中，学者尝试通过经济效益最大化、经济学角度的边际效用与弹性理论去阐释农地边际。随后，有学者发现，农地边际化不仅体现在最后的农地经济效益环节，在农地边际演变的过程中，农户的心理和其生产效率也同样发生了一定程度的变化。由此，提出了农户行为响应与土地报酬递减作为研究农地边际化的基础。本节将基于传统农地边际化的理论基础，对农地边际化的研究进行梳理，并总结得出传统研究中对农地边际化的定义。

一　传统农地边际化的理论基础

（一）经济效益最大化理念

1. 个人经济效益最大化：经济人假说

亚当·斯密在其著作《国富论》论述劳动交换的经济理论时，提出了经济人的假说。[①] 即对于处于"经济人"状态的农户而言，一方面，他的行为动机都是自利的，时刻关注的是自身的利益；另一方面，在行动上，他又是理性的，能够充分地利用他所能得到的、最大化自身的利益[②]。简言之，农户不再将自己局限于农业农地耕种上，不再将自己定位于保障国家粮食安全的重要一环，而是通过不同的手段，尽可能地减少自身的投入以获得更大的收益。在外出务工逐渐成为一种较为成熟的劳动力转移方式的情况下，农户会在理性的思维下，充分比较务农与务工之间的比较收益，从而选择一种最适宜自己的就业方式，而对于外出务工会造成农村劳动力短缺、进而农地边际化等问题，则不再是农户的主

---

① 杨春学：《经济人的"再生"：对一种新综合的探讨与辩护》，《经济研究》2005 年第 11 期。

② 王乐夫、蔡立辉：《公共管理学》（精编版），中国人民大学出版社 2012 年版，第 39 页。

要考量内容。

2. 政府经济收益最大化：公共选择

公共选择理论是以政治领域的"经济人"追求个人利益最大化为前提的。[①] 公共选择理论认为，对农地具有法理意义上的征用、审批、流转、占用权能及对一二级土地市场信息具有垄断地位的政府官员，会将有限的土地资源投置于能够预算最大化、收益最大化、利益最大化的土地利用方式。因此，对于因缺乏市场竞争力和生产能力匮乏而逐渐沦为经济生产边际的农地，政府官员会将农地中的劳动力、资金、土地等生产要素抽出，使得原本具有边际化特征的农地因生产要素的进一步剥离而进一步加深了其边际程度。

3. 市场经济收益最大化：帕累托最优

经济学理论认为，在一个生产要素快速流动、市场对资源配置起到决定性作用的市场体制之下，对土地资源有不同需求的利益群体会为了满足自身利益最大化需求，会不断推动市场发挥其价格规律和市场杠杆的作用，使得整个社会土地资源能够得到最合理的配置，即帕累托

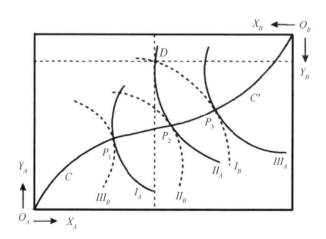

图2－1　埃奇沃思框图[②]

---

① 王乐夫、蔡立辉：《公共管理学》（精编版），中国人民大学出版社 2012 年版，第39—40 页。

② 符晓燕、孙亚君、王荣、卢丹：《微观经济学》，人民邮电出版社 2013 年版，第264 页。

最优。① 这就意味着，边际化的农地在以帕累托最优为最终目的的市场机制的调控下，会因自身的低效益利用与市场竞争能力不足而被市场转移其劳动力、资金等生产要素，并被市场要求从原有的土地利用方式中退出，通过退出、流转等方式进入一二级土地市场，从而变更为其他的土地利用方式以满足城乡土地储备及满足其他利益群体对土地资源的多样化需求（见图2-1）。

（二）边际效用与弹性理论

边际效用理论形成于19世纪中后期到20世纪初期，起源于大卫·李嘉图的地租理论，该理论的奠基者包括法国学者瓦尔拉、奥地利学者门格尔和英国学者杰文斯。边际效用理论是边际效用学派的理论基础，包括的主要概念有边际效用、边际收益、边际成本、无差异曲线、边际效用递减规律等，其中最为核心的是边际效用递减规律。边际效用递减规律在经济学中指的是在一定的研究时间范围内或者假设的时间范围内，在其他相关产品的使用或者消费数量保持不变的情况下，随着消费者对某种产品使用量（U）或者消费量（Q）的增加，消费者从该产品连续增加的每一个使用或者消费单位中所得到的满足感（效用）增量递减，即边际替代效用（MU）是递减的。当边际效用（MU）为0的时候，总效用（TU）最大（见图2-2）。

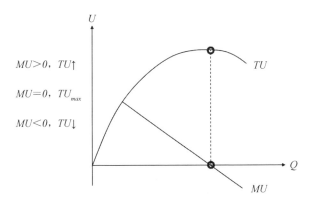

图2-2 边际效用递减规律②

① 李伟、李泓泽、齐玮、宋立芝：《微观经济学》，人民邮电出版社2013年版，第322页。
② 柴瑜、苏娟、孙宗亮：《微观经济学》，南京大学出版社2017年版，第214页。

在弹性理论中，根据因变量 y 和自变量 x 的不同，弹性的类型可以分为很多种。比如，需求价格弹性、供给价格弹性、收益—投入弹性等类型。弹性是指在基本的 y（x）函数所表示的 y 和 x 的关系时，y 对 x 变动的相对反应；其是通过 y 变化的比率同 x 变化的比率进行比较而确定。决定弹性的两个变量（x，y）都是各自变化的百分比，那么弹性的数值就不会因 x 与 y 运用的计量单位不同而不同，弹性概念完全与计量单位无关。弹性的数值可能为正也可能为负，其是正值还是负值，取决于 x 和 y 是按同方向还是逆方向变动。根据弹性的取值大小和正负关系，可以把弹性区分为三个基本类型：无弹性、缺乏弹性和有弹性。

边际效用理论是农地边际化研究最重要的理论基础。在边际效用递减规律的作用下结合价格弹性理论，可以将农地边际化进行细分。农地边际化是一种受社会、经济、政策和自然环境等因素综合驱动作用的过程，一种在现有的土地利用变化特征和社会经济结构条件下，农地变得不再具有经济生产能力的过程。[1] 农民以效用最大化来指导资源要素的投入和安排农业生产，根据其拥有的资源禀赋实现自身最大效用。

（三）土地报酬递减理论

土地报酬递减规律考察的是一定时期内，科学技术相对稳定的条件下土地报酬变化的规律。土地报酬递减规律作为农业经济学最基本规律之一，从总报酬、平均报酬、边际报酬三个指标对农地利用的多个阶段过程进行了直观的阐述，为农地边际化提供了为止可行的理论分析基础。[2] 从图 2-3 中具体分析可以发现，当生产要素从 L_1 增加到 L_2 的阶段内，土地利用的边际报酬递增且增加的速度越来越快。因此在这个区间内，提高平均报酬或者总报酬最有效的方法是不断增加各种生产要素的投入。在 L_2 到 L_3 阶段内，土地利用的边际报酬递减，平均报酬递增，且总报酬也还是递增的，但是递增速度开始放缓。因此在这个区间内，使平均报酬最大值就是平均报酬等于边际报酬的时候。L_3 到 L_4 的阶段内，土地利用的边际报酬递减，平均报酬递减，但总报酬还是递增的。

---

① 闵弟杉：《农地边际化的后拉因素分析》，《长江大学学报》（自科版）2013 年第 10 卷第 5 期。

② 高波：《发展经济学》，南京大学出版社、商学院文库 2017 年版，第 414 页。

因此在这一区域内，如果有需要提高产品的总产量，还是可以不断加大各种资源投入，直到达到 L_4，此时总报酬最大。当生产要素的投入大于 L_4 的时候，再追加投资，土地利用的边际报酬可能为零，甚至可能出现负数。所以在已有的科技、管理水平条件下，土地利用应该避免使投入超过 L_4。

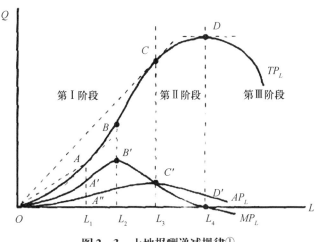

图 2－3　土地报酬递减规律①

土地报酬递减规律的提出，为后续研究农地边际化问题运用生产收益进行判断研究提供了有效的依据。1995 年，学者 Bethe 和 Bolsius 以国际组织 CEC（Commission of the European Communities）提出的农地边际化概念为基础，以欧洲农地利用现状为切入，选用土地报酬递减理论中的 TP（总收益、总产量）/收益量作为农地边际化的依据；2005 年中国学者李秀彬引入西方农地边际化的概念，选用 TP（总报酬，作为纯收益的基础）、AP（平均报酬，作为集约化的基础）用于阐释中国千禧年之初、农业集约化转型时期的农地边际化问题。

二　传统农地边际化的研究脉络

（一）研究起源阶段

农地作为粮食生产的重要载体，其边际问题一直是社会研究关注的

---

① 毕宝德：《土地经济学》（第六版），中国人民大学出版社 2011 年版。

对象。早在 1803 年，学者 Thomas Robert Malthus 就通过农地投入产出现象——土地肥力日益减退，在同一块土地上追加投资的收益也会依次递减，提出了土地报酬递减规律，阐释了农地在生产方面存在边际现象。此后，随着城市化进程的不断发展，城市的地位和作用逐渐凸显并不断作用于农业生产领域。例如，J. H. Von Thunen 在其著作《孤立国对农业及国民经济之关系》一书中提出，在中心城市周围，在自然、交通、技术条件相同的情况下，不同地方的农产品纯收益（或地租）会因对中心城市距离远近所带来的运费差而产生高低差异。该现象说明了农地利用方式的区位存在客观规律性和优势区位的相对性，即在地缘上可分为城市农地、近郊农地、远郊农地、边际（边缘）农地四类农地区位类型。

19 世纪中叶，边际主义逐渐成为普遍的经济价值解释理论，并逐渐开始运用到土地领域。例如，卡尔·马克思在其著作《资本论》中，从需求和供给角度阐述了"边际主义"理论；他提出了劳动价值说，建议将效用和使用价值区别开来；他批判和发展了大卫·李嘉图的地租理论，在厘清地租与利润区别的基础上，提出了级差地租、绝对地租与垄断地租，并进一步细化了"土地的价格取决于生产力最低的耕地——边际土地的价格"原理的客观条件。同时他还指出，当农地的使用者或经营者无力承担地租时，将会放弃对农地的经营或投资，从而形成无租化现象。1974 年，James M. Buchanan, Jr. 和 Anne Krueger 提出了寻租理论，即土地所有者对自身所拥有的土地要素进行有效配置以获取最大利润的过程，这为农地产生无租化现象后农地的发展趋势提供了研究方向。

土地利用作为一种社会经济活动，很多土地经济学家都将经济学的边际生产力理论引入对农地利用变化的研究。1980 年，Commission of the European Communities（CEC）根据农地所存在的边际化现象及相关研究，提出了最开始的农地边际化的概念，即认为农业边际化情形可定义为经济生产能力处于边际化时的那种状况。农地边际化基础概念的提出，意味着农地边际化将不再是一个抽象的社会现象，而是作为一个具体的研究方向。

（二）研究发展阶段

在 Commission of the European Communities（CEC）确定基本的农地边

际化概念之后，Bethe、Brouwer 等学者分别从农地收益角度以及系统相关角度，进一步细化了农地边际化概念的内容，为后续农地边际化驱动因素分析奠定了基础。在农地边际化概念的界定的过程中，Bethe and Bolsius 认为，边际化可以被看作是农地收益从多到少的变化，它包括从耕地到永久牧草地、从草地到林地间的各种变化，也许最为大家认可的边际农业状态的定义①，是指其经济生产能力处于边际时的状态。而 Brouwer 则是将农地看作是一个自然—经济的综合体，他提出，农地上所发生的边际化现象，不仅仅是自然条件变化所引起的自然现象，同时也是受到了政策、经济、技术等影响的社会现象。

为有效剖析农地边际化的形成原因，Brouwer 在定义农地边际化概念的基础上，进一步抽离出影响农地边际化的驱动因素，即引起农地边际化的因素不仅仅是经济因素、环境因素、地理位置、农业结构，还应该综合考虑社会因素和政策因素等。2000 年，学者 Macdonald 在 Brouwer 的理论基础上，细化了政策因素对农地的影响，并丰富了技术在农地边际化过程中的驱动作用。

此外，农户作为农地的使用者，是农地边际化过程中最活跃的变化因素，农户心理、行为的改变将直接改变农地的利用。因此，诸多学者认为，农地边际化的研究应当从农户入手，通过运用农户行为选择、行为经济学等理论基础阐释农户对农地边际化现象的行为响应，从而进一步完善农地边际化的研究。例如，Bethe 和 Bolsius 认为，在农地边际化过程中，伴随着农地生产能力的消失，农民会作出一系列不同的响应。一些人可能会努力提高生存能力同边际化现象抗争。相反，另一些人则可能会减少利用或者完全弃耕抛荒。而在达到完全弃耕这种状况以前，Brouwer F. 和 Baldock D. 认为，农户为防止边际化现象与维持地力，往往有不同的经营管理选择。

（三）研究成熟阶段

在社会经济发展的过程中，农地作为农业生产的基础，其数量和质量都在不断地下降，这使得农地边际化问题不再仅仅是一个简单的经济

---

① 张雯、刘学录：《农地边际化现象的宏观诊断的研究——以兰州市为例》，《中国农学通报》2014 年第 30 卷第 23 期。

现象，其暴露出来的社会问题同样应该引起国家职能部门的警觉。因此，如何对边际化农地进行精准治理成为亟待解决的重点和难点。为进一步对农地边际化问题进行精准有效的治理，李秀彬等学者认为，首先应当将定性抽象的现象问题转化为定量具体的量化指标并予以分析，因此该学者提出，通过"纯收益""播种面积""集约度"三大指标对农地边际化进行诊断，从而对目标农地是否存在边际化问题进行有效量化。

随着农地边际化量化指标的提出，诸多学者开始将其运用于地域性（不同行政区划、不同层级、不同地形区）的农地边际化诊断、特征及驱动因素当中。例如，曾小洁、王芳等学者以广东省为研究区域，采用三大主要指标对广东省2000—2015年农地边际化特征进行提取，选择影响农地边际化特征的19个因子，利用地理探测器方法对农地边际化现象的核心影响因素进行挖掘。此外，科学技术的进步与革新，也为农地边际化的研究和治理提供了极大的便利（见表2-1）。

表2-1 传统农地边际化研究发展历程

传统农地边际化研究的发展历程	对农地边际化的研究	观点来源	时间	代表人物	主要观点
研究起源阶段	农地生产边际	现象聚焦：土地作为种植农作物的基本生产资料，其肥力日益减退，在同一块土地上追加投资的收益也会依次递减	1803年	Thomas Robert Malthus	土地报酬递减规律：在一定面积的土地上连续追加劳动或资本，追加量超过一定界限以后，其收获量增加的比例呈现下降趋势

续表

传统农地边际化研究的发展历程	对农地边际化的研究	观点来源	时间	代表人物	主要观点
研究起源阶段	农地地缘边际	现象聚焦：距中心城远近决定不同地方农产品纯收益的大小	1826 年	J. H. Von Thunen	农业区位论：农地利用方式的区位存在客观规律性和优势区位的相对性
	农地经济边际	现象聚焦：农地无租化及土地所有者重新寻租现象	1894 年	Karl Heinrich Marx	绝对地租：任何农地都需要支付地租 级差地租：由于耕种的土地优劣等级不同而形成的地租 无租化：农地的经营者或投资者无法承担地租而放弃对农地的继续投资或经营
	提出了农业边际化的概念	边际主义理论农地存在边际化现象	1974 年	James M. Buchanan, Jr. Anne. Krueger	寻租活动：土地所有者对自身所拥有的土地要素进行有效配置以获取最大利润的过程
			1980 年	Commission of the European Communities（CEC）	认为农业边际化情形可定义为经济生产能力处于边际化时的那种状况

传统农地边际化研究的发展历程	对农地边际化的研究	观点来源	时间	代表人物	主要观点
研究发展阶段	农地边际化概念探讨	CEC 提出的农地边际化概念农地收益角度	1995 年	Bethe and Bolsius	边际化可以被看作是农地收益从多到少的变化，它包括从耕地到永久牧草地、从草地到林地间的各种变化。也许最为被大家认可的边际农业状态的定义，是指其经济生产能力处于边际时的状态
		CEC 提出的农地边际化概念系统相关理论	1996 年	Brouwer, et al.	农业边际化可以被看成是一种受社会、经济、政治和环境等因素综合驱动作用的过程，一种在现有的土地利用和社会—经济结构条件下，农地变得不再具有生产能力的过程
	农地边际化驱动因素分析	土地是自然—经济的综合体	1999 年	Brouwer, et al.	引起农业地边际化的因素不仅仅是经济因素，环境因素、地理位置、农业结构、社会因素和政策因素等也需要考虑
		政策、技术角度	2000 年	Macdonald	在欧洲由于农业商业化，通过技术的发展和"公共农业政策"的影响，农业生产率得到提高，于是改变传统的农业方法，农业生产活动集中在较肥沃和可利用的土地上

续表

传统农地边际化研究的发展历程	对农地边际化的研究	观点来源	时间	代表人物	主要观点
研究发展阶段	农地边际化后农户行为响应分析	农户行为选择理论	1995 年	Bethe and Bolsius	在农地边际化过程中，伴随着农地生产能力的消失，农民会作出一系列不同的响应
		行为经济学理论	1999 年	Brouwer F. and Baldock D.	在达到完全弃耕这种状况以前，农户为防止边际化现象与维持地力，往往有不同的经营管理选择
	农地边际化的环境效应	土地及其环境是一个自然生态系统	2000 年	Macdonald D.	由于环境的、农业的、社会经济等相关因素的作用，撂荒对环境变化的影响不可预测。考察撂荒对生物多样性、景观和土壤的影响，一般的撂荒对考察的环境参数有负面影响
研究成熟阶段	将定性现象转变为定量指标：农地边际化诊断	Bethe and Bolsius 农地收益视角 土地经济学原理	2005 年	刘成武；李秀彬	农地利用的"边际收益指标""集约度指标""播种面积指标"是诊断农地边际化的三大指标
	驱动变量更迭：引入农户务农机会成本	第二、第三产业发展 城乡推拉理论 城乡劳动力流动	2015 年	郝海广；李秀彬	农户依据务农机会成本从而调整自身在农地上的精力和投入，形成农地边际化
	技术革新：引入 GIS 等软件	ArcGIS 可用于土地研究	2017 年	江汶静；田永中	ArcGIS 等应用软件能够较好地应用于农地边际化的研究

续表

传统农地边际化研究的发展历程	对农地边际化的研究	观点来源	时间	代表人物	主要观点
研究成熟阶段	地域性农地边际化诊断、特征及驱动因素	三大诊断指标以广东省为例	2020 年	曾小洁；王芳	采用三大主要指标，对广东省 2000—2015 年农地边际化特征进行提取，选择影响农地边际化特征的 19 个因子，利用地理探测器方法对农地边际化现象的核心影响因素进行挖掘
	当前背景下农户行为响应	当前社会背景农户行为经济学	2020 年	黄利民；崔国敏	基于江汉平原农户调研数据，利用统计分析方法，从农户的劳动力配置、农地利用物质投入、土地资源配置等方面来分析农地边际化现象

三 传统农地边际化的定义总结

1980 年，Commission of the European Communities（CEC）根据农地所存在的边际化现象及相关研究，提出了最开始的农地边际化的概念，即认为农业边际化情形可定义为经济生产能力处于边际化时的那种状况。[①] 农地边际化基础概念的提出，意味着农地边际化将不再是一个抽象的社会现象，而是作为一个具体的研究方向。随后，Bethe 和 Bolsius 等学者分别从农地收益角度以及系统相关角度[②]，进一步细化了农地边际化概念的

---

① Commission of the European Communities（CEC），"Effects on the environment of the abandonment of the agricultural"，*Information on Agriculture*，1980.

② Bethe F. and Bolsius，E.，*Marginalization of Agricultural Land in the Netherlands*，*Denmark and Germany*，National Spatial Planning Agency，The Hague，1995.

内容，为后续农地边际化驱动因素分析奠定了基础。而在社会经济发展的过程中，农地作为农业生产的基础，其数量和质量都在不断地下降，这使得农地边际化问题不再仅仅是一个简单的经济现象，其暴露出来的社会问题同样引起了国家职能部门的警觉。因此，为进一步对边际化农地进行精准治理，李秀彬等学者提出通过"纯收益""播种面积""集约度"三大指标对农地边际化进行诊断。① 此外，技术的革新也为农地边际化的研究和治理提供了极大的便利。

基于以上对农地边际化的梳理，本章总结认为传统农地边际化定义是从农产品的供求关系出发，以农地利用的纯收益作为判断农地边际化的核心指标。各种土地都有边际化的可能，其中农地边际化是欧美发达国家和新兴工业国家普遍发生的土地变化现象。② 耕地的弃耕撂荒、耕作的粗放化、人口的外迁是这个过程的典型表现。但是由于边际土地概念的复杂多样，使得农地边际化的概念也是错综复杂。

总结国内外不同学者对农地边际化的定义，大致可以把他们分为动态与静态两个派别。持动态观点的学者认为农地边际化是一种在现有的土地利用和经济社会结构条件下，农地变得不再具有经济生产能力，由边际内土地沦为边际外土地的一个动态过程。③ 类似的动态观点也有从土地系统组成角度来分析，认为农地边际化是一种在现有的土地利用结构、社会经济结构、人文结构条件下，农用地变得不再具有经济生产能力的过程。另外，持静态观的学者认为农地边际化是农地经济生产能力处于边际化时的那种状态，但对如何界定边际化没有明确的提示。这方面国内学者近几年有了创新性的研究成果，研究认为农地利用的"边际收益指标""集约度指标""播种面积指标"是诊断农地边际化的三大指标。一般而言，如果该农地利用的"边际收益"为负，且在随后的土地利用过程中出现了"集约度下降、播种面积缩小，甚至弃耕撂荒"等变化特

---

① 刘成武、李秀彬：《农地边际化的表现特征及其诊断标准》，《地理科学进展》2005 年第2 期。

② 李秀彬、赵宇鸾：《森林转型、农地边际化与生态恢复》，《中国人口·资源与环境》2011 年第 21 卷第 10 期。

③ 黄利民、崔国敏、刘成武：《基于农户土地利用行为的农地边际化现象分析》，《安徽农业科学》2020 年第 48 卷第 8 期。

征，可以初步判断该农地利用出现了边际化现象。[①]

因此，本书认为农地边际化就是在耕地利用过程中，耕地利用纯收益不断下降，逐渐不足以补偿所需费用的过程及趋势，也就是耕地利用过程中粮食经济生产能力趋于小于等于零的过程及趋势；其具有驱动因素多样性和时空变化差异性等特征。比如：（1）由于城市扩张，耕地被建设占用而退出粮食生产，导致耕地利用纯收益为零；（2）由于自然环境等因素的制约，进而被弃耕撂荒，导致耕地利用纯收益为零或者趋于零；（3）由于耕地利用的经济效益比其他农地利用类型的收益低，进而退出粮食生产，导致耕地利用纯收益为零或者趋于零。不同的影响因素会导致不同的农地边际化类型，不同的农地边际化类型在时空变化过程中会表现出不同的特点。

第二节　传统农地边际化诊断与分类方法

传统边际化研究认为农地边际化就是指土地受社会、经济、政治和自然等驱动因素变化影响，农地生产能力不断发生变化，出现了"不经济"的现象。随着社会经济的迅速发展和城镇化水平的不断提高，农地的数量和质量都在下降，在全国人口不断增长的大背景下，农地边际化已经成为一个刻不容缓的研究问题。目前，在大量的实证研究中，农地边际化的定量诊断和分类已经比较成熟。以农地利用纯收益为核心的农地边际化诊断方法已成为传统研究中的主流。在农地边际化分类方面，真性与假性边际化的分类也得到了广泛的应用。因此，本节将详细梳理和分析传统农地边际化的诊断与分类方法。

一　传统农地边际化诊断方法与标准

（一）农地利用的纯收益计算方法

农地边际化是指农地在当前用途下的无租化现象或农地集约收益边际低于其他土地利用用途集约边际收益而导致农业土地利用被其他用途

---

① 刘成武、李秀彬：《对中国农地边际化现象的诊断——以三大粮食作物生产的平均状况为例》，《地理研究》2006 年第 5 期。

排挤、滑入边际利用的现象。① 在地区政府经济发展需求、市场杠杆、农户耕种心理预期的共同作用下，政府和市场会对无租化的农地进行重新寻租，农户会减少自身在耕地里的精力成本，从而将原本投置于农用地的土地、资金、劳动力等生产要素转向其他土地用途。农地边际化的本质是农地在当前用途下出现"无租化"现象，即农地利用的纯收益"小于或等于零"。

而判断农地利用是否出现边际化现象，关键要确定农地利用是否出现纯收益小于或等于零的特征或者趋势。公式（2-1）中，TR_i 表示农地当前用途下第 i 年的总纯收益；TP_i 表示第 i 年农地利用的总产值，本书中农地利用总产值用农业总产值减去非粮作物产值表示；TC_i 表示第 i 年对农地利用过程中的总投入。本书中总投入包括化肥、农药和农业机械动力；公式（2-2）中，AR_i 表示第 i 年单位成本的平均纯收益；公式（2-3）中，AR'_i 表示第 i 年单位面积的平均纯收益；F_i 表示第 i 年播种面积。当 $\Delta AR_i = AR_{i+1} - AR_i \leqslant 0$ 或者 $\Delta AR'_i = AR'_{i+1} - AR'_i \leqslant 0$ 时，可以初步诊断该农地处于或将处于边际化状态。

$$TR_i = TP_i - TC_i \qquad (2-1)$$

$$AR_i = TR_i / TC_i \qquad (2-2)$$

$$AR'_i = TR_i / F_i \qquad (2-3)$$

由于农地边际化研究时间跨度一般较长，需要进行价格指数转换处理。以研究起始年为基准，根据各年农村居民消费价格指数 D_i 分别对相关数据进行转换处理，从而得到处理后的新数据。② 根据公式（2-4）进行价格指数转换。公式中 D_i 表示第 i 年农村居民消费价格指数，比如 D_{1988} 为 1988 年农村居民消费价格指数。M_i 表示第 i 年转换前的相关数据，M'_i 表示第 i 年转换后的相关数据。

$$M'_i = \frac{D_i}{D_{1988}} \times M_i \times 100 \qquad (2-4)$$

---

① 刘成武、李秀彬：《对中国农地边际化现象的诊断——以三大粮食作物生产的平均状况为例》，《地理研究》2006 年第 5 期。

② 姚冠荣、刘桂英、谢花林：《中国耕地利用投入要素集约度的时空差异及其影响因素分析》，《自然资源学报》2014 年第 29 卷第 11 期。

(二) 农地利用集约度计算方法

土地集约利用的概念最先提出是在农地利用领域，后来才逐步引入城市研究范畴。根据土地利用报酬递减规律概念的阐述，认为在一定的时间、技术和政策化境的驱动下土地利用集约度的提高具有一个上限。当在土地上连续投入的各种生产要素达到经济上的报酬递减点时，作为一个理性的经济人将不会再追加投入，因为投入的每一单位成本将无法在利润中收回。这一临界点就是土地利用的集约边界。当耕地利用达到集约边界时，耕地利用的纯收益为零。根据理性经济人假设，当超过集约边界的时候农民就会选择弃耕撂荒。

因此根据研究对象的实际情况，本书认为所讨论的农地利用集约度都暂未达到集约边界，即在粮食生产过程中，单位面积的农地上投放的生产要素的数量。在其他条件不变的情况下，单位面积土地上投入的资本和劳动力的数量越多，则土地利用的集约度越高，反之就越低。具体计算方法如下：

$$I_i = TC_i / F_i \qquad (2-5)$$

$$\Delta I_i = I_{i+1} - I_i \qquad (2-6)$$

公式（2-5）中，I_i 表示第 i 年农地利用的集约度；TC_i 表示第 i 年对农地利用过程中的总投入（化肥、农药、农业机械动力）；F_i 表示第 i 年的粮食播种面积；公式（2-6）中，ΔI_i 表示农地利用集约度的年际增量。当耕地利用平均纯收益小于或者等于零，且随后出现 $\Delta F_i \leq 0$ 、$\Delta I_i \leq 0$ 等现象后，可基本确诊为农地边际化。

(三) 粮食播种面积计算方法

农地边际化作为土地资源系统下耕地资源变化的形式之一，不仅造成粮食生产面积的减少，同时也会对粮食生产环境造成一定的负面影响，并直接关系到区域粮食生产水平。一方面，农地边际化导致的耕地面积减少将直接造成粮食播种面积的下降，且受城镇化工业化影响，这种现象在城乡接合部表现得尤为突出；另一方面，由于中国各地区复种指数和种植制度存在较大差异，农地边际化的地域差异将会导致各个地区进行农作物播种的面积发生较大变化。

此外，半干旱地区受植被恢复速度较慢影响，长时间的农地边际化将会引起土壤肥力下降、土壤侵蚀等一系列问题，改变了粮食生产的环境资本要素，最终导致粮食总产量的下降。当耕地利用集约度还未达到集约边界的情况下，耕地本身作为一种被投入的生产要素，其投入的数量和纯收益也是呈正相关性的。也就是说，当耕地利用集约度暂未达到集约边界的时候，粮食播种面积越大，那么耕地利用的纯收益就越大。所以，农地边际化的另一个重要诊断标准就是粮食播种面积的变化情况。如下公式所示：F_i 表示第 i 年的粮食播种面积；ΔF_i 表示粮食播种面积的年际增量；所以，$\Delta F_i \leqslant 0$ 是进一步诊断农地边际化的重要指标。

$$\Delta F_i = F_{i+1} - F_i \tag{2-7}$$

二　传统农地边际化分类方法与标准

（一）根据农地生产能力高低分：低端边际化、高端边际化

农地是农村农业生产的主要载体，同时也是主要经营第一产业的农户的主要经济来源。因此，在日常研究中，农地自身所能够生产农产品的数量及质量，即农地生产能力，成为判断农地好坏的主要依据。一般而言，自然环境所形成的自然肥力与社会经济投入所带来的经济肥力是影响农地生产能力的重要因素。然而，随着领域研究的深入，农地的生产能力不再局限于农地农产品的产量，而是深入探讨农地的经济转化能力。例如，德国农业经济学家约翰·冯·杜能通过控制变量法，以农地到市场的距离作为主要变量，剖析了从土地取得最大的纯收益随市场远近而变化，进而得出农业生产方式的空间配置原则（即杜能圈，见图2-4）。

传统西方经济学认为，农地的纯收益或利润即是农地投入产出的差值，因此农地的总产值越高且生产经营者投入农地的总成本越低，则表示目标农地的生产能力越好。但是，马克思提出，农地的生产收益不仅需要支付投入成本，同时也需要向农地的所有者支付土地使用的费用，即地租，并且土地的所有者会依据农地的优劣形成级差地租。因此，当农地的经营使用者所得经济收益无法承担地租时，会逐渐退出对农地的投资，而农地的所有者为继续获得相对等量的经济利益，会展开寻租活动。当农地的所有者无法通过寻租活动找到合适的经营使用者进行投资时，那么所有者将减少对农地的持有量并转向其他土地用途，该现象称为农地当前用途的无租化现象。

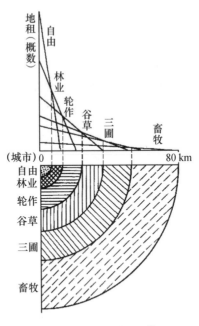

图 2 - 4 杜能圈示意①

因此，根据农地、农地使用者、农地所有者三者相互作用而形成的农地生产能力的变化，部分学者将农地的边际化分为低端边际化和高端边际化。② 农地的"低端边际化"是指在社会、经济、政治和自然环境等因素共同作用下，农地在当前用途下的无租化现象，土地利用的这种无租化现象。农地的"高端边际化"即在当前用途下的经济生产能力持续下降的过程，但其集约边际并未降低到粗放边际，却低于其他可考虑用途的集约边际。③

（二）根据农地边际化的原因分：真性边际化、假性边际化

根据"土地生产能力变化程度"的不同，可以将农地边际化分为"高端边际化与低端边际化"两种基本类型。但在实际土地利用中，不同

---

① ［德］约翰·冯·杜能：《孤立国同农业和国民经济的关系》，吴衡康译，商务印书馆1986 年版。

② 刘成武、李秀彬：《农地边际化的表现特征及其诊断标准》，《地理科学进展》2005 年第2 期。

③ 王磊、来臣军、卢恩平：《城乡一体化进程中乡村土地利用效益评价》，《中国农业资源与区划》2016 年第 37 卷第 2 期。

地区的农地所受到的主要限制性自然—经济因子各有不同，此外，不同地区的自然组成及经济基础差异明显。因此，仅通过对农地生产能力的分析，较难对不同区域、多类型的农地的边际化现状进行有效的归纳总结。所以，有学者提出，可从农地边际化的原因及其变化特征等角度入手，依据自然—社会—经济的变化对土地利用的影响，从而对农地边际化归为真性边际化和假性边际化①。

真性边际化。真性边际化是指因自然环境条件制约而导致其本身自然肥力相对较差，所能够产生的经济生产效益无法满足投资者、使用者、所有者的收益最大化需求或比较收益无法满足预期期望而逐渐沦为边际化的土地。基于自然肥力的限制，该类型农地会因经济肥力的投入收益缺乏和其他类型土地的竞争能力而逐渐边际化，最终退出基本耕种，转向自然撂荒或其他土地利用类型。这种因农地自然肥力限制而导致的农地边际化现象可称为真性边际化（或自然型边际化）现象。

假性边际化。假性边际化是指因受到政治政策、经济发展、社会需要等外部性因素的影响，使得原有自然肥力优良、地理区位较好的农地出现了经济生产能力显著下滑的现象。受政治、经济、社会因素而导致的边际化农地，其本身的农业生产能力依然具有良好的利用空间。但因外部环境的变化和生产要素投入的改变，使得原本能够通过耕种和农产品交易获益的农地出现了暂时性的边际收益"小于或等于零"状态。这种因外部性因素受到影响而本身经济生产能力没有根本性改变的农地边际化过程，我们称为假性边际化（或非自然型边际化）现象。

（三）按农地边际化进程分：初始边际化、中期边际化、完全边际化

2006 年，刘成武、李秀彬等学者，发表了《对中国农地边际化现象的诊断——以三大粮食作物生产的平均状况为例》的文章，诊断了中国农地边际化现象，尝试从定量的角度回答"什么样的农地算边际化"的问题，同时，根据"高—低端农地边际化"和"真—假性农地边际化"等理论基础和分类标准，又进一步将不同农地边际化现状进行了有效的区分。然而，以上分类大多对静态农地边际化的分析和解释，但农地边

---

① 刘成武、李秀彬：《农地边际化的表现特征及其诊断标准》，《地理科学进展》2005 年第 2 期。

际化并不是一个静态过程或是一个成而不变的现象,而是一个动态可变的过程。因此,部分学者提出,要将时间动态的理念引入现有的农地边际化研究当中。例如,黄利民等学者提出,根据纯收益、总收益和实物产量的不同变化特点我们将农地边际化进程分为三个发展阶段:初始边际化、中期边际化、完全边际化。①

初始边际化:初始边际化是指目标农地因自然环境或生产成本的变化而导致原本的经济产出能力降低、农户所能获得的经济收益较往年而言相对减少。虽然在该阶段,农地的经济生产能力因内置性或负外部性因素的下滑而导致经济纯收益的降低,但是纯收益依然大于零,即农户依然可以通过调整耕种方式、调配要素投入、集约化经营等方式,稳定维持或增加农地的总产出和总收益以保证农地纯收益大于零。

中期边际化:中期边际化是指农户在通过调整耕种方式、调配要素投入、集约化经营等方式,已无法继续维持或增加农地总产出和总收益以保证农地纯收益大于零。因此在该阶段,农地的总产值、总收益持续走低,农地的纯收益也在不断下滑从而迫近于零。农地经营的纯收益进一步降低直至接近于零,总收益和实物产量也在降低。基于此,农户不再将自身局限于农业农地耕种之中,只将农地纯收益作为家庭收入的唯一来源。农户会在考量自身实际情况的基础上,通过向非农劳动力市场提供资金、土地、劳动力等方式获得更多渠道、更加丰厚的劳动力报酬。这时,农地上的资金、劳动力等生产要素开始减少,农地的使用率也不断走低到一定的程度,从而导致农地因生产要素的减少、使用率的降低而逐渐边际化。

完全边际化:完全边际化是指农户在现有的耕种方式、技术水平和经济投入的基础上,所能在农地上获得的收益以无法满足农户家庭生产生活的需要,即纯收益小于零。在这个阶段,农户为了满足自身及家庭生存发展的需要,选择弃耕撂荒,通过外出务工的方式获得足量的经济报酬。这时,农户将资金、劳动力等生产要素完全从农地上抽离,农地本身也将被农户选择弃耕撂荒以减少经济损失和农业风险或是将农地退出流转以获得额外的非农收入。

---

① 黄利民、张安录、刘成武:《农地边际化进程理论和实证研究》,《生态经济》2008 年第 8 期。

第三节　传统农地边际化研究的局限性

在近半个世纪的发展过程中，农地边际化研究已经逐渐开始了从理论到实际、定性到定量、基础数模到技术革新的跨越。但在日新月异的时代背景变化中，传统的边际化研究不可避免地暴露出了其局限性。传统农地边际化研究的局限性主要体现在理论与实际不匹配、研究区域过于单一、缺少农户时空行为响应研究、缺少应急管理的理念四个方面。本节将从这四个方面着手，深入探讨传统农地边际化研究所存在的不足，为后续进一步深化农地边际化研究提供理论支持。

一　理论与实际不匹配问题

在传统农地边际化研究中，较多学者将农地利用纯收益小于等于零作为判断农地是否存在边际化风险的核心依据。但经过大量的实地调研发现，绝大部分农民不会等到农地利用纯收益小于等于零时才退出农业生产。农户会在经过观望与决策之后，当耕地集约边际收益的降低且耕种的收益回报低于城镇第二、第三产业工作回报时，才不断调整自身的耕种时间和精力成本的投入以获得最大收益。

随着经济的不断发展，农业生产综合效益越来越低是驱动耕地边际化的关键原因。第二、第三产业所获得的经济收入比之第一产业是较高的，农产品价格是偏低的，加之较高的农业生产成本，农民生产积极性急剧下降，虽然政府出台了很多惠及农民、支持农业发展的政策，发放耕地保护补贴减轻农民负担，但是仍然无法遏制务农机会成本的不断上升，导致农产品市场的风险较大。而社会经济的发展、人口劳动力的城乡迁移，使得农村部分农户的粮食生产积极性大幅下降，从而导致农地利用的集约度下降；甚至有的农户会完全停止耕种，向城镇迁移，出现弃耕撂荒现象。

由于城乡差距不断拉大，且农地的边际化导致第一产业无法再给农户个体以及农村集体带来良好的经济收益，越来越多的年轻人和精壮劳力选择进城打工，寻找新的发展机遇，希望能得到一份更好的工作，挣得可观的收入，从而选择离开村里。同时，在政府、市场、农户响应耕地边际化的过程中，大量的农村劳动力、资金、土地因城乡比较优势而不断流失。而地方农村在农业资金短缺、劳动力大量析出、耕地出现闲置的背景下，也逐渐寻求产业转型，这使得很多村庄受利益的驱使由传统种植业转向服务业、旅游业和工业等。而农村的产业转型在一定程度上冲击着地方农村农业的发展。

因此，本书认为，传统农地边际化研究存在理论与实际一定的不匹配问题，其一系列研究结论可能远远低估了农地边际化的实际程度和风险。基于此，本书借鉴行为经济学中的期望理论，提出了农民在选择弃耕撂荒或者非农务工之前，会先对务农机会成本有个心理预期的观点。重点从农户心理角度深入分析了农户选择抛荒的原因，总结得出了"农地利用心理纯收益"这一学术概念，即将"预期农地利用收益小于等于预期务农机会成本"作为判断农地边际化的新核心依据。

二 研究区域过于单一问题

中国传统农地边际化研究区域范围，主要分为宏观研究范围和微观研究范围两个层面。在宏观研究区域研究中，农地边际化主要以中国或是地方省市作为一个研究整体，对其农地边际化特征及相关驱动因素进行宏观层面上的剖析。而在微观层面，农地边际化的研究内容更加具体，在包含地区农地边际化特征及相关驱动因素研究的同时，还将微观主体—农户作为研究的主要对象来进行深入探讨。

然而，根据对微观研究区域的相关文献进行统计发现，传统农地边际化的微观研究区域大多聚焦于山地丘陵地区。在中国，多数山地丘陵地区的农地数量、质量等自然区位条件相较于平原颇显逊色，且经济、技术开发成本较高，其自然种植所能够给农户带来的第一产业经济收益远远不如平原的规模化、集约化经营。因此，部分学者认为，农地边际化多发生在自然区位条件较差，经济、技术开发成本高的山地丘陵地区。尽管学者们对这些区域的农地展开了较为深入的研究，但未进一步回答其他地形的农地是否已经存在或是将要存在农地边际化的问题。

近年来，中国各地区先后进入城市化、工业化的"快车道"，这使得地区农地的使用、劳动力的流动、资金的投入也同样发生着显著改变。与此同时，"空心村""土地闲置""耕地非农化"等社会现象频频出现在国家的热点话题之中，这从侧面说明了农地资金、土地、劳动力三大生产要素投入量的改变以及农户第一产业收益的多少，不只局限于自然条件，同时社会经济的驱动因素也在对该问题产生深刻影响。

因此，在社会经济高速发展的当下，农地边际化不仅仅是存在于山地丘陵地区，而且广泛地分布于各种地形地貌中。平原地区、干旱地区、经济发达地区、海岸带地区的农地边际化问题也尤为突出。不同地区农地边际化的驱动因素及发展趋势不同，农地边际化的机理及规律性也不同。因此，农地边际化研究区域的多样性有助于农地边际化理论的多样化应用，也有利于进一步丰富和完善农地边际化的理论内涵（见表2-2）。

表2-2　　　　　　　　中国农地边际化研究进程统计

研究范围	研究区域	地形地貌	论文发表时间	代表人物	论文名称	备注
宏观	中国	无	2006年9月30日	刘成武；李秀彬	对中国农地边际化现象的诊断——以三大粮食作物生产的平均	
	中国	无	2011年10月15日	李秀彬；赵宇鸾	森林转型、农地边际化与生态恢复	
	中国	无	2013年2月15日	闵弟杉	农地边际化的后拉因素分析	
	兰州市	无	2014年8月15日	张雯；刘学录	农地边际化现象的宏观诊断的研究——以兰州市为例	
	河南省	无	2017年4月15日	张改清；张建杰	粮食大省农地边际化进程及影响因素研究	
	中国	无	2018年4月15日	张改清；张建杰	中国粮地边际化演进研究：1990—2012年	
	中国	无	2018年4月15日	张建杰；张改清	农地边际化下种粮大户形成及演进研究	
	广东省	无	2020年2月25日	曾小洁；王芳；	广东省农地边际化特征及其影响因素的地理探测	
	……	……	……	……	……	……

续表

研究范围	研究区域	地形地貌	论文发表时间	代表人物	论文名称	备注
微观	江苏省江都市	平原	2006年11月30日	边学芳；吴群；	基于边际机会成本理论的农地价格矫正研究——以江都市为例	
	湖北省通城县	山地丘陵	2008年8月1日	黄利民；张安录；	农地边际化进程理论和实证研究	
	湖北省通城县	山地丘陵	2009年1月15日	定光平；刘成武	惠农政策下丘陵山区农地边际化的理论分析与实证——以湖北省通城县为例	
	湖北省通城县	山地丘陵	2010年5月10日	黄利民；刘成武	农地边际化及其与农村劳动力迁移的关系研究——以湖北省通城县为例	
	湖北随州市银山坡村	山地丘陵	2010年11月20日	彭大雷；黄利民	农业劳动力规模和结构变化及其对粮食生产的影响——基于随州市银山坡村农户调查	
	重庆市酉阳县	山地丘陵	2013年6月27日	花晓波；阎建忠	丘陵山区农户生计策略对农地边际化的解释——以重庆市酉阳县为例（英文）	
	内蒙古太仆旗	山地丘陵	2015年3月15日	郝海广；李秀彬；	劳动力务农机会成本对农地边际化的驱动作用	
	湖北省咸阳市	山地丘陵	2015年12月21日	刘成武；黄利民	农地边际化过程中农户土地利用行为变化及其对粮食生产的影响	
	三峡库区涪陵段	山地	2017年4月20日	江汶静；田永中	基于GIS的耕地边际化评价与转移的生态价值评估——以三峡库区涪陵段为例	
	兰州市永登县	山地丘陵	2018年4月15日	王明婧；刘学录	兰州市永登县农地边际化时空差异研究	

续表

研究范围	研究区域	地形地貌	论文发表时间	代表人物	论文名称	备注
微观	山西省右玉县	黄土高原	2018年12月15日	马进；安祥生	晋西北边际化农地宏观诊断研究——以山西省右玉县为例	
	内蒙古科左后旗	丘陵（沙丘）	2019年3月15日	李超；张凤荣	农牧交错区耕地变化及其非边际化特征分析——基于规模与收益水平视角	
	江汉平原	平原	2020年4月18日	黄利民；崔国敏	基于农户土地利用行为的农地边际化现象分析	
	……	……	……	……	……	
其他	无	无	2005年3月30日	刘成武；李秀彬	农地边际化的表现特征及其诊断标准	理论综述
	无	无	2008年11月10日	李秀彬	农地利用变化假说与相关的环境效应命题	理论综述
	无	无	2018年11月10日	高雅坤；黄翔	农地边际化现象及启示浅析	理论综述
	……	……	……	……	……	……

三　缺少农户时空行为响应研究

在农地边际化研究中，农户作为农地生产最活跃的要素，一直是应对农地边际化的产生或者扭转农地边际化的主要研究对象。但在以往的农户行为响应研究中，大多通过对统计数据的收集，对影响农户响应行为的外部性因素（如供给与需求的价格变化）进行单项要素分析和区域宏观分析，缺少从微观个体角度出发探讨他们的时空行为特征。传统农地边际化过程中的农民行为响应研究是以叙述性的形式展开的。叙述性研究最大的缺点就在于无法对农民的具体行为和范围进行可视化，无法准确地反映出农民个体的真实行为轨迹。然而，在实际生活中，农民作为理性的经济人，其行为是由行为动机、行为合理化以及行为的反思性调节所构成的一系列过程。

因此，本书创新性地将时间地理学中的时空行为研究方法应用到了农地边际化背景下的农民行为响应研究之中，即通过连续时空路径的形式被追踪和可视化的方法，对研究区域内的农户个人的地理位置和行为活动进行"精准定位"，进而可以在时空框架下回答各种农户响应与农地边际化有关的事件是如何发生的问题。

四　缺少应急管理的理念

在传统农地边际化问题治理过程中，农地边际化问题通常归属于弃耕撂荒、闲置的大类进行整体治理。因此，在日常的治理措施中，农户作为农地的使用者、农地边际化问题的直接影响主体，会受到相关措施的重点关注。同时，政府、市场、村集体是治理措施的制定者、执行者，是缓解农地边际化问题的延伸主体。根据延伸主体与直接影响主体的共同治理的方式和角度的不同，可形成不同的治理组合，从而形成多样的治理措施。例如，政府 + 农户的组合，一般采用政府政策支持、农业补贴的方式，提高农户的收入，减少农户的税收负担，从而使农户能够持续经营农地，缓解农地边际化问题。市场 + 农户的组合，则是通过企业准入、金融进入等方式向农村农户提供可观的资金和技术支持，为农户经营乃至开展农业转型提供可能。此外，对于村集体 + 农户的组合而言，村集体最贴近农户的地方性政府，其对村农地使用情况具有较为深刻的认识，因此村集体应该发挥并且能够发挥自身的主观能动性，在国家土地政策的指导下，有序进行农地流转，进而实现村农地的有效利用，缓解农地边际化问题。

通过三个治理组合及其配套的治理措施，能够有效地缓解地区农地边际化问题。然而，2020 年新冠疫情的突然暴发，导致原有的治理措施出现了一定程度的失灵。首先，是政府 + 农户组合的配套措施，政府通常可以通过政策支持和农业补贴的方式去支持农户农业，但是这一切都需要国家和地方政府财政去承担，新冠疫情的暴发，使得地方财政为防控区域疫情、社会正常运行的而处于一定的负荷状态，所以一定程度上会减少补贴的发放数额乃至暂缓发放，这对将补贴作为一定生活来源的农户而言，无疑会受到很大的影响。其次，疫情也同样冲击了市场、金融和企业，这导致市场发展停滞、金融因收贷失衡而陷入困境、企业因市场供需和金融贷款而举步维艰。市场、金融和企业的不稳定导致其输送至农村的资金链和技术产业链出现断裂，从而使得农户利益受到了极大的损害。最后，通过村集体而进行的土地租赁和土地流转也因市场的萧条而收效甚微。由此不难看出，疫情使得农地边际化的治理暴露出了使用效应周期较长，政治、经济、政策缺乏即时性风控等应急性管理问题。现有的农地边际化治理措施研究，主要是从经济措施、法律措施和产业机构调整措施等方面探讨，对农地边际化的治理也取得了较好的成效。但是，随着新冠疫情的暴发，使得应急管理在农地边际化治理研究领域显得尤为重要。因此，本书将在第十二章中把应急管理理念纳入农地边际化治理体系，有助于在面对重大灾害和公共危机的时候保障区域粮食安全。

第 三 章

农地边际化研究的理论与方法创新

正如第二章所述，由于理论基础和研究方法的局限性，导致传统农地边际化研究存在一些不足之处。比如存在理论与实际不匹配和缺少农户时空行为响应研究等问题。这使得传统农地边际化研究得出的结论很大程度上低估了农地边际化的严重程度。为了更好地研究农地边际化问题，更为准确地诊断农地边际化情况，本章将尝试从理论创新和方法优化两个方面对农地边际化内涵以及定量研究方法进行优化和改进。

本研究认为在农地边际化概念界定的过程中，应该认识到农地是一个自然—社会—经济综合体。农地上所发生的边际化现象，不仅仅是自然条件变化所引起的自然现象，同时也是受到了政策、经济、技术等影响的社会经济现象。其中，农户作为农地的使用者，是农地边际化过程中最活跃的变化因素，农户心理、行为的改变将直接改变农地的利用。因此，需要从农户入手，通过运用行为经济学、时间地理学和劳动经济学等理论基础阐释农户对农地边际化现象的行为响应。

虽然农地边际化理论研究存在复杂性，具有较高的难度，但是农地边际化的理论研究又尤为重要，尤其是对农地边际化内涵界定方面。如果没有一个明确的农地边际化定义，农地边际化研究将是无根之木。如果没有明确的农地边际化理论基础，就会使得农地边际化实证研究停留在对现状的描述性探讨，无法开展深入的理论分析和得出具有规律性的研究结果。

本章将引入务农机会成本与农户心理预期两个概念来创新农地边际化的内涵。这两个概念的引入，将有助于理解农户个体行为及心理活动对区域农地边际化的影响，进而更为准确地理解农地边际化产生的内在驱动力。同时，基于农地边际化的理论与内涵创新，本章将进一步设计农地边际化定量诊断方法与农地边际化定量分类方法。这些定量方法的设计为后续开展多区域、多尺度的农地边际化实证研究奠定了理论基础与方法基础。

As mentioned in Chapter 2, there exists some deficiencies in the traditional study of marginalization of agricultural land due to the limitations of the theoretical basis and study methods, such as a mismatch between theory and practice, and a lack of study on the response of farmers' spatiotemporal behavior. These deficiencies lead to the conclusion of the traditional study on marginalization of agricultural land may significantly underestimate the severity of marginalization of agricultural land. In order to better study marginalization of agricultural land and more accurately diagnose the situation of marginalization of agricultural land, this chapter seeks to improve the connotation and methods of quantitative study of marginalization of agricultural land from the aspects of theoretical innovation and optimization of methods.

This study argues that researchers, in the process of defining the concept of marginalization of agricultural land, should recognize that agricultural land is a natural-socio-economic complex system. The marginalization of agricultural land is not only a natural phenomenon caused by changes in natural conditions, but also a social and economic phenomenon affected by policies, economics, technology, etc. Among these influencing factors, the farmer who is the user of agricultural land is the most active changing factor in the process of marginalization of agricultural land, and the change of farmer's psychology and behavior will directly change the use of agricultural land. Therefore, this chapter uses behavioral economics, time geography and labor economics to explain the behavioral response of farmers to the marginalization of agricultural land.

The theoretical studyof marginalization of agricultural land is complex, difficult, as well as important. It is essential to understand the connotation of the marginalization of agricultural land clearly. Without a clear definition of marginalization of agricultural land, the study of this is like a tree without roots. Without a clear theoretical basis for marginalization of agricultural land, the empirical study on this will remain in a descriptive discussion of the current situation and cannot carry out in-depth theoretical analysis and draw regular conclusions.

Therefore, this chapter will introduce the opportunity cost of farming and farmers' psychological expectations to innovate the connotation of marginalization of agricultural land. The introduction of these two concepts will help to understand the influence of individual behaviors and psychological activities of farmers on the marginal process of regional agricultural land, and then more accurately understand the internal driving force of the marginalization of agricultural land. Meanwhile, this chapter will further design the quantitative diagnosis method and quantitative classification method of marginalization of agricultural land based on the innovation of the theory and the connotation of marginalization of agricultural land. The design of these quantitative methods provided a theoretical and methodological basis for subsequent multi-regional and multi-scale empirical study on marginalization of agricultural land.

第一节　农地边际化研究的新理论基础

传统农地边际化研究注重经济效益分析，经济效益最大化理论、边际效用与弹性理论等是传统农地边际化研究的理论基础。但在上一章总结中可见，传统的农地边际化研究存在理论与实际不匹配、缺少农户时空行为研究等问题。因此，本章第一节将介绍行为经济学理论、时间地理学理论、劳动经济学理论和农户行为选择理论。这些理论是优化农地边际化定义、丰富农地边际化内涵、提高农地边际化研究科学性的新理论基础。

一　行为经济学理论

20 世纪 80 年代，随着行为经济学理论产生，理查德·泰勒等人从进化心理学得到启示并以此为基础对人类非理性行为进行了研究，由此研究人类非理性行为的行为经济学便应运而生。行为经济学家认为，决策者是"有限理性"的。除此之外，行为经济学在公平偏好理论和行为博弈论等方面都取得了较大突破，并运用到例如分析被征地农民福利变化以及其行为研究方面。80 年代产生的行为经济学对"农户是理性人"的这一假设提出了新的挑战，行为经济学试图将心理学的研究成果融入标准经济学的科学（见图 3 - 1）。

结合该理论可以分析在边际化过程中，不同类型农地边际化阶段的农民行为变化。伴随着社会经济的发展、人口劳动力的城乡迁移，作为农地利用变化的主体因素——农户会在经过观望与决策之后，因为耕种的收益回报低于城镇第二、第三产业工作回报，而不断调整自身的耕种时间和精力成本的投入，这使得粮食生产积极性大幅下降，从而导致农地利用的集约度下降，也有农户会完全停止耕种，向城镇迁移，出现弃耕撂荒现象。而在此背景下，农户心理预期务农收入与预期务农机会成本的巨大落差会使得农地边际化程度不断加重，这将对地区利用变化、粮食产量甚至农地承载力造成极大的冲击。

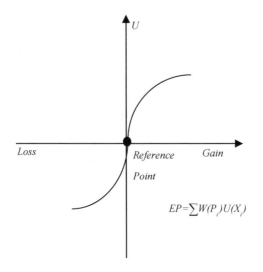

图 3 - 1 行为经济学期望理论

（一）农户现状认知—禀赋效应、现状偏见

1. 禀赋效应

禀赋效应是与损失厌恶相关联的现象。禀赋效应是建立在农户的损失厌恶基础上的，或者可以用损失厌恶来解释。所谓损失厌恶是指农户失去一定金额的资产（如失去承包地、所种植的农产品市场价降低）带来的痛苦比赢得同样金额的收益带来的快乐更大。因为禀赋效应的存在，农产品的拥有者（农户）与购买者对农产品的价值估值有差异，导致交易不易进行，或由于减少了交易盈余而降低了成交的概率。禀赋效应使得经济体系具有相当的惰性，因为和符合传统假定的经济体系相比，潜在的交易者会更不愿意交易，这并不是说帕累托最优不能实现，而是互惠交易的可能性减少了，因此交易量比原先的更少了。基于此，农地具有较强的禀赋效应，农户农地拥有时间越长、投注感情越深，越不愿意失去，同时农地较高的禀赋效应会抬高农户主观估价，负向影响边际农地退出再利用。

2. 现状偏见

现状偏见源于人们对损失的厌恶，其表现为人们对属于现状、自身拥有的东西有更高的评价，这导致人们常常不愿意改变现状而反对新政策、新改革措施的推进。① 对于农户而言，最渴望最依赖的就是土地，这不仅出于经济理性，还由于感情的因素。因为土地对农民不仅是一种福利和生活的保障，而且是维系自己的情感、风俗、信仰的纽带，是自己的最后归宿。所以，农民土地观念的变化是最不容易也是最重要的观念变革。在农村公社制度时期，农民土地所有制的观念是耕地属自己所在的村社集体所有，与邻村或邻社的土地界限分明，只有从集体分得的自留地是个人意义的，收入归己，不容许别人侵犯。土地承包后的一段时期，由于承包方法不当和宣传教育不够，农民土地私有化的观念错误，在他们看来分田承包是把土地重新归他们个人所有。由此造成了农民承包地之间壁垒森严甚至互相侵蚀引起纠纷，农民在自己的承包地上取土打庄、随意葬坟、破坏条田，不按国家计划种植等不良现象。而当农民明白土地并不归己所有时，他觉得对土地的长期投资能否获得收益没有把握，于是又产生短期经济行为，他们对待种田的态度是既不放弃土地，又不愿好好种田，把土地当成一种福利，再从其他产业增加收入。如果实在找不到门路，宁愿闲置在家。

（二）农户未来认知—不确定性未来厌恶、前景期望理论与心理账户

1. 不确定性未来厌恶

不确定性未来厌恶是指人们因对自身未来的不确定性而产生的一定的厌恶情绪。具体而言，即农户在进行自身是否退出农地耕种，选择进城务工的抉择时，衡量该决策得失是否影响自身和家庭未来的保障而产生的焦虑和恐惧的情绪。由于城乡差距的不断拉大，且农地的边际化导致第一产业无法再给农户个体以及农村集体带来良好的经济收益，越来越多的年轻人和精壮劳力选择进城打工，寻找新的发展机遇。但是进城务工后，农户依旧面临就业、子女教育、生活成本、养老、医疗问题种种不确定性问题。由于中国的户籍制度特殊，中国城乡二元体制导致农民非农化和农民市民化不是同步完成的，而是一般先由农民转变为非农再变为市民，即非农化的这部分农民既失去土地又是农民，既脱离了农村的土地保障，又无法获得与市民同等的待遇。这一现象是中国严重农

① 杨玉珍：《农户闲置宅基地退出的影响因素及政策衔接——行为经济学视角》，《经济地理》2015 年第 35 卷第 7 期。

民工问题和乡村土地资源问题的根源。特别是在现有的城乡二元经济结构下户籍制度和就业机制导致的农地弃耕撂荒，即耕地对农民来说也发挥着社会保障的功能，进城务工的农民在耕地经济效益很低的情况下宁可弃耕撂荒也不愿放弃对土地的使用权。

2. 前景期望理论与心理账户

前景期望理论认为人们会把在现实中客观等价的支出或收益在心理上划分到不同的"心理账户"中，即农户在面临"收益"时表现为风险厌恶，而在面临"损失"时表现为风险偏好。基于对未来前景的观望与心理账户之间的权衡比较，农户对于是否持续经营农业、使用农地以维持农业收入等问题考量不再是被动接受的态势，而是积极地通过比较农业市场、非农市场的正负外部性对自身收益地影响，从而进行自主性的、主观能动性的行为决策（见图3-2）。例如，随着社会经济的发展，农业

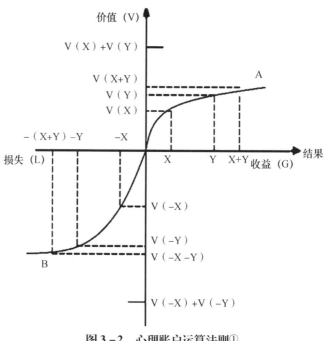

图3-2 心理账户运算法则①

① THALER R., "Mental accounting matters", *Journal of Behavior Decision Making*, No. 12, 1999, pp. 183 - 205.

生产综合效益却越来越低，这是驱动耕地边际化的关键原因。第二、第三产业所获得的经济收入比之第一产业是较高的，农产品价格是偏低的，加之较高的农业生产成本，农民生产积极性急剧下降，虽然政府出台了很多惠及农民、支持农业发展的政策和发放耕地保护补贴减轻农民负担，但是仍然无法遏制务农机会成本不断上升，导致农产品市场的风险较大。农户会在经过观望与决策之后，因为耕种的收益回报低于城镇第二、第三产业工作回报，而不断调整自身的耕种时间和精力成本的投入，这使得在粮食生产积极性大幅下降，从而导致农地利用的集约度下降，也有农户会完全停止耕种，向城镇迁移，出现弃耕撂荒现象。

二　时间地理学理论

瑞典著名地理学家哈格斯特朗在 20 世纪 60 年代对瑞典的群众迁移问题研究上，首次提出了"时间地理学"的概念。时间地理学的诞生有着复杂的理论与现实背景。时间地理学在其诞生后较长的时间内，并不直接研究城市的时空结构，而是研究处在这种结构中的人的时空行为。[①]时间地理学的核心理论就是：个人的地理位置和行为活动可以以连续时空路径的形式被追踪和可视化。时间地理学理论中，时间和空间被结合在一个时空分析环境中，在该环境中事件和过程以连续轨迹的形式展开。时间地理学中的"时空路径"所描述的是一个行为个体在这个三维空间中从一个位置移动到另一个位置。其核心可归纳为时空行为和时空路径、时空约束和时空棱柱与潜在活动区域三个部分。

第一，时空行为和时空路径。在时间地理学的语境下，人的任何活动都被称为行为，占有一定的空间和时间，因此被称为时空行为。把连续的时空行为绘制在由二维空间和一维时间组成的三维时空中所形成的联系曲线称为时空路径。时空路径具有两个基本特点：首先，一条完整的时空路径是联系并且不可分割的；其次，时空路径是有方向的；最后，时空路径在时间方向上是不可逆的。以居民日常出行过程中的时空共存模式为例，其时空共存的模式可以通过图 3-3 所示的时空路径表达。

---

① 古杰、齐兰兰、周素红、闫小培：《国内外城市时空间结构研究的渊源及述评》，《世界地理研究》2016 年第 25 卷第 3 期。

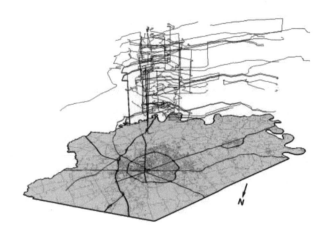

图3-3 时空行为轨迹示意①

注: 图中纵向空间上的线条代表行为主体的时空行为轨迹。

第二, 时空约束和时空棱柱。人要满足工作、学习、娱乐和购物等各种不同的需要一般需要从一个地点移动到另一个地点, 然而这些移动受到了一定的制约。哈格斯特朗在界定约束的同时把约束分为三种基本类型: 能力约束②（capability constraints）、耦合约束③（coupling constraints）和权利约束④（authority constraints）。把个体已经发生的行为绘制成时空路径, 它是一条非常清晰和精确的曲线。然而对于将来可能产生的时空路径则包含了无数种可能, 它无论有多少可能它们均受到约束因子的制约, 在约束因子的影响下, 时空路径在时空区域中有一个表示潜在可能的范围, 这种绘制在时空坐标下的潜在范围被称为时空棱柱。从表面看, 时空棱柱表示存在潜在可能的时空路径区域, 实际上时空棱柱的形状和范围是由约束因子决定的, 在本文的研究过程中, 将作为衡量时空约束的指标（见图3-4）。

---

① KWAN, M. – P. and LEE, J. , "Geovisualization of human activity patterns using 3 – D GIS: a time-geographic approach", in GOODCHILD, M. F. and JANELLE, D. G. (eds), *Spatially Integrated Social Science*, New York: Oxford University Press, 2004.

② 指个体行为受到自身能力的制约。这里的能力既包括生理能力、经济能力, 也包括社会能力。

③ 指个体必须与另一个体或群体必须时空共存。

④ 指法律、习惯和社会规范把个体从特定的时空范围内排除的制约。

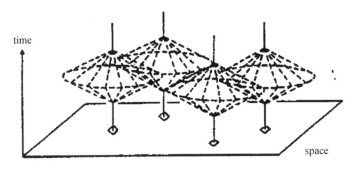

图3-4　时空棱柱示意1①

注：每条竖线代表一个人，中间的虚线棱柱代表这个人在该时段可能的最大活动范围（即这个人的活动路径必定包含在这一空间范围内）。

　　第三，潜在活动区域。时空棱柱表达了时空约束和潜在时空路径区域的双重属性，但是其明显的缺陷在于并非以观察到的行为作为基础，同时在操作层面需要大量的细节数据作为基础。潜在活动空间表示个体时空路径的可能性在零以上的时空区域，它如同时空路径一样绘制在三维时空坐标轴中，它由个体的时空预算、行为过程中用于交通的时间、潜在的出行速度等决定。潜在路径空间在二维空间平面上的投影即为潜在路径区域。它是一个连续的二维空间，然而由于用于交通的区域对行为者而言意义较小，因此在实际的研究中在忽略交通线路的情况下可以把潜在路径区域作为离散的区域来处理。

　　基于以上时间地理学的理论基础，本书试图将该理论应用于农户时空行为研究。由于农民行为个体不能在同一时间内存在于两个空间中，所以行为路径总是形成不间断的轨迹；农民不随时间发生移动时，在时空路径上可表示为垂直线，而发生移动时则表示为斜线。② 农民在农地边际化背景下参与生产、消费和社会活动时，需要停留在某些包含一定设施并具备一定职能的停留点上，称为驻所（农田、居住地、单位等）。本

　　① 柴彦威、王恩宙：《时间地理学的基本概念与表示方法》，《经济地理》1997 年第 3 期；Carlstein T. Parks D. Thrift N. *Timing Space and Spacing Time. Vol. 2：Human Activity and Time Geography*。

　　② 赵莹、柴彦威、陈洁、马修军：《时空行为数据的 GIS 分析方法》，《地理与地理信息科学》2009 年第 25 卷第 5 期。

研究将运用基于时间地理学的时空行为特征分析模型来研究不同类型农民在农地边际化背景下的不同时空行为特征。农地边际化会对农民的生产、生活行为产生影响。在农地边际化背景下，不同类型的农地边际化农民（无弹性边际化农民、缺乏弹性边际化农民和有弹性边际化农民）在不同的时间和空间维度下，会有不同的生产、生活行为[①]（见图 3 - 5）。

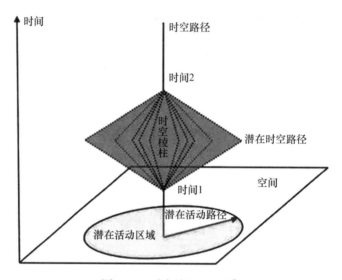

图 3 - 5 时空棱柱示意 2[②]

三 劳动经济学理论

劳动经济学理论是研究劳动力市场中劳动力需求和劳动力供给各自影响因素以及相互作用关系的经济学分支。其核心是如何以最少的劳动投入费用取得最大的经济效益。第一项研究成果源于贝克尔（Becker）、兰卡斯特（Lancaster）、马斯（Muth）等人在 20 世纪 60 年代所发表的一系列论文[③]。贝克尔[④]（Becker）明确地认识到家庭是劳动力供给行为决策中

---

① 李焕：《东南丘陵地区耕地边际化与农民行为研究》，博士学位论文，南京大学，2016 年。

② Pred A. Urbanization, "Domenstic planning Problems and Swedish Geographical Research", In: Board C. et al. eds., *Progress in Geography*, London: Edward, Vol. 5, 1973, pp. 1 – 76.

③ Geprge R. Boyer、Robert S. Smith、赵建：《劳动经济学中新古典传统的发展》，《经济资料译丛》2012 年第 3 期。

④ ［美］加里·S. 贝克尔：《家庭经济分析》，彭松建译，华夏出版社 1987 年版。

的基本单位①。一般而言，农户对农地使用的选择是基于农户家庭效用最大化的理性选择。如果农户在理想投入状态下，仅靠农地预期收入无法满足其在一定条件下的家庭消费支出，那么就将会依靠家庭主要劳动力减少自身在农地里的精力成本，从而向城乡非农市场提供自身劳动力，通过从事第二、第三产业寻求更高的经济收入，这将导致农地因农户将原本投置于农用地的土地、资金、劳动力等生产要素转向其他用途，使得农地的使用趋于边际的现象。

（一）劳动力需求

近年来，随着中国社会经济水平的提高和城乡融合的不断发展，原有的城乡二元体制的格局的体制逐渐被打破，这使得生产要素的流动得到了进一步的解放。资金、土地、劳动力等生产要素的流动进一步推动了中国农村要素市场的改革，促进了农村产业的变革和转型。另外，其极大推进了乡村振兴战略及农村发展自主特色产业。在近几年的实践过程中，诸多农村为进一步发展农村经济、打造地区品牌效应而逐渐开展"农家乐""农村旅游景点""农村风景文化"等地区特色文旅项目，该类农村发展计划一方面极大带动了农村发展，促进了农村土地由单一的农业功能向旅游、服务业功能进行转变；另一方面农村第一、第二、第三产业的融合也使得农村劳动力市场产生了极大的劳动力需求。

因中国老龄化、生育率下降等社会人口问题，中国劳动力市场逐渐显现出劳动力需求大于供给的现象。巨大的劳动力需求缺口迫使农业劳动力市场和非农劳动力市场展开较为激烈的劳动力竞争，即在现有的经济水平条件下，提高自身能够给予劳动力的报酬以为自己的工作岗位吸引更多的人才和劳动力。在实际的劳动力要素的流动中，农户为保障家庭生活条件、家庭成员发展和养老保障需求，会倾向于将自身劳动力供给经济水平更好、基础设施建设更完善、就业机会更多和薪资水平更高的城市，而选择退出农村劳动力市场，减少或者放弃农地的使用，使得本身因支持城市化发展而处于地缘边际的农地，因劳动力要素大量析出而逐渐凸显出生产边际和经济边际的现象。

---

① 丁守海、蒋家亮：《家庭劳动供给的影响因素研究：文献综述视角》，《经济理论与经济管理》2012 年第 12 期。

（二）劳动力供给

随着城乡融合的不断推进、城乡劳动力市场对农村劳动力的极大需求，农户有了更多从事第二、第三产业的途径和机会。但通过农户行为经济学的研究可知，农户对于自身是否放弃务农转而从事务工具有较为慎重的抉择和考量，即农户在进行自身是否退出农地耕种，选择进城务工的抉择时，需要衡量该决策得失是否影响自身和家庭未来的保障。对于农户而言土地不仅是一种福利和生活的保障，而且是维系自己的情感、风俗、信仰的纽带，是自己的最后归宿（见图3-6）。

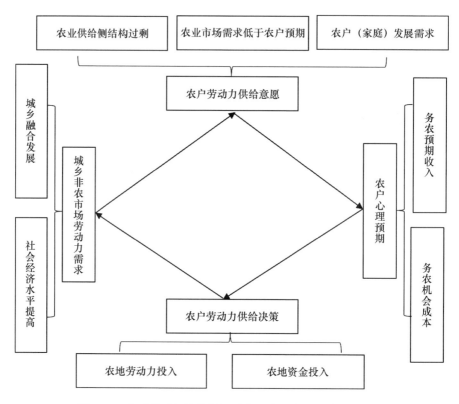

图3-6 基于劳动经济学供给需求理论的农户行为响应框架

但是，在现实的农业生产销售过程中，中国农业供给侧出现过剩现象且农业生产的市场需求和综合效益低于农户的生产预期。此外，第二、第三产业所获得的经济收入普遍高于普通的第一产业收益。所以，偏低的农产品价格加之较高的农业生产成本，导致农民生产积极性急剧下降。虽然政府出台了很多惠及农民、支持农业发展的政策，发放了耕地保护补贴减轻农民负担，但是仍然无法遏制务农机会成本的不断上升，导致农产品市场的风险较大。农户为了寻求家庭及自身更好的发展前景、满足家庭成员的发展需要，且有效降低甚至避免农产品市场给予自身家庭的经济风险，从而选择向城乡非农劳动力市场提供自身劳动力。

第二节　农地边际化的内涵创新与研究机理优化

农地边际化学术内涵的丰富和创新，是新农地边际化研究的核心内容。基于第二章节对传统农地边际化内涵的探讨及不足的分析，本节将引入务农机会成本与农户心理预期这两个概念用于进一步优化农地边际化这一学术概念。这两个概念的引入，将有助于理解农户个体行为及心理活动对区域农地边际化的影响，进而更为准确地理解农地边际化产生的内在驱动力。在农地边际化内涵创新的基础上，本节也将梳理农地边际化的时空演化机理，为更好地理解农地边际化的表象形式奠定理论基础。

一　农地边际化的内涵创新

（一）将务农机会成本纳入农地边际化内涵

1. 务农机会成本

机会成本起源于经济学，是对商品产业链中的主体决策收益代价的解释。机会成本泛指一切在做出选择后其中一个最大的损失，机会成本会随付出的代价改变而做出改变。在日常农业生产中，农户一般作为农产品生产的主体，通常以农产品的净收入为主要的经济来源。但是，由于社会经济的发展，城乡融合的推进，农户获取信息的便利性的提高，农户有了更多的就业机会，有条件选择自身劳动力要素的投入方向。由此，农户产生了是否继续务农及弃农务工的抉择，进而形成了务农机会成本。因此，劳动力务农机会成本指的是农民从事农业生产而放弃的非农就业收入。有研究发现，中国农民工实际工资呈持续增长趋势，尤其在近 10 年内增长幅度明显。劳动力作为农业生产的主要投入要素，务农机会成本上升导致劳动力非农务工被认为是驱动农地边际化的重要因素。

首先，劳动力成本增加显然会导致农地利用收益降低，进而导致农地边际化；其次，劳动力非农就业使得农户收入多元化且收入提高，尤其在许多经济欠发达区域，农业生产对农户增收的作用下降，在劳动力约束下，农户会缩减土地经营规模，倾向于放弃全部或部分土地；再次，农业劳动力非农就业增加了家庭收入，缓解农户资金限制，对农地利用的资金投入能力增强，提高了农地利用集约度；最后，劳动力从农业中析出导致务农劳动力数量和质量的降低，农户对农地利用采用粗放化经营方式，复种指数下降或甚至直接弃耕。因此，本文将农户务农机会成本作为对地区耕地边际化的判断依据之一。

2. 务农机会成本的类型

根据国家统计局发布的对农户家庭收入的分类标准，将农户的客观显性务农机会成本（即非农收入）分为以下四个方面——工资性收入、经营性收入、财产性收入、转移性收入。工资性收入是指：农户在政府部门、事业单位、乡镇企业、城市二三产业等单位从事工作，能够获得较为稳定的月工资。经营性收入是指：农户自身以个体户户主或企业法人的身份，从事商铺、养殖场、工厂等经营性活动所获得经营月流水。财产性收入是指：农户通过处理其宅基地使用权、农地使用权经营权、家庭农机的所有权使用权所获得的收入，包括土地出租、土地入股分红。其中，拆迁款和征地补偿款多为一次性或多次性的足额补偿，所涉及的金额数量较大，所以将其除以时间（即获得款项时间至今的月数），换算成每月的额度。转移性收入是指：国家通过二次分配、三次分配对农户的相关利益的补偿和支持，包括养老金、退休金、政府补偿等（见图 3 - 7）。

由于农户本身主要从事农业的生产，因此在选择从事第二、第三产业进行就业转型初期，农户在非农劳动力市场缺乏较强的比较竞争优势，且无法从事较为尖端的科研工作或是企业管理工作。据中国劳动力动态调查数据显示，由农转工的农户主要从事加工业、制造业等产业的工作，少部分从事商业赚取经营性收入。此外，由于财产性收入和转移性收入缺乏足够的稳定性和可预见性，农户不会将其作为务工收入的主要来源。

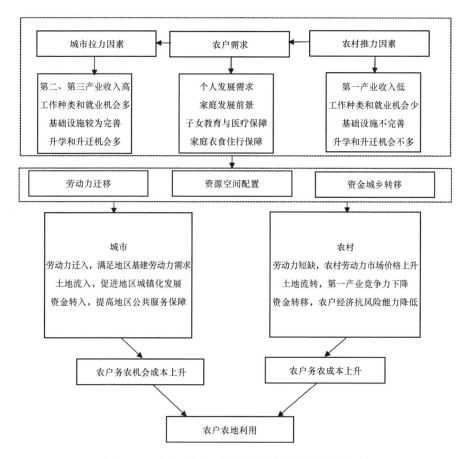

图 3-7　城乡一体化融合背景下农户农地利用驱动

因此，通过第二产业所获得的城镇集体单位职工工资是农户主要的、较为稳定的非农收入来源（见表 3-1）。

表 3-1　　　　　　　　　　　　**务农机会成本类型**

务农机会成本类型	具体种类
工资性收入	城镇集体单位职工工资
经营性收入	商铺经营月流水
财产性收入	家庭农机租金收入
	土地出租收入
	宅基地出租收入

续表

务农机会成本类型	具体种类
财产性收入	土地入股分红
	征地补偿款
	拆迁补偿款
转移性收入	家庭退休金
	保障金
	政府补助

（二）将农户心理预期收益纳入农地边际化内涵

1. 农户对收益的心理预期是农户耕种决策的重要影响因素

国外在农户心理与行为研究方面，已有"完全理性农户行为"和"有限理性农户行为"的理论分析。完全理性农户行为的理论基础是西方经济学中对"理性人"的定义，主要认为农户在农地利用决策过程中追求的是效用最大化。后者从获取信息的不完全性中指出农户追求的是农地利用的最优化，而非效用最大化。国内在该方面的研究主流是围绕农地利用纯收益是否小于等于零这一观点展开。即认为农户采取的农地利用变化行为响应及决策过程是基于农地利用的现实纯收益。在传统农地边际化研究中，较多学者将农地利用纯收益小于等于零作为判断农地是否存在边际化风险的核心依据。但经过大量的实地调研发现，绝大部分农民不会等到农地利用纯收益小于等于零时才退出农业生产。农户会在经过观望与决策之后，因为耕地集约边际收益的降低且耕种的收益回报低于城镇第二、第三产业工作回报时，会不断调整自身的耕种时间和精力成本的投入以获得最大收益。

2. 农户种类不同，需求不同，则心理预期不同

（1）不同家庭类型

根据农户家庭是否经营农业，可分为有农家庭和无农家庭，对于无农家庭而言，家庭主要从事第二、第三产业，收入全部来源于非农收入，农地的使用和农作物的收益对其而言可以放到次要的位置。因此，当农地出现边际化现象，农户感觉到自身需要付出一定的精力和代价来抵抗农地边际化所带来的经济风险时，无农家庭的农户会更倾向于将农地进

行闲置，以通过减少投入来降低乃至避免自身的经济损失。而对于有农家庭而言，农地的使用和农作物的收益并非是可有可无，但不同类型的有农家庭对于农地生产经济边际化所带来的经济风险的应对心理却有所不同（见表 3－2）。

表 3－2　　　　　　　　　　农户家庭类型分类

	有无经营农业	农业收入占比	收入来源	农地使用情况
农户家庭类型分类	有农	主农无工	家庭收入全部来源于农业净收入	家庭主要经营农业，农用地使用程度较高
	有农	工农相兼	非农收入和农业净收入占比相当	家庭部分劳动力转工，同时经营农业，农地使用程度较高
	有农	主工副农	非农收入占比较大于农业净收入收入占比	家庭主要劳动力转工，农地使用率下降
	有农	主工少农	非农收入占比较大，农业净收入占比较小	家庭主要劳动力转工，农地使用率再次下降
	有农	无农业收入，自给自足	家庭收入全部来源于非农收入	家庭主要从事第二、第三产业，经营农地投入规模大幅度减少，所经营农地仅用于自给自足
	无农	闲置		家庭主要从事第二、第三产业，不再经营农地

　　不同类型的有农家庭对于农地边际化所带来的经济风险的应对心理不同主要来源其农地收益对家庭的重要程度，即家庭农业收入占家庭总收入的比重。因此，根据家庭农业收入占家庭总收入的比重以及农业收入和非农收入的比较，可将有农分为主农无工型、工农相兼型、主工副农型、主工少农型、无农自给型。

　　对于主农无工型、工农相兼型家庭农户而言，其农地的使用程度较高，家庭的主要收入主要来源于农地农作物的生产的净收益，农地的有效使用对于家庭而言是极为重要的大事。因此，该类家庭在面临农地边际化问题时，难以选择通过放弃农地耕种的方式以躲避农地生产经济边际化所带来的经济风险，而是选择通过改进自身生产要素投入、引进科学的技术和产业管理等方式来提高自身农地的经济收益以提高自身抗经济风险能力。

对于主工副农型、主工少农型家庭农户而言，家庭的主要收入主要来源于从事第二、第三产业所获得的非农收入，但农地农作物生产的净收益仍然是家庭收入中不可或缺的一部分。由于家庭中部分劳动力转向从事第二、第三产业，这使得能够投入农地的劳动力要素减少，农地的使用程度也随之降低。因此，该类家庭在面临农地边际化问题时，通过部分集约化、机械化以及加入部分农业设施以缓解因家庭部分劳动力转第二、第三产业而导致农地耕种出现劳动力要素短缺的情况。此外，对于无农自给型而言，该类型家庭主要从事第二、第三产业，经营农地投入规模大幅度减少，所经营农地仅用于自给自足。

（2）不同年龄

从社会设置来说，家庭是最基本的社会设置之一，是人类最基本最重要的一种制度和群体形式，通常作为社会计量的主要单位之一。对于一般农户家庭而言，其家庭通常以三代年龄为主要的构成；换而言之，一个家庭主要劳动力通常要经历"青年—中年—老年"三个年龄阶段。因此，本书以"三代同堂"的农户家庭为例，进而深入分析农户在成长的不同年龄阶段对农地边际化现象的心理预期和响应的变化。

根据农户不同年龄阶段的主要特征、主要学习工作的任务和劳动力的能力，本书将农户的年龄分为以下五个阶段：0—16 岁（成长期）：主要在学习，较少参与家庭农地使用决策；17—34 岁（塑型期）：第一阶段自身劳动力供给决策，逐渐深入参与家庭农地使用决策；35—49 岁（成家立业期）：第二阶段自身劳动力供给决策，自身及家庭未来发展；50—64 岁（家庭承重期）：第三阶段自身劳动力供给决策，自身及家庭成员需求；64 岁 + （退休期）：劳动能力减弱，退出劳动力市场（见图 3 - 8）。

在农户的成长期，农户正处于履行国家义务教育的黄金时期，主要以学习基础知识、认识世界、促进自身成长为农户的主要任务。该时期农户对农地边际化的具体特征和会给家庭带来的经济风险存在一定感性的感觉，但是由于缺乏足够的知识储备和科学理论的指导，对农地边际化缺乏准确的认知。同时，会因自身年龄、学识和能力的限制，较少参

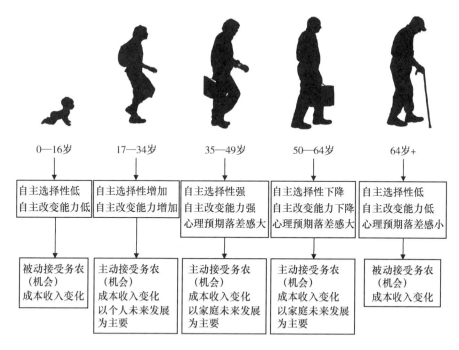

0—16岁	17—34岁	35—49岁	50—64岁	64岁+
自主选择性低 自主改变能力低	自主选择性增加 自主改变能力增加	自主选择性强 自主改变能力强 心理预期落差感大	自主选择性下降 自主改变能力下降 心理预期落差感大	自主选择性低 自主改变能力低 心理预期落差感小
被动接受务农 （机会） 成本收入变化	主动接受务农 （机会） 成本收入变化 以个人未来发展 为主要	主动接受务农 （机会） 成本收入变化 以家庭未来发展 为主要	主动接受务农 （机会） 成本收入变化 以家庭未来发展 为主要	被动接受务农 （机会） 成本收入变化

图 3－8　农户不同年龄段心理响应

与家庭对农地使用的决策。因此，农户因参与度低、信息获取量少，通常是被动的接受务农（机会）成本的变化。同时，因较少承担了家庭经济收入和农地使用决策的压力，农户对于农地利用的心理落差相对较小。

在农户的塑型期，农户基本履行了国家义务教育，完成了初级阶段的学习和基本世界观、人生观、价值观的形成。该时期农户基本具备了自主行事能力，有着较多的就业机会和较强的自主选择能力。此时，农户会根据自己未来的发展需求，对自身劳动力的未来的供给方向进行自主决策。此外，塑型期的农户开始作为家庭的主要劳动力之一，对家庭的农地使用决策能够拥有自己的见解和话语权，能够积极影响家庭对农地使用的决策。因此，农户因自身参与度增加、信息获取能力增强，自主改变能力的提高，会主动接受务农（机会）成本的变化。同时，为了追求更好的发展前景，塑型期的农户通常有较为强烈的从事第二、第三产业的意愿。

在农户的成家立业期，农户通常以组建一个美好家庭、满足家庭的未来发展需求作为其主要的阶段任务。该时期农户具备了较为成熟的劳动生产技能，同时也面临着组建家庭的压力。因此，农户通常以家庭未来发展需求作为向城乡劳动力市场提供自身劳动力的主要衡量标准。另外，因自身逐渐承担了家庭经济收入和农地使用决策的压力，农户会通过信息流的获取，不断地关注务农（机会）成本的变化，并对农地边际化问题带来的生产经济风险形成较大的心理落差。

在农户的家庭承重期，农户作为家庭的主要劳动力，基本实现了家庭经济收入的稳定。该时期，农户家庭的年轻一代的成长需求、老年一代的养老需求不断增加，农户需要面临更多的有关教育、医疗、住房相关的压力。因此家庭承重期的农户依然会以家庭成员的发展需求为自身劳动力提供的主要考量依据。但是由于年岁的上涨，自身在劳动力市场核心竞争的减弱，该年龄阶段的农户通常难以满足城乡非农市场的劳动力需求。因此，在自身条件不足且依然面临家庭发展压力的情况下，农户会十分关注务农（机会）成本的变化，继而不断调整自身在农地上农作物的种类和数量以及相关时间和精力的投入，同时对农地边际化问题带来的生产经济风险形成较大的心理落差。

在农户的退休期，农户基本退出了家庭的主要劳动力行列，不再作为家庭劳动力收入的主要来源。该时期，农户基本丧失了劳动能力，不再具有劳动力市场的核心竞争力，同时也逐渐转交或放下了满足家庭发展需求的重担。因此，退休期的农户通常以"颐养天年""安养晚年"作为自身的人生目标。因此，在无须担忧家庭经济收入的情况下，农户不会太过关注务农（机会）成本的变化，被动接受其变化，同时其变化的多少不会给农户带来太大的心理落差。

二 农地边际化的空间演化机理探索

农地边际化的规律性与改革开放以来农地利用变化有着密切的联系。社会经济的发展影响着农地资源的配置，进而表现出农地利用方式的变化。改革开放以来中国农地利用变化表现为五个特征，即农地利用主体呈多元化趋势，但小农依然占主体；农地经营规模呈扩大趋势，但细碎化现象未得到彻底改变；农地经营经济效益增长缓慢，且占家庭经济收益比重明显下降；农地的保障功能在弱化，但依然是农民"最后的生存保障"；农地经营的多元化现象增加，但粮食产量平稳上升。本书假设不同农地边际化类型在不同地区的产生、演替及稳定过程中具有一定的时空逻辑关系。

源于霍华德田园城市理论的思想，本书初步构思如图3-9所示的农地边际化时空演变研究理论框架。由于城市扩张的需要，大量距离城市较近的优质农地被占用（图3-9"Ⅰ"阶段），农地的经济生产能力完全消失从而退出农业生产；在快速的城市化、城乡一体化以及农业现代化的过程中，大量的农地尤其是优质、高产、连片成块的农地被建设占用，农地数量减少速度也迅速加快。同时农地的质量下降也比较明显，这与土壤污染和环境破坏密不可分。然而，就在这种严峻的耕地保护压力和优质农地极度紧缺的情况下，土地利用中却仍然存在严重的浪费现象，农地利用效益低下，土地集约利用情况不容乐观。与此同时，大量农村劳动力流入城镇，农民务农机会成本急剧上升，出现了农民不愿从事粮食生产、农地弃耕撂荒（包括季节性撂荒）、农地非农化进程加快等现象，导致农地粗放利用问题普遍存在，甚至出现大面积弃耕撂荒现象，进而使得农地经济生产能力下降甚至消失，农地逐步被边际化。

然后（图3-9"Ⅱ"阶段），随着城市的发展，农民非农就业机会不断增加，使得务农机会成本不断上升，吸引大量农村劳动力流入城市，从而引致那些远离城市的农地弃耕撂荒或者农地利用集约度的下降；随着城乡土地市场一体化等政策的试点和出台，生产要素流动规模扩大，市场化趋势逐步提高，对土地利用变化尤其是对耕地利用变化产生了巨大的影响。农地利用所带来的经济收益，不再能够满足农民对更高品质生活的要求，进而选择撂荒，从事非农就业和生产。

最后（图3-9"Ⅲ"阶段），由于农村劳动力的相对稀缺使得劳动力价格上升，农业生产成本进一步提高从而引致农地地租下降，迫使农业资本流向其他生产部门，引致农地利用转型。虽然不同农地边际化类型在时序上有先后的顺序，空间分布上有远近的联系，但是在实际发展过程中也是相互作用与交错，这就需要通过实证研究来进一步探讨不同类型农地边际化时空演变机制问题。

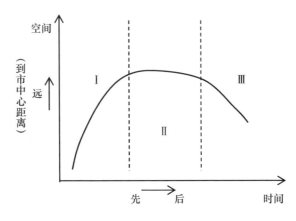

图 3 - 9　农地边际化理论假设

第三节　新农地边际化诊断与分类方法

基于对农地边际化研究新理论的分析，以及对农地边际化内涵的创新，本节将重新设计农地边际化的定量诊断方法和农地边际化分类方法。为后续农地边际化的实证研究奠定理论和方法基础。在农地边际化诊断方法设计中，将重点考虑农户心理预期以及务农机会成本等因素。在农地边际化分类方法设计中，将着重从弹性角度切入，定量设计边际化分类思路。

一　新农地边际化诊断思路与方法

在传统农地边际化研究中，较多学者将农地利用纯收益小于等于零作为判断农地是否存在边际化风险的核心依据。但经过大量的实地调研发现，绝大部分农民不会等到农地利用纯收益小于等于零时才退出农业生产。农户会在经过观望与决策之后，因为耕地集约边际收益的降低且耕种的收益回报低于城镇第二、第三产业工作回报时，不断调整自身的耕种时间和精力成本的投入以获得最大收益。因此，本书认为，传统农地边际化研究存在理论与实际不匹配的问题，其一系列研究结论可能远远低估了农地边际化的实际程度和风险。基于此，本书借鉴行为经济学中的期望理论，提出了农民在选择弃耕撂荒或者非农务工之前，会先对务农机会成本有个心理预期的观点。本节重点从农户心理角度深入分析了农户选择抛荒的原因，总结得出了"农地利用心理纯收益"这一学术概念，即将"预期农地利用收益小于等于预期务农机会成本"作为判断农地边际化的新核心依据。理论公式如下：

农地利用耕种心理预期 = 农地利用纯收益 - 务农机会成本

之所以提出农地利用心理纯收益概念是基于前期的课题调研发现，决定农地是否被撂荒的决定性因素并不是农地利用的纯收益，而是农民有了更高收入的非农就业机会。没有农民会等到农地利用纯收益下降到零才选择放弃农业生产。由非农就业机会带来的收入就是务农的机会成本，这是农民基于农村居民人均工资的一种心理预期和判断。当农民认为务农的机会成本大于农地利用纯收益的时候，农民就会选择放弃从事农业生产，进而导致农地撂荒。基于理论公式构建以下实证公式用于区域农地边际化实证研究。

（一）农地利用纯收益

对于农户而言，在耕地上所进行的农产品的投入产出是农户的主要收入来源。在社会经济发展的过程中，伴随着耕地集约边际收益的降低，农户会做出相对应的响应，不断调整自身在耕地上的投入产出以获得最大收益。因此，耕地农产品的收益变化可以较为直观地反映出农户对于耕地所做出的响应行为。例如，李秀彬等学者就曾基于稻谷、小麦、玉米三大作物的单位成本收益，通过播种面积、耕地集约度、纯收益三个角度对地区耕地边际化进行诊断。所以，本书将在李秀彬学者研究的基础上，继续选择农产品收益作为农户心理预期耕种收益的主要因素。同时，充分考虑地区耕种农作物品种的差异，选取具有代表性的农作物进行研究。计算过程如下。

由于年际之间物价上涨和通货膨胀之间的影响，需要利用引进价格指数处理每年的生产成本收益数据。见公式（3－1）。

$$M = \frac{N}{D} \times 100 \qquad (3-1)$$

式中，D 是总价格指数，N 是转换前数据，M 是转换后新数据。

蔬菜、小麦、玉米、油菜籽的纯收益是反映农户心理预期收入的重要指标。使用转换后的数据，计算出四者平均纯收益。首先，计算不同

时期的平均纯收益 ΔR_j ，见公式（3-2）。

$$\Delta R_j = P_j - C_j \qquad\qquad (3-2)$$

式中，ΔR_j 为目前用途下第 j 年土地利用纯收益；P_j 为目前用途下第 j 年土地利用总产出；C_j 为目前用途下第 j 年土地利用总投入（其中：劳动力成本、地租、物质成本、其他非生产性成本）。

（二）务农机会成本

本文认为，农户个人放弃务农而能够成功通过外出务工获得就业机会的概率并不是百分之百的，同时，整个社会也不是所有的农户都会选择完全弃农转工。因此，对于成功获得务工工作机会的外出农户而言，其工作内容发生的较大的改变，所花费的务农与非农时间之间的比例也会所有不同。所以，可用一年间花费在务农与非农之间时间作为评判农户是否成功获得外出务工机会的依据。基于上述所言可见，全社会的非农务工机会 D_i 就是某区域进城求职并获取就业岗位的概率。农户劳动力务农机会成本是其家庭劳动力成员务农机会成本的平均值。[①] 影响劳动力非农就业可能性的因素很多，但是劳动力非农就业天数占其总劳动天数的比例基本能反映该劳动力非农务工的可能性。因此，某劳动力非农务工的可能性采用公式（3-3）进行计算

$$D_i = E_i / F_i \qquad\qquad (3-3)$$

式中：E_i 为该劳动力非农就业的天数，F_i 为该劳动力一年内的总劳动天数。考虑到劳动力的休憩等时间，劳动力一年的总劳动天数按 300 天计算；如果劳动力非农务工时间超过 300 天，则定义其非农务工的可能性为 1，即 $D_i = 1$。

经研究发现，农户在进城之后，由于自身能力、学历等要素的限制，大多会进入第二产业或是城镇集体单位工作，所以依据社会调查及数据的可获得性，本书选取城镇集体单位职工工资作为农户外出务工工资。此外，由于城乡发展的差异，二者消费多元化程度、物价水平的不同使得农户在城镇与乡村的消费支出也截然不同，而农户外出务工所得的工资是否满足其城乡消费支出的巨大落差是其考虑继续务工还是回乡务农

---

① 冉清红、岳云华、杨玲、陈俐谋、孙传敏、谢德体：《西部农户务农—务工的机会成本差分析》，《农业经济问题》2014 年第 35 卷第 12 期。

的重要因素。因此，本书选择城镇集体单位职工工资农户城市消费水平、农村消费水平是反映农户心理务农成本的重要指标。

$$O_i = \frac{a_i - (b_i - c_i)}{t_i} * D_i \qquad (3-4)$$

式中：O_i 为第 i 年农户务农机会成本；a_i 为第 i 年城镇集体单位职工工资；b_i 为第 i 年城市消费水平；c_i 为第 i 年农村消费水平；t_i 为第 i 年工作天数；D_i 为第 i 年务农机会。

（三）农户心理耕种预期

本研究认为，当农户农地利用纯收益接近或少于当地务工最低薪资标准且在随后的农地利用过程中出现粮食作物播种面积下降的情况可以初步判定其农地利用出现边际化现象。

$$C_i = R_i - O_i \leq 0 \qquad (3-5)$$

式中：C_i 为农民耕种心理预期；R_i 为农民耕种纯收益；O_i 为农民务农机会成本；当 $C_i \leq 0$ 时，意味着农民的务农机会成本为正，即经营与耕种土地必须放弃的务工收入多于从事农业生产的实际收入。说明农地利用的经济生产能力较低，属于有损失且损失大于收入的选择，因此，农民有可能缺乏生产积极性而放弃耕种选择进城寻找工资更高的工作，农地"边际化"现象开始出现。

二　农地边际化分类新思路和新方法

在传统的农地边际化研究中，农地边际化分类主要分为高—低端边际化（按农地生产能力分类）、真—假性边际化（按农地边际化原因分类）、初始—中期—完全边际化（按农地边际化进程分类）三种分类方式。在现有的研究当中，学者通过以上三种分类方式，有效地对现有的农地边际化现象进行了量化诊断和类型分类，为地区针对不同类型的边际化农地进行精准治理提供了一定的理论依据。然而，以上的三种分类方式主要倾向于通过农地的生产经济数据对农地边际化的静态因素演变进行深入探讨。此类研究虽然能够对农地边际化的静态现状进行较为深刻的反映，但在社会经济发展、技术水平不断提高、新的生产要素不断投入农地的背景下，只通过静态因素来分析农地边际化的演变难以满足相关部门对农地进行实时动态监测的要求。这就需要在农地领域引入类似于实验科学中的"灵敏器",即通过分析农地边际化的因素的动态变化对农地进一步合理分类,以满足相关部门对不同灵敏度的边际化农地进行合理的管理。因此,本书引入弹性理论,并在弹性理论的基础上提出运用收益—投入弹性对农地边际化展开分类研究。

农地利用收益—投入弹性是指在一定时期内农产品的收益量变动对农产品投入变动量的反映程度。就是指在一定时期内农产品的投入变化1%时所引起农产品收益数量变化的百分比,即收益—投入弹性是指在基本的收益函数所表示的 R 和生产投入 C 的关系时, R 对 C 变动的相对反应。是通过 R 变化的比率同 C 变化的比率的比较而确定,是一个用来表示 R 这一变量对 C 变量的微小的百分率变化所做出的反应程度的概念。决定收益—投入弹性的两个变量 R 和 C 都是各自变化的百分比,那么弹性的数值就不会因 R 与 C 运用的计量单位的不同而不同,弹性概念完全与计量单位无关。收益—投入弹性的数值可能为正也可能为负。正值还是负值,这取决于 R 和 C 是按同方向还是逆方向变动。

收益—投入弹性系数公式如下:

$$e = \frac{f(R + \Delta R)}{f(C + \Delta C)} \cdot \frac{C}{R} (\Delta C \to 0) \qquad (3-6)$$

注:由于收益投入弹性曲线描述的是农地边际化一段时间内的变化情况,由此可以反推出收益—投入弹性系数公式。

收益—投入弹性系数公式微分表达方法:

$$e = \lim_{\Delta C \to 0} \frac{R/R}{C/C} = \frac{dR}{dC} \cdot \frac{C}{R} (dR = \Delta R, dC = \Delta C) \qquad (3-7)$$

根据收益—投入弹性的基本理论,可建立起农地边际化分类的主要过程:首先,通过文献收集与地区实际相结合的方式,选取土地利用中投入和收益的相关量化指标;其次,在指标选取的基础上,对地区单位面积农地的投入量和收益量进行量化;再次,通过收益—弹性系数公式对地区农地的相关系数进行测算和排序;最后,根据系数的取值大小和正负关系,可以把收益—投入弹性区分为三个基本类型:无弹性、缺乏弹性和有弹性,即将农地边际化划分为无弹性边际化、缺乏弹性边际化、有弹性边际化。基于此,本书尝试在阐释农地无弹性边际化、缺乏弹性边际化、有弹性边际化三种类型边际化的基础上，进一步梳理这三种边际化类型的内在逻辑关系，为后续进一步分析探讨奠定基础（见图3－10）。

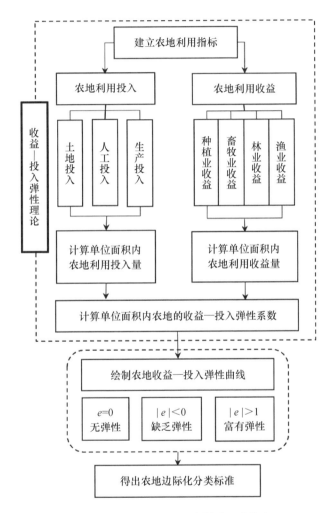

图3－10 农地收益—投入弹性理论流程

（一）无弹性边际化农地

当收益—投入弹性 $e=0$ 时，表示完全无弹性，说明投入变动不会引起收益方面的变动。比如由于各种生产要素投入引致投入增长的情况下，粮食生产收益不变或者为零，也就说粮食生产要素的投入不会影响该地块的粮食生产收益甚至粮食生产收益为零。为了能够从地理学的时空视角研究无弹性边际化的变化特征,就需要在空间位置上找到无弹性边际化所对应的表现形式。研究认为,被建设占用的耕地是无弹性边际化比较合适的在空间上的存在形式。因为耕地已经变为建设用地,即使投入再多的粮食生产要素也不会有任何粮食产品产出。因此,本书将 e = 0 的情况下的农地边际化情况命名为无弹性边际化。中国正处在工业化、城市化快速发展时期,耕地资源日益受到工业和城市土地利用的经济竞争,耕地非农化利用的趋势不可逆转。虽然在土地利用总体规划中都会涉及界定城市发展边际,但也无法阻挡中国城市扩张与蔓延。城市周边大量优质耕地被建设占用,使得耕地经济生产能力彻底消失从而退出农业生产,耕地的无弹性边际化严重地影响到国家的粮食安全,这已引起了国内外的广泛关注(见图 3 – 11)。

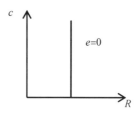

图 3 – 11 无弹性示意

(二)缺乏弹性边际化农地

当收益—投入弹性 | e | < 1 时,说明一定的投入变动只引起了收益方面较小比例的变动,比如说投入变化为 1% 所引起的收益变动的百分率小于 1%。这称为收益缺乏弹性,或缺乏弹性的收益。当投入由 C_2 增加到 C_1 的时候,收益由 R_2 上升到 R_1。但明显的是,投入增加的比重要远远大于收益增加的比重。虽然增加耕地利用的各种要素投入,但对提高耕地经济生产能力的贡献有限。为了能够从地理学的时空视角研究缺乏弹性边际化的变化特征,就需要在空间位置上找到缺乏弹性边际化所对应的表现形式。研究认为,由于受到坡度、土壤、水源等自然因素的制约,耕地经济生产能力一直保持在较低水平,进而可能被弃耕撂荒或者退耕还林,退出粮食生产的耕地符合缺乏弹性边际化定义。缺乏弹性边际化

是导致农村劳动力流失的一个重要原因，同时农村劳动力的流失使得缺乏弹性边际化更加恶化。虽然政府部门推出了坡改梯、农地综合整治等政策，但是这些政策的有效性值得探讨。这里的有效性是指政策在具体实施过程中，根据实际情况是否符合经济、环境和社会效益（见图3–12）。

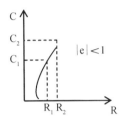

图3–12 缺乏弹性示意

（三）有弹性边际化农地

当收益—投入弹性 | e | > 1 时，说明一定的投入变动引起了收益方面较大比例的变动，比如说投入变化为1%所引起的收益变动的百分率大于1%，这称为收益富有弹性，或富有弹性的收益。当投入由 C_2 增加到 C_1 的时候，收益由 R_2 上升到 R_1。投入增加的比重要远远小于收益增加的比重。耕地利用各种要素投入的增加，会对提高耕地经济生产能力有巨大的贡献。在该部分的耕地中，有一部分耕地转变为其他农用地，比如园地、林地等。这些耕地已经不再从事粮食生产，但是随着各种农业生产要素的投入，土地用于非粮食生产的经济生产能力提升明显，但是耕地利用的经济收益趋向于零。因此，本书将这部分耕地定义为有弹性边际化耕地，这个过程定义为有弹性边际化过程。比如城市周边的优质耕地在免于被建设占用的情况下，其用于粮食生产而获得的地租持续下降。比如同一块土地用于花卉种植或者经济作物种植所带来的收益远远超过用于粮食种植。由于资本的趋利性，会在不同的农业生产部门之间流动，导致用于粮食生产和耕地利用的资本相对减少，优质的耕地没有被充分地用于粮食生产，降低了粮食产量（见图3–13）。

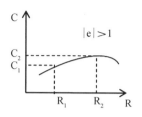

图 3-13 有弹性示意

（四）不同类型农地边际化的内在逻辑关系

耕地被城市建设占用以后，耕地的经济生产能力完全消失从而退出粮食生产，沦为"物理边际耕地"。其物理本质已经发生变化，准确地说已经不再是耕地，这个过程为"正向无弹性边际化"。物理边际耕地可以通过复垦等手段重新变为耕地，划入非物理边际耕地，这个过程定义为"负向无弹性边际化"。那些由于受到坡度、土壤、水源、温度等自然因素的制约，耕地的经济生产能力一直保持在较低水平，进而可能因此被弃耕摞荒或者退耕还林，退出粮食生产的耕地为"自然边际耕地"，这个过程为"正向缺乏弹性边际化"。自然边际耕地可以通过坡改梯等人工开发提高粮食经济生产能力，进而变为非自然边际耕地，这个过程为"负向缺乏弹性边际化"。同样非自然边际耕地也可以因为水土流失、环境污染、气候变化等原因沦为自然边际耕地。由于资本流入非粮食种植的农业生产部门，导致原本那些耕地经济生产能力较强的被变相非农化，进而降低了粮食产量引致耕地的有弹性边际化，这个过程为"正向有弹性边际化"。"有弹性边际化"耕地可以通过增加劳动力、资本、科技等的投入来增加粮食的经济生产能力，进而提高为非经济边际耕地，这个过程为"负向有弹性边际化"。同样，非经济边际耕地也会因为劳动力、资本、科技等投入的不足导致经济边际耕地。

不同类型的边际化过程可以对应不同的土地利用变化类型，本书将不同类型"边际化"具体界定如下：第一，正向无弹性边际化以耕地转为建设用地表示，负向无弹性边际化以建设用地转为耕地表示；第二，正向自然边际化以耕地转为未利用地（不包括水域、滩涂）表示，负向缺乏弹性边际化以未利用地（不包括水域、滩涂）转为耕地表示；第三，正向有弹性边际化以耕地转为园地、经济林地表示，负向有弹性边际化以园地、经济林地转为耕地表示（见图 3 - 14）。

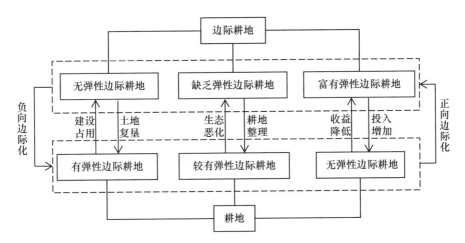

图 3 - 14　不同农地边际化类型内在逻辑关系

第 四 章

山地丘陵地区农地边际化研究

在我国，有43.5%的土地是山地地形，该区域分布着我国56%的县市、1/3的人口和40%的耕地。由于地形复杂，山地丘陵地区的耕地多数是以家庭为单位的小地块，加上农业灌溉大大受限，存在耕地质量差的问题。很多时候，该区域的粮食供不应求。而且随着人口的增长和社会经济的快速发展，非农建设占用耕地呈不断上升的趋势，加上近些年生态退耕，原本稀缺的耕地资源锐减，山地丘陵地区的人地矛盾日益尖锐。

山地丘陵地区不仅存在耕地质量差的问题，还存在自然灾害多、生态环境脆弱等问题。而且当耕地经济效益越来越差时，当地的人们耕种意愿也不断下降。因而山地丘陵地区的耕地面积一直呈现缩减趋势。此外，我国耕地保护措施也尚待进一步完善。因此，对山地丘陵地区的耕地保护研究就显得尤其重要。目前国内土地利用变化研究更为关注如何合理利用与开发耕地资源，同时兼顾生态环境保护，从而引导我国合理利用土地资源，优化配置土地资源。但从多因素角度分析耕地变化原因关注较少。

本章将从土地资源管理视角细致研究多种因素影响下山地丘陵地区的耕地变化的原因，进而对山地丘陵地区的耕地保护与利用提出相应对策和建议，以达到山地丘陵地区的耕地利用效益最大化、减缓耕地减少趋势及保护耕地的目的。

In China, 43.5% of the land is mountainous and hilly area. These areas are distributed within 56% of the counties and cities of China. In addition, 1/3 of the population and 40% of the agricultural land locate in these areas. Due to the complex terrain of mountainous and hilly areas, the fragmentation degree of agricultural land is extremely high. Furthermore, the quality of agricultural land in these areas is very poor because of the limited agricultural irrigation. And this is one of the most important reasons why China's grain supply always cannot meet demand. With the growth of population and the rapid development of social economy, the occupation of agricultural land by non-agricultural construction shows an upward trend. Moreover, the withdrawal of agricultural land for ecological purposes in recent years has resulted in a sharp decline in agricultural land which was basically rare. These reasons have accentuated the contradiction between human and the land in mountain and hilly areas.

In mountainous and hilly areas, poor quality of agricultural land is not the only problem, but also many natural disasters and a delicate ecological environment have made a negative influence onagricultural production. When the economic profits of agricultural land drop down, the desire of farmers to cultivate land would also decline. Therefore, provoking the decreasing of cultivated agricultural land in mountainous and hilly areas. In addition, China's agricultural land protection policies still have limitations, as the agricultural land economic subsidies are absent from the current system which is very common in western countries. So studying the protection of agricultural land in mountainous and hilly areas is particularly important in China. At present, in order to guide farmers to rationally utilize land resources and optimize the allocation of land resources, researches are paying attention to how to rationally utilize and develop agricultural land resources, as well as how to protect the ecological environment. However, there are very rare studies to analyze the causes of agricultural land use changes from multiple perspectives.

In order to maximize the profit of agricultural land use, slow down the decreasing speed of agricultural land, this chapter will study the causes of agricultural land change in mountainous and hilly areas affected by various factors from the perspective of land resource management, and then put forward corresponding countermeasures and suggestions for agricultural land protection and utilization in mountainous and hilly areas.

第一节　西部丘陵地区农地边际化研究
（以重庆为例）

重庆是西部丘陵地区较为典型的代表城市，自古以来素有"山城"之称，地貌以山地、丘陵为主，其中山地面积占76%，丘陵面积占22%，地势呈南北向长江河谷逐级降低。全市山脉众多，包括大巴山、巫山、武陵山、大娄山等，海拔高差达2700多米。由于地形起伏，重庆的耕地资源具有地块零碎、坡耕地比例大、耕地质量不高的特点。目前，重庆仍然是一个"大城市带大农村的直辖市"，农村面积广阔，农业人口基数大，但是复杂的农业生产条件和日益增加的农业生产成本让农民们逐渐选择弃耕撂荒。特别是在统筹城乡发展的背景下，受人口城市化和务农机会成本上升的影响，大量劳动力与农村"分离"，农村耕地的边际化问题严重。本节将从农地边际化情况诊断、驱动因素分析以及治理措施等方面对重庆市的农地边际化进行研究。

一　重庆社会经济发展情况

重庆地处青藏高原与长江中下游平原的过渡地带，山水资源丰富，域内江河纵横，是西部大开发的重要战略支点以及"一带一路"和长江经济带的联结点。重庆市下辖26个区、8个县、4个自治县，总面积8.24万平方千米，截至2020年年底常住人口3205.42万人。

重庆基本形成了大农业、大工业、大交通、大流通并存的格局，被称为长江上游地区的经济、金融、科创、航运和商贸物流中心。[①] 2020年，重庆全市地区生产总值为25002.79亿元，在2011年基础上年均增长10.55%。2020年重庆人均生产总值78173元，由2011年的34864元增长为78173元，年均增长9.41%。从2011年到2020年，重庆农业增加值年均增长4.8%，工业增加值年均增长9.4%，产业结构比由2011年的7.8∶45∶47.2变化为2020年的7.2∶40.0∶52.8，二次产业比重逐渐下

---

① 章君、王伟：《重庆高质量发展的评价指标体系初探》，《重庆三峡学院学报》2019年第35卷第6期。

降，三次产业比重逐渐上升。在区域发展上，产业和人群主要集聚在地形较为平坦的主城区和渝西片区，而渝东南片区由于地形条件限制及交通通达程度较低，产业发展相对较弱。由于主城区同时毗邻中梁山脉、铜锣山脉和长江、嘉陵江，山水相依的地形为重庆独特的交通体系奠定了基础，并且汇集水、陆、空的交通资源让重庆成为西南地区的综合交通枢纽。

在农业生产方面，2020 年重庆全市实现农林牧渔业增加值 1836.78 亿元，比上年增长 4.7%。全年粮食播种面积 3004.59 万亩，比上年增长 0.2%，谷物产量 753.73 万吨，其中稻谷产量 489.19 万吨；小麦产量 6.09 万吨；玉米产量 251.13 万吨。1992 年以后，重庆农村人口数量持续递减。截至 2020 年，重庆农村人口数量为 2098.81 万人，以平均每年 0.59% 的速度下降，其中农村从业人员也以平均每年 0.41% 的速度下降。自然资源方面，由于重庆市境内江河纵横且地质条件独特，重庆拥有丰富的水资源、水能资源及矿产资源。

二　重庆农地利用现状

据第三次全国国土调查显示，截至 2019 年 12 月 31 日，重庆耕地数量为 187.02 万公顷。其中，水田 70.41 万公顷，占 37.64%；水浇地 0.12 万公顷，占 0.07%；旱地 116.49 万公顷，占 62.29%。区域分布上，由于重庆地势起伏不平，以山丘为主，因此 45.15% 的耕地分布在地势较为平坦的主城都市区，35.09% 的耕地分布在渝东北三峡库区城镇群，19.76% 的耕地分布在渝东南武陵山区城镇群。农地利用结构上，园地面积为 28.06 万公顷，林地面积为 468.90 万公顷，草地面积为 2.36 万公顷。其中园地主要分布在主城都市区，林地、草地主要分布在渝东北三峡库区城镇群。另外，重庆市内湿地面积有 1.5 万公顷，同样主要分布在渝东北三峡库区城镇群。

重庆一小时经济圈是指以主城区为中心，一小时交通范围内所覆盖的区域，主要包括渝中区、大渡口区、江北区、沙坪坝区、九龙坡区、南岸区、北碚区、渝北区、巴南区主城 9 区和 21 个区县。一小时经济圈中县域占用的耕地面积约为城市的 50%，东北部约占 34%，东南部约占 16%。另外，耕地和坡地通常集中在一个小时的经济圈内，地势平坦，土壤结构适宜，水文质量好，因此主城都市区的农业比较发达，且耕地集约化程度较高。而不适合农业生产的陡坡土地主要分布在重庆的东北部和东南部，这里主要是一个岩溶地貌集中的地区，耕地稀少且细碎分散，农户的经营规模普遍较小，这从根本上影响了重庆土地的开发和利用。

从图 4-1 可以看出，从 2001 年到 2019 年，重庆市耕地面积总体上呈下降趋势，2001 年和 2019 年分别为 355.5×10³ 公顷和 334.5×10³ 公顷，9 年间共减少了 21000 公顷，年平均增长率为 -0.063%。另外，重庆市的人均耕地面积总体上也呈下降趋势，从 2001 年的 0.114 公顷/人缩减至 2019 年的 0.098 公顷/人。重庆市的耕地面积变化大致划分为四个阶段：第一阶段是 2003 年以前，耕地面积逐渐大幅度减少，下降至 331.7×10³ 公顷；第二阶段是 2003—2005 年，耕地面积缓慢增加至 344.4×10³ 公顷；第三阶段是 2006—2012 年，这六年间重庆市耕地面积和前面两个阶段相比变化非常明显，耕地面积锐减，如从 2005 年到 2006 年，一年之间减少了近 37000 公顷耕地；第四阶段是 2012 年之后，虽然耕地面积在 2014 年有所减少，但整体上是保持稳定增长的，截至 2019 年，重庆市耕地面积恢复至 334.5×10³ 公顷。

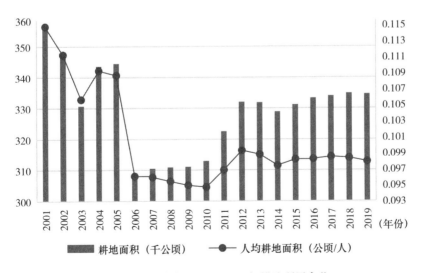

图 4-1　重庆市 2001—2019 年耕地利用变化

三 重庆农地边际化诊断

重庆的农地边际化问题主要出现在以山地丘陵为主的东北部和东南部。这两个山区水土流失严重，农业生产条件差，为了改善农业生产基础条件和增加耕地面积，重庆市实施了坡改梯工程。本书将山区统称坡改梯地区，并以"农地利用心理纯收益"为标准诊断重庆坡改梯地区的农地边际化情况。

（一）坡改梯地区农地边际化诊断

若坡改梯地区的耕地每公顷产量的粮食作物产出所收获的经济价值与重庆市农民务农工资的差小于零，则认为重庆市耕地存在边际化风险，否则，则认为重庆市的耕地是安全的，不存在农民的弃耕撂荒等风险。

重庆市主要粮食作物为稻谷、玉米和小麦，分别占粮食作物播种面积的50%、10%和30%。改坡为梯田后，主要种植粮食作物以稻谷为主，故在诊断边际化时每公顷粮食作物计为稻谷。如表4－1所示为重庆坡改梯前后的耕地边际化值变化，2000年重庆耕地边际化值为正，不存在农民弃耕撂荒风险，但是2019年重庆耕地边际化值已经变为负值，说明重庆市已经存在农地边际化风险。

表4－1　　　　　　　　　　　坡改梯前后边际化值

时间	粮食作物产出收益 元/公顷	农民平均收益 元/公顷	耕地边际化值 元/公顷
2000 年	8523.9	1720	6803.9
2019 年	9204.552	10719.42	－1514.87

（二）坡改梯地区边际化诊断结果

由图4－2可知，耕地边际化值一直在逐年减小，且有由正变负的趋势，也就意味着，在坡改梯之后重庆市就出现了耕地变化的倾向。由表4－1可以看出，在坡改梯工程前，重庆耕地边际化值大于0，而在坡改梯工程后，重庆耕地边际化值小于0，这意味着坡改梯工程没有满足农民的心理预期，坡改梯工程后，开始存在耕地边际化风险，说明在一定程度上重庆市坡改梯工程的必要性没有那么大。此外，在粮食安全方面，坡改梯工程虽然能增加一定的粮食，但仍远低于农民的心理预期。而且，在生态环境方面，坡改梯工程也存在一定的弊端，降低了边坡，加剧了滑坡等自然灾害的风险，可见坡改梯工程并不是重庆等山地丘陵地区增加耕地面积的可持续手段。

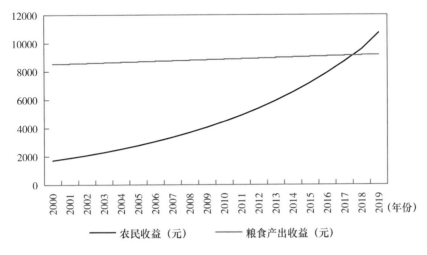

图 4 - 2　2000—2019 年耕地边际化值横向分析

当耕地边际化现象发生时，此时所种植的农作物就会被农民视为边际化农作物，为了避免经济亏损现象的再发生，农民就选择了更换农作物种植品种。实际上，为应对耕地边际化现象，农民会做出不同态度的响应行为。积极响应是改变土地利用的方式，比如用除草剂代替人工锄草，以降低劳动力成本，用有机肥提高农田生产力。消极响应是减少作物播种面积，如一季稻改二季稻、弃地等，或者降低农用地生产成本，如减少化肥、人力、资金的投入等。由于地形限制，坡改梯工程也无法改变重庆耕地小块而分散的现状，因此，农民所占有的耕地越细碎，应对边际化现象的态度就越消极，种地的意愿也就越低，耕地边际化值也随之不断降低。

四　重庆农地边际化驱动因素分析

农地边际化与政治背景、经济发展方向以及自然环境有关，接下来将对重庆市农地边际化的驱动因素做如下分析。

（一）主成分分析

本书以农作物播种面积为因变量，以社会人文因素为自变量，选取重庆 2008—2018 年的统计数据，其中社会经济因子主要有：X1 总人口（万人）、X2 非农人口（万人）、X3 城市化水平、X4 地区生产总值（亿元）、X5 工业总产值（亿元）、X6 第三产业总产值（亿元）、X7 粮食单产（公斤/公顷）、X8 农业总产值（万元）、X9 化肥施用量（万吨）、X10 农机总动力（千瓦时）、X11 降水量（毫米）、X12 自然灾害发生数量（件）、X13 重庆市全年气温平均值（摄氏度）。

分析得到的相关矩阵如表 4-2 所示，由表 4-2 可看出变量之间的相关性可以用于分析说明。例如，X10 和 X12 之间相关性最弱，而 X4 与 X6 相关性最强，达到 0.998。

表 4-2   相关性矩阵

		X1	X2	X3	X4	X5	X6	X7	X8	X9	X10	X11	X12	X13
相关性	X1	1	0.95	0.978	0.937	0.954	0.925	0.725	0.928	0.949	0.982	0.353	-0.517	-0.032
	X2	0.95	1	0.983	0.987	0.984	0.982	0.662	0.988	0.832	0.982	0.319	-0.524	-0.144
	X3	0.978	0.983	1	0.988	0.986	0.982	0.705	0.981	0.876	0.995	0.362	-0.52	-0.048
	X4	0.937	0.987	0.988	1	0.989	0.998	0.669	0.996	0.801	0.979	0.376	-0.503	-0.078
	X5	0.954	0.984	0.986	0.989	1	0.977	0.666	0.981	0.853	0.979	0.413	-0.513	-0.031
	X6	0.925	0.982	0.982	0.998	0.977	1	0.667	0.995	0.776	0.973	0.354	-0.498	-0.098
	X7	0.725	0.662	0.705	0.669	0.666	0.667	1	0.699	0.739	0.705	0.342	-0.333	-0.189
	X8	0.928	0.988	0.981	0.996	0.981	0.995	0.699	1	0.792	0.973	0.364	-0.502	-0.123
相关性	X9	0.949	0.832	0.876	0.801	0.853	0.776	0.739	0.792	1	0.891	0.333	-0.521	0.017
	X10	0.982	0.982	0.995	0.979	0.979	0.973	0.705	0.973	0.891	1	0.345	-0.545	-0.066
	X11	0.353	0.319	0.362	0.376	0.413	0.354	0.342	00.364	0.333	0.345	1	0.321	0.127
	X12	-0.517	-0.524	-0.52	-0.503	-0.513	-0.498	-0.333	-0.502	-0.521	-0.545	0.321	1	0.06
	X13	-0.032	-0.144	-0.048	-0.078	-0.031	-0.098	-0.189	-0.123	0.017	-0.066	0.127	0.06	1

这是主成分分析的结果，表 4-3 中第一列为 13 个成分；第二列为对应的"特征值"，表示所解释的方差的大小；第三列为对应的成分所包含

的方差占总方差的百分比；第四列为累计的百分比。在分析过程中，成分 X1 和 X2、X3 的特征值大于 1，即它们合计能解释 91.817% 的方差，即说明前三个成分已经覆盖了原始数据 13 个指标中所能表达的足够信息。

表 4 - 3　　　　　　　　方差解释

成分	初始特征值			提取载荷平方和		
	总计	方差百分比（%）	累计（%）	总计	方差百分比（%）	累计（%）
1	9.551	73.47	73.47	9.551	73.47	73.47
2	1.368	10.52	83.989	1.368	10.52	83.989
3	1.018	7.827	91.817	1.018	7.827	91.817
4	0.542	4.168	95.985			
5	0.259	1.989	97.975			
6	0.227	1.745	99.72			
7	0.022	0.166	99.886			
8	0.007	0.056	99.942			
9	0.004	0.032	99.974			
10	0.003	0.021	99.995			
11	0	0.003	99.998			
12	0	0.002	100			
13	3.86E - 06	2.97E - 05	100			

表 4 - 4 中的数值为公因子与原始变量之间的相关系数，绝对值越大，说明关系越密切。

表 4 - 4　　　　　　　　成分矩阵

	成分		
	1	2	3
X1	0.978	0.014	0.058
X2	0.983	- 0.047	- 0.04
X3	0.995	0.013	0.036

	成分		
	1	2	3
X4	0.983	0.019	− 0.002
X5	0.987	0.051	0.046
X6	0.975	0.002	− 0.022
X7	0.748	0.058	− 0.24
X8	0.981	− 2.77E − 05	− 0.05
X9	0.892	0.012	0.109
X10	0.994	− 0.016	0.032
X11	0.375	0.853	− 0.162
X12	− 0.545	0.692	− 0.298
X13	− 0.084	0.389	0.906

（二）农地边际化驱动因素分析

1. 城市化水平与人口增长驱动

由上述分析结果显示，X1、X2、X3 与 Y 的关联性相对较强，这意味着人口对重庆农地面积的变化影响效果更为明显。在社会经济发展的过程中，人口也起着主导作用，尤其体现在人口与耕地的数量关系上。因为人口数量的增加必定导致城市建设各项用地的需求增加，而增加的城市建设用地中大部分来源于耕地，因此随着人口快速增长与城市建设用地不断扩张，耕地总量会逐渐减少。2008 年到 2018 年重庆市总人口增加了 146.6 万人，而非农人口增加了 748.34 万人，比总人口增长量多了601.74 万人，这是重庆市的耕地安全的巨大压力之一。同时，人均农作物播种面积从 1.14 公顷下降到 0.9 公顷。这种因人口增长而导致耕地刚性减少的趋势是不可逆转的，可见人地矛盾是个大难题。另外，城市化水平的不断提升也是重庆农地边际化的驱动因素。从 2008 年到 2018 年，重庆市国民生产总值由 5817.55 亿元增长到 20363.19 亿元，增长了 2.5倍；工业总产值从 2162.57 亿元增长到 5997.7 亿元，增长了 1.8 倍。第三产业总产值由 2641.16 亿元增长到 10656.13 亿元，增长了 3.03 倍。城市化率由 2008 年的 50% 上升到 2018 年的 65.5%，增加了 15.5 个百分点。固定资产投资增加，城市化水平的提高，第二、第三产业的发展推动城市各项建设用地增长，导致重庆城市用地的规模不断扩大，使得耕地资源大量减少。

2. 农业技术进步与农业结构调整的驱动

上述分析因素中占次要部分的是 X8、X9、X10。虽然农业技术的进步和农业结构的调整不是导致耕地变化的主要因素，但它是必然因素。一个地区的耕地是否得到合理且高效的利用，离不开当地的农业技术水平与应用程度。因为随着农业技术水平的进步，农业的机械化程度与水利建设也会随之提高，从而提升粮食单产数量，实现耕地高效集约节约利用。从 2008 年到 2018 年，重庆市农业机械总动力以及化肥施用量都具有明显的增加趋势，2018 年农化肥施用量为 93.17 万吨，比 2008 年增长了 5.03 万吨；农机总动力为 1428.1 万千瓦，比 2008 年增长了 524.95 万千瓦。这些变化促进了重庆粮食产量的提升，同时农业总产值也在稳步上升，总的来说，抑制了重庆耕地面积减少带来的粮食压力。与此同时，10 年间重庆市的农业构发生了巨大的变化，农林牧渔总产值结构从 2008 年的 4.6∶2.1∶3.3∶2.1 转变为 2018 年的 12.9∶10.1∶52.0∶10.0，农作物种植结构也以粮食作物生产为主转变为粮食作物和经济作物生产并重。一方面是因为保护生态而实施退耕还林，另一方面是因农业结构在市场需求导向下不断调整。因此重庆的许多耕地向园艺、养殖等更高价值的用地类型转化，用作进行粮食以外的农产品生产。重庆市林业总产值从 2008 年的 217986 万元增加到 2018 年的 1011375 万元，占农林牧渔业总产值的比重从 2.5% 上升到 4.9%。渔业总产值从 2008 年的 211481 万元上升到 2018 年的 1003935 万元，占农林牧渔业总产值的比重从 2.4% 上升到 4.8%。

3. 自然灾害的驱动

上述结果显示，重庆市耕地播种面积与自然因素也有很大关系。X12 在第二主成分中占 0.692，X13 在第三主成分中占 0.906。自然灾害对耕地变化有着显著影响：1997—2006 年，重庆市因自然灾害损毁减少的耕地有 8625.01 公顷，年均减少耕地 862.5 公顷，其中 1997—2000 年减少 3382 公顷，年均减少耕地 845.5 公顷，2001—2006 年减少 5243.01 公顷，年均减少 843.84 公顷。其中，2004 年自然灾害较为严重，减少耕地高达

3281.52 公顷；2007 年全市雨雪冰冻灾害造成直接经济损失 9.60 亿元，其中，农业经济损失 4.90 亿元。

以重庆三峡库区为例，三峡库区地处秦巴山脉、武陵山脉和渝东岭谷地区，山高坡陡，耕地多分布在长江干、支流两岸。随着三峡工程建设蓄水，分布于库区沟谷地区的大量优质耕地被淹没，库区耕地整体质量受到影响。据土地资源调查、农业区划报告和重庆市坡耕地调查评价报告等表明，库区现有耕地中 15°以上的坡耕地占耕地总面积的 55.91%，其中 15°—25°的占 12.18%。坡耕地多岩石裸露，耕作层浅，保水保肥能力差，土层瘠薄，水土流失严重，极易受旱灾威胁。尽管库区具备一定的区域性大型水利设施，但农田水利设施严重不足，库区旱涝保收面积仅有 158000 公顷，只占耕地面积的 14%，人均旱涝保收面积 0.0087 公顷，为全市人均的 77%。尤其是无自流灌溉设施的巫山、奉节、云阳等地，由于水利设施以小型塘库为主，时间久远导致老化失修严重，一方面保水能力差，另一方面供水能力弱，因此一旦遇上旱灾就会造成粮食大面积减产。

五　重庆农地边际化治理措施

重庆出现农地边际化问题的根本原因在于自身的地理环境缺陷。由于地形以山地丘陵为主，在农地利用过程中重庆会面临耕地细碎化、水土流失严重的问题。为此，本书针对重庆的农地边际化问题提出一些治理措施。

（一）治理山区坡耕地的水土流失问题

重庆域内多为山地、丘陵，河流纵横，地理环境较为特殊，常年水土流失严重。存在大量坡耕地是重庆水土流失严重的一个重要原因。在过去的水土流失治理工作中，重庆尝试了对坡耕地进行工程改造，将大量的坡耕地改造成相对平坦的梯田，其主要目的是有效地促进水土保和提高土地生产力。但是，对于一些坡度较大，难以转化为梯田的耕地，应该从另一角度考虑，创新水土流失治理模式。比如，可以实施退耕还林，因为通过退耕还林可以增加山区的植被覆盖，提高水源涵养能力，解决水土流失问题。除此之外，还可以从治理主体的角度考虑，激发山区政府、农户、企业等多方主体治理水土流失的内生动力和积极性。总之，需要因地制宜，结合当地的自然条件，创新水土流失治理模式，以此缓解因水土流失严重引发的农地边际化问题。

（二）治理山区耕地的细碎化问题

受山地地貌崎岖等自然因素限制，重庆东北部和东南部的耕地普遍存在细碎化问题，农地经营模式普遍呈小规模经营，这既不利于农地集约利用和规模化生产经营，同时还可能引发和加重农地边际化问题。因此，加大耕地细碎化治理对于缓解农地边际化问题十分有必要。可以鼓励农户调整农地利用方式。因为山区农户通常对"互换并地"存在抵触情绪，采用破除田坎、归并地块等工程措施容易引发农户不满。但如果合理利用山区的地势优势和光热优势，鼓励农户调整农地利用方式，统一种植同一种农作物或具有山区特色的农作物，则可以缓解耕地细碎化给农业生产带来的不利影响，同时也能促进细碎耕地可持续利用。[1]

（三）治理山区耕地的撂荒问题

耕地撂荒是重庆东北部和东南部农地边际化问题较为严重的表现，一方面是因为山区耕地资源禀赋差、生态脆弱，另一方面是因为山区地形陡峭、地块狭小、机械化耕作困难，导致农村劳动力向城镇转移，农村老龄化、空心化问题严重。在治理农地边际化时，如果不解决农村劳动力转移的问题，只是一味地追求开发耕地后备资源，可能会出现新增的耕地仍然无人耕种的情况，这是一种因被农户主动撂荒而造成"过程性"浪费。因此，在治理耕地撂荒问题时，需要考虑吸引农民返乡和培养新型农民。首先，政府应鼓励和支持农民返乡创业，给返乡创业的农民提供农业技术培训的机会。由于种植业风险较高，政府应适当提高种植业补贴标准。其次，健全农地流转管理机制，通过增加农地流转缓解因农村空心化与老龄化导致的耕地显性撂荒。另外，建立农地金融保险制度也是治理耕地撂荒的一种措施。因为山区的农业生产风险较

---

[1]　葛玉娟、赵宇鸾、任红玉：《山区耕地细碎化对不同利用方式农地集约度的影响》，《地球科学进展》2020年第35卷第2期。

大，需要完善的金融保险制度抵抗农户在农业生产时可能面临的
风险。①

第二节 华南丘陵地区农地边际化研究
（以广西为例）

广西位于华南丘陵地区，地势自西北向东南倾斜，四周多被山地、
高原环绕，中部与南部多为平地。受太平洋板块和印度洋板块挤压，广
西山脉多呈弧形，且呈盆地边缘山脉和内部山脉。② 由于气候和地形地势
影响，广西常年水土流失严重，且一些耕地存在土壤贫瘠，地势起伏，
地块分散，交通不便等问题。近年来，广西城市化进程加快，占用了大
量耕地，耕地面积不断减少，粮食安全也受到威胁。此外，城乡收入差
距的拉大和农村劳动力析出的加剧致使广西农地边际化越来越严重，耕
地资源安全状况不容乐观。本节将从农地边际化的现状、农地边际化情
况诊断、农地边际化驱动因素以及治理措施等方面对广西的农地边际化
进行研究。

一 广西区域概况

广西山多地少，总面积有 23.76 万平方千米，其中山地丘陵面积占总
面积的 69.7%。气候温暖，雨水丰沛，处于亚热带季风气候区，但受西
南暖湿气流和北方变性冷气团的交替影响，干旱、暴雨洪涝、热带气旋、
大风、冰雹、雷暴、低温冷害等气象灾害较为常见。③ 广西地理位置优
越，是西南唯一的沿海、沿江、沿边地区，有着便捷的出海通道，也是
中国面向东盟的前沿门户。自然资源方面，广西有丰富的矿产资源，尤
其是铝、锡等有色金属储量大。因南临北部湾，广西溺谷多且面积广阔，
沿海可开发的大小港口 21 个，滩涂面积约 900 公顷，其中有面积占全国

---

① 郭贝贝、方叶林、周寅康：《农户尺度的耕地撂荒影响因素及空间分异》，《资源科学》
2020 年第 42 卷第 4 期。

② 赵文兰：《岩溶区基坑边坡稳定性及岩溶塌陷防治技术研究》，桂林理工大学，2019 年。

③ 黄嘉丽：《广西水旱灾害时空分布特征及其对粮食生产的影响》，南宁师范大学，
2021 年。

40%的红树林，总面积9300平方千米。同时，天然港湾众多且海洋生物资源丰富，目前已知鱼类600多种、虾类200多种、头足类近50种、蟹类190多种、浮游植物近300种、浮游动物200多种。

据《2020年广西国民经济和社会发展统计公报》显示，广西全年生产总值22156.69亿元，比上年增长3.7%。其中，第一、第二、第三产业比重分别为16.0%、32.1%和51.9%，第三产业对经济增长的贡献最大。近年来，广西人口规模持续扩大，2020年全国人口普查时广西常住人口为5012.68万人，与2010年第六次全国人口普查的4602.66万人相比，增加410.02万人，增长8.91%，年平均增长率为0.86%。农业生产方面，广西全年粮食种植面积2806千公顷，比上年增加59千公顷；油料种植面积262.2千公顷，增加8.56千公顷；蔬菜种植面积1535.92千公顷，增加50.76千公顷；果园面积1352.57千公顷，增加20.76千公顷。全年粮食总产量1370万吨，比上年增加38万吨，增长2.9%。全年谷物产量1290.9万吨，增长2.5%。

二　广西农地利用现状

据三调数据显示，广西的林地面积最大，有1609.53万公顷，其中百色、河池、桂林、柳州、南宁5个设区市林地面积较大，占全区林地的61.40%。耕地面积第二，有330.76万公顷，其中南宁、崇左、百色、河池4个设区市耕地面积较大，占全区耕地的47.91%。园地面积第三，有167.03万公顷，其中桂林市、百色市园地面积较大，占全区园地的37.93%。草地面积最小，有27.62万公顷，主要分布在河池、桂林、百色、崇左、柳州5个设区市，占全区草地的68.18%。广西的水田和旱地比例相当，其中水田162.79万公顷，占49.22%；旱地167.17万公顷，占50.54%；水浇地0.80万公顷，占0.24%。全区位于2度以下坡度（含2度）的耕地176.18万公顷，占耕地总面积的53.27%；位于2—6度坡度（含6度）的耕地69.76万公顷，占21.09%；位于6—15度坡度（含15度）的耕地52.47万公顷，占15.86%；位于15—25度坡度（含25度）的耕地16.66万公顷，占5.04%；位于25度以上坡度的耕地15.69万公顷，占4.74%；总体上耕地坡度平缓。

从图4-3可以看出，从2002年到2017年，总耕地面积呈增加趋势，

2002 年和 2017 年分别为 4370.1 × 10³ 公顷和 4387.46 × 10³ 公顷，增加了 17.36 × 10³ 公顷，年平均增长率为 0.1%。

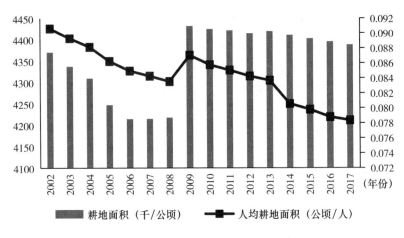

图 4 – 3　耕地面积和人均耕地面积变化

依据图 4 – 3，可以把广西耕地面积变化大致划分为三个阶段：第一阶段是 2002—2006 年，这一阶段广西耕地面积呈现减少的趋势，到 2006 年耕地面积仅有 4214.2 × 10³ 公顷，总共减少了 155.9 × 10³ 公顷，减少率高达 3.56%。原因是 2003 年之后，广西把工业作为发展的重点，工业化和城市化进程加快，在此过程中，土地资源必然被占用，一些优质耕地也会在这一时期被占用。此外，按照国家退耕还林指标进行退耕还林，也导致耕地大量减少。

第二阶段是 2007—2009 年，这一阶段耕地面积逐年增加，从 4214.7 × 10³ 公顷增加到 4431.8 × 10³ 公顷，总共增加 217.1 × 10³ 公顷，增加率为 5.1%。这是因为 2006 年开始实施《耕地占补平衡考核办法》，耕地复垦的数量有所增加，加之积极落实耕地保护政策，政府高度重视耕地保护工作，加强边际化农地整治力度，保证了耕地数量处于动态平衡状态之下。土地使用权管制制度的严格执行以及土地利用年度计划管理办法的实施之后，耕地资源得到有效保护，使耕地面积在 2007 年后保持了稳定上升的趋势。

第三阶段是 2010—2017 年，这一阶段耕地面积变化不大，但人均耕地面积则是趋于减少的。广西总人口数从 2002 年的 4822 万增加到了 2017 年的 5659 万，总共增加了 800 多万。伴随着人口总数不断增长，2002 年至 2017 年人均耕地面积从 0.090 公顷下降到 0.078 公顷。虽然比国际人均耕地标准（0.053 公顷）高，但仍处于比较低的水平。

三 广西农地边际化诊断

本书考虑农地利用务工的机会成本，定义诊断农地边际化（Y）的方法为：Y = 耕地利用纯收益—当地务工工资，若 Y < 0，则可能出现农地边际化现象。诊断数据主要来源于 2004—2018 年《广西统计年鉴》和《全国主要农产品成本收益资料汇编》。

首先，计算各年亩均纯收益。公式为 $\Delta Ri = Pi - Ci$，式中：ΔRi，每亩耕地利用的纯收益，Pi，每亩耕地利用的总产出；Ci，单位面积耕地利用生产资料投入总额（元）。考虑到研究区的实际情况及数据的实用性，本文在计算耕地投入成本时未包括劳动力投入成本（见表 4-5）。

表 4-5　　　　　　　　广西亩均成本纯收益

年份	每亩主产品产量（公斤）	亩均主产品产值（元）	亩均生产成本（元）	每50公斤主产品平均出售价格（元）	亩均纯利润（元）	亩均成本纯收益（元）
2004	731.80	1196.17	876.04	164.00	192.35	0.219568
2005	737.10	1163.13	944.69	158.12	62.92	0.066604
2006	767.00	1286.97	1001.48	168.07	145.81	0.145595
2007	792.00	1436.98	1026.19	181.75	248.22	0.241885
2008	797.00	1735.06	1208.53	217.85	346.28	0.28653
2009	792.00	1704.88	1235.67	215.50	274.80	0.222389
2010	784.94	1844.20	1368.73	235.51	277.30	0.202597
2011	755.31	2258.87	1613.46	300.65	435.38	0.269842
2012	802.80	2351.69	1953.54	293.52	176.09	0.090139
2013	809.02	2319.56	2111.65	287.18	-22.49	-0.01065
2014	819.38	2450.36	2157.08	299.38	59.15	0.027421
2015	814.18	2462.28	2241.42	302.69	-45.77	-0.02042

续表

年份	每亩主产品产量（公斤）	亩均主产品产值（元）	亩均生产成本（元）	每50公斤主产品平均出售价格（元）	亩均纯利润（元）	亩均成本纯收益（元）
2016	844.16	2454.89	2230.584	291.17	−55.7636	−0.025
2017	784.43	2434.65	2150.194	312.22	−48.6335	−0.02262
2018	821.31	2519.20	2147.49	308.26	28.67	0.01335

从图4-4可以看出，2004—2018年亩均纯利润的变化幅度非常大，2005—2008年亩均纯利润呈增加的趋势，从62.92元增加到346.28元，增加的幅度比较大。这是因为此期间广西政府出台了许多惠农政策，农民的生产积极性较高，粮食的收购价格也比较高。在2008—2009年亩均纯利润小幅减少，由于受自然灾害的影响粮食产量减小，亩均纯利润也受到了影响。2010—2011年亩均纯利润有所增加，从277.3元增加至435.38元，因为新型农业生产技术的投入，增加了单位亩产。2011年后亩均纯收益整体呈下降的趋势，甚至有负收益出现，因为随着经济的发展，城镇化水平越来越高，城乡收入差距不断拉大，大量农民因务农收益低于务工收入而选择进城务工，广西的耕地撂荒现象越来越普遍。

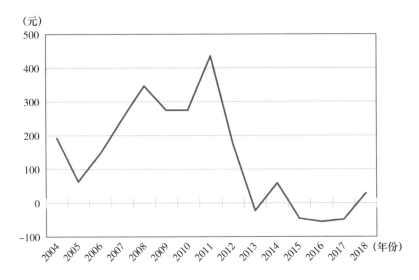

图4-4 广西耕地利用亩均纯利润

其次，在算出亩均纯利润后，通过公式：务农收益－务工收益＋务工成本算出农地边际化程度，如表4－6所示。

表4－6　　　　　　　　　　广西农地边际化程度

年份	农业从业人口（万人）	耕地面积（千公顷）	人均耕地面积（亩/人）	务工收益（元）	务工成本（元）	务农收益（元）	农地边际化程度
2004	751.28	4407.9	8.80078	5040	5287.31	1692.83	1940.14
2005	751.53	4407.9	8.797852	5040	6424.24	553.5609	1937.801
2006	752.215	4407.9	8.789841	6720	6791.94	1281.647	1353.587
2007	752.46	4214.7	8.401842	8160	8151.26	2085.505	2076.765
2008	767.295	4217.5	8.244873	8160	9627.4	2855.035	4322.435
2009	773.47	4431.8	8.594645	8160	10352.38	2361.808	4554.188
2010	778.45	4424.69	8.525962	10800	11490.08	2364.249	3054.329
2011	773.115	4421.53	8.578666	12600	12848.37	3734.979	3983.349
2012	782.1	4414.24	8.46613	14400	14243.98	1490.801	1334.781
2013	728	4419.45	9.10601	16200	14470	－204.794	－1934.79
2014	809.5	4410.33	8.172322	18000	15046	483.3929	－2470.61
2015	825.5	4402.27	7.999279	19600	16321	－366.127	－3645.13
2016	822	4395.13	8.02031	19600	17268	－447.241	－2779.24
2017	817.29	4387.46	8.052454	21120	18349	－391.619	－3162.62
2018	814.24	4379.79	8.068487	21120	19324	231.3235	－1564.68

从图4－5中可以看出，2004—2011年耕地边际化程度还是比较低的，这时期农村居民主要还是以务农为主，耕地撂荒的现象还不太明显。特别是2006—2009年，因为政府出台了一系列惠农政策和发放农业补贴，激发了农民种植粮食的积极性，大部分农民都乐于耕种，耕地的利用程度比较高。2011年后耕地边际化的程度越来越高，在2012年后甚至已经出现了负值。这是因为随着经济的发展，农业生产者发现务农的收益越来越低，已经不能满足相应的物质需求，转而选择进城打工，导致耕地抛荒的现象越来越严重。随着城市化进程加快，城市就业工资将会越来越高，这样可能导致越来越多的耕地被边际化，无论是正向边际化还是逆向边际化，都会对耕地的质量或数量造成影响。因此，如何避免农地

边际化行为的发生，对于提高耕地质量、保障中国粮食安全具有重要意义。

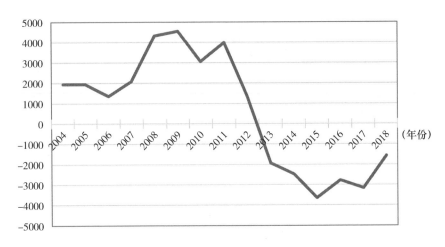

图 4 - 5　广西耕地边际化程度

四　广西农地边际化驱动因素分析

从广西省耕地面积变化情况的分析来看，近些年来耕地面积呈减少的趋势，影响耕地面积变化的因子有很多，既有自然因素，又有社会经济因素，这些因素之间相互影响和相互制约，很大程度上反映了人类活动与自然生态条件变化的综合影响，在不同的时期也各不相同，因此选择的因子既要全面又要准确。在综合考虑后本书以 2007—2018 年的数据为基础，选取 12 个相关指标：x1 地区生产总值（亿元）、x2 总人口（万人）、x3 第一产业比重（%）、x4 第二产业比重（%）、x5 第三产业比重（%）、x6 全社会固定资产投资（万元）、x7 工业总产值（万元）、x8 农业生产总值（亿元）、x9 粮食总产量（万吨）、x10 人均粮食产量（公斤）、x11 粮食单产（公斤/公顷）、x12 农作物播种面积（千公顷）。

（一）主成分分析

通过统计数据处理分析软件（Spass）对上述指标数据进行分析后得到表 4 - 7 相关性矩阵，该表反映了各个相关系数检验的显著性水平，值越大代表相关性越强。从相关性矩阵可以看出，本文选取的影响广西耕地面积变化的 12 个因子都有较大的相关性，说明这些因子相互之间相关性较强，相关系数最高为 1，可以用来分析它们对耕地变化产生的影响。

表4-7　　　　　　　　广西耕地变化驱动力变量相关系数矩阵1

		x1	x2	x3	x4	x5	x6	x7	x8	x9	x10	x11	x12
相关性	x1	1.000	0.980	-0.920	-0.186	-0.746	-0.989	0.997	0.996	-0.100	-0.880	0.718	0.781
	x2	0.980	1.000	-0.892	-0.242	-0.776	0.975	0.983	0.981	-0.088	-0.890	0.749	0.689
	x3	-0.920	-0.892	1.000	-0.140	-0.513	-0.901	-0.916	-0.897	-0.114	0.715	-0.664	-0.850
	x4	-0.186	-0.242	-0.140	1.000	-0.778	-0.235	-0.204	-0.242	0.393	0.357	-0.249	0.159
	x5	0.746	0.776	-0.513	-0.778	1.000	0.776	0.759	0.780	-0.264	-0.762	0.640	0.402
	x6	0.989	0.975	-0.901	-0.235	0.776	1.000	0.992	0.995	-0.162	-0.903	0.688	0.778
	x7	0.997	0.983	-0.916	-0.204	0.759	0.992	1.000	0.998	-0.108	-0.886	0.728	0.767
	x8	0.996	0.981	-0.897	-0.242	0.780	0.995	0.998	1.000	-0.148	-0.901	0.713	0.762
	x9	-0.100	-0.088	-0.114	0.393	-0.264	-0.162	-0.108	-0.148	1.000	0.532	0.465	0.088
	x10	-0.880	-0.890	0.715	0.357	-0.762	-0.903	-0.886	-0.901	0.532	1.000	-0.415	-0.551
	x11	0.718	0.749	-0.664	-0.249	0.640	0.688	0.728	0.713	0.465	-0.415	1.000	0.495
	x12	0.781	0.689	-0.850	0.159	0.402	0.778	0.767	0.762	0.088	-0.551	0.495	1.000

　　在主成分分析法中贡献率越大代表这个主成分所包含的原始变量信息越多，由表4-8可以知道，第一个公共因子的特征值是8.388，贡献率是69.896%，第二个公共因子的特征值是2.006，贡献率是16.715%，两个公共因子的累计贡献率达86.611%，也就是说，前两个公共因子包含了12个因子的86.611%信息，并且前两个主成分特征值都大于1，能充分代替12个指标。因此，只要提取前两个主成分就能代替原有的指标。

表4-8　　　　广西耕地变化驱动力变量相关系数矩阵2

主成分	特征值	贡献率（%）	累计贡献率（%）
1	8.388	69.896	69.896
2	2.006	16.715	86.611
3	1.208	10.063	96.675

主成分	特征值	贡献率（%）	累计贡献率（%）
4	0.295	2.462	99.137
5	0.061	0.512	99.649
6	0.02	0.165	99.815
7	0.013	0.111	99.925
8	0.008	0.063	99.988
9	0.001	0.011	99.999
10	0	0.001	100
11	8.99E-08	7.49E-07	100
12	8.88E-17	7.40E-16	100

从表4-9主成分载荷矩阵中可以看出，第一主成分和 x_1 地区生产总值、 x_2 总人口数、 x_6 全社会固定资产投资、 x_7 工业总产值、 x_8 农业生产总值有很大的相关性，相关系数都在0.9以上。这些因子都和社会经济有关，反映了社会的经济发展、人口增长、技术进步等方面。第二主成分与 x_4 第二产业比重、 x_9 粮食总产量、 x_{12} 农作物播种面积相关性较强，反映了产业结构变化以及农业生产方面。根据主成分载荷矩阵表可以得出耕地面积变化与 x_1、 x_2、 x_4、 x_6、 x_7、 x_8、 x_9、 x_{12} 相关性很强，总的来看可以将这些相关性较强的因子作一个分类，总的分为三大类经济增长、人口增长、农业生产，这三个方面就是影响广西耕地利用变化的主要因子。

表4-9 主成分载荷矩阵（广西）

变量	第一成分	第二成分
x_1	0.992	0.064
x_2	0.984	0.019
x_3	-0.897	-0.377
x_4	-0.275	0.804
x_5	0.808	-0.455
x_6	0.994	0.001
x_7	0.995	0.049

变量	第一成分	第二成分
x8	0.997	0.002
x9	− 0.120	0.808
x10	− 0.889	0.336
x11	0.737	0.287
x12	0.763	0.394

（二）农地边际化驱动因素分析

1. 经济增长的驱动

由图 4 – 6 可知，广西省地区生产总值由 2007 年的 5835.33 亿元增长至 2018 年的 20352.51 亿元，12 年的涨幅为 248.8%，经济增速非常迅猛，全社会固定资产投资由 2007 年的 2970.08 亿元增长至 2018 年的 22761.44 亿元，增长量也非常高，反观耕地面积 2009—2018 年减少了 165.09 千公顷，2008—2009 年广西省政府出台了很多耕地保护的政策，加大基本农田的保护力度，对全区建设项目占用耕地实行先补后占，使耕地面积在这一时期有所增加，使 2009 年耕地的面积达到了 4431.8 千公顷，为近 12 年来的最高值。

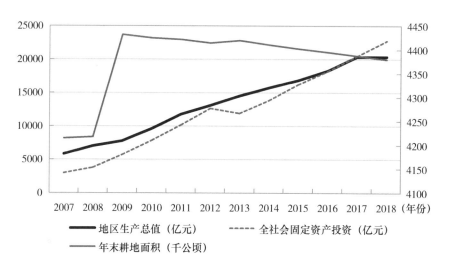

图 4 – 6　广西省耕地面积、地区生产总值、全社会固定资产投资变化情况

在这之后，耕地面积便是一直下降的态势，足以见得经济增长对耕地利用变化的影响非常显著，随着经济的快速增长，城镇化和工业化的进程也在不断加快，这就需要大量的土地来满足建设需求，耕地被占用为建设用地的情况也越来越普遍。随着人们对物质文化需求和生活水平的要求越来越高，很多耕地也被用于房屋和基础设施建设。

2. 人口增长的驱动

人口增长是影响耕地面积变化的主要因素之一。由图 4 - 7 可以看出，广西总人口从 2007 年的 5002 万人增长至 2018 年的 5659 万人，增长了 657 万人，增长速度非常快。除 2008 年广西省政府采取了相应的耕地保护政策使耕地面积在 2008—2009 年有所增长外，2009—2018 年都处于下降的趋势。而人口在此期间处于稳步增长的趋势，由 2009 年的 5092 万人增长至 2018 年的 5659 万人。整体来看耕地面积是随着人口的增长而不断减少的，一方面，是因为人口的增长需要大量的土地来承载，很多耕地被占用于建设居住的房屋，其中不乏优质的耕地。另一方面，城市化水平的不断提高使大量农村居民转为城镇居民，农村劳动力锐减，导致一些耕地就此被搁置。另外，由于耕地边际效益的存在，很多农民觉得外出务工的收益要高于耕地的产出，因此选择外出打工，导致很多耕地荒废。

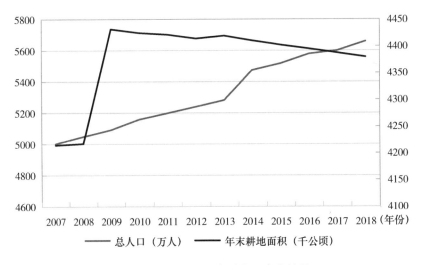

图 4 - 7　耕地面积与总人口变化情况

3. 农业技术进步与农业产业结构调整的驱动

由图4–8可以看出，2008—2009年粮食总产量增速很快，由2008年的1394.7万吨增长至2009年的1463.2万吨。这是因为这一年在"基本农田保护""耕地占补平衡"等耕地保护政策下，耕地面积有所增长带动了粮食产量的增长。而2010—2014年耕地面积虽然是减少的，但粮食产量是增加的，从2010年的1374.08万吨增长至2014年的1452.63万吨。在此期间，广西增加了农业投入，同时新的种植技术、现代农业器具、农田水利设施建设、水肥一体化技术使粮食单产不断增加，从2010年的4575公斤/公顷增长至2014年的4895公斤/公顷。虽然2010—2014年耕地面积在减少，但粮食总产量在增加，这实际上缓解了因耕地面积减少而带来的粮食安全问题。然而，2014年以后粮食总产量总体处于下降的趋势，主要是受农业产业结构调整的影响。随着经济发展水平、农业生产技术不断提高，粮食安全已经有了基本的保障，人们不再满足于解决温饱问题，对农产品的品质、种类有了更高的追求。很多农户不再种植单一的粮食作物，转向种植鲜花、水果等产出效益高的经济作物，农业生产多元化的趋势越来越明显，农业经营方式也变得多样化，导致这些特色农业占用了一部分耕地。

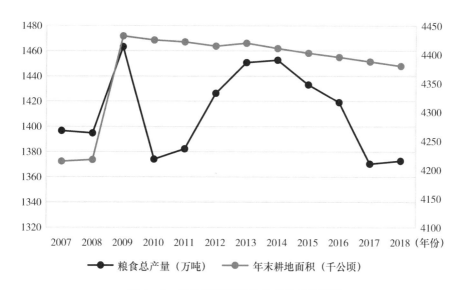

图4–8　耕地面积和粮食总产量变化情况

五　广西农地边际化治理措施

（一）加强丘陵山区水土流失防治，保护生态环境

水土流失严重是广西农地利用过程中面临的困难之一。由于地形陡，雨量大且降雨集中等自然因素，加上植被破坏，陡坡开荒，工程建设等人为因素的综合影响，广西常年水土流失严重，导致一些坡耕地的土壤质量下降，土壤肥力不足，耕地生产能力不断边际化。因此，加强水土流失防治对于缓解广西的农地边际化问题十分有必要。防治水土流失，第一，要加强水土流失预防保护和监督管理。第二，要发挥光、热、水等自然资源优势，不断推进水土保持生态修复建设。第三，要科学规划，逐步实施以小流域综合治理为主，突出坡耕地整治、崩岗治理及城市水土流失治理的水土流失治理体系。第四，要完善水土保持监测体系，促进水土保持科技进步以提高水土流失治理效果。

（二）综合整治丘陵山区土地，建设高标准农田

广西属于西部经济欠发达地区，农业和农村经济相对沿海地区较薄弱，地方上对农业基础设施建设的投入不足。[1] 同时，由于不同资金来源的高标准农田建设由各部门分头组织实施，缺乏项目资金安排上的衔接、整合，资金使用分散，农田建设标准参差不齐。而全面提高耕地质量、缓解耕地边际化的有效办法之一是开展土地整理，建设标准化农田。因此，当地农业部门应该加大资金投入力度，建设排灌分家、旱涝保收、便于机械化作业的高标准农田。[2] 同时，地方财政要加大投入，加速土壤培肥和改良，以便提高耕地产出能力，促进农业持续发展。

（三）严守丘陵山区耕地红线，维持耕地总量动态平衡

最近几年，广西的水域、城镇用地、农村居民点、其他建设用地、草地面积均呈增长趋势，尤其是受基础设施建设战略、城市发展战略影

---

① 罗崇连、何毅峰、尹秋月：《广西耕地质量建设探讨》，《农业网络信息》2015 年第1 期。

② 黄煌：《汨罗市耕地数量和质量的时空变化及驱动力分析》，硕士学位论文，湖南农业大学，2019 年。

响，以交通道路为主的其他建设用地和城镇建设用地面积呈大幅度增长态势，而耕地面积却持续减少。因此，在未来的土地利用过程中，广西应进一步贯彻落实耕地保护政策，严守耕地红线，严禁违规占用耕地从事非农建设，严格把控农用地转用的申请条件。同时，持续加大城市建设占用耕地的查处监管力度，尤其是南宁市、桂林市、柳州市、"钦北防"沿海城市等重点区域，警惕农村居民点占用耕地。另外，严禁占用耕地进行经济林建设，将随意占用耕地种植草皮、苗木、速生桉等经济林木的行为，纳入全区土地例行督察内容，确保占用耕地种植经济林木的现象不增加，并逐步引导清退。

第三节　高原山地地区农地边际化研究
（以贵州为例）

贵州位于云贵高原，地势西高东低。境内山脉众多，92.5%的面积为高原山地和丘陵，其中喀斯特地貌分布广泛，占全省国土总面积的61.9%。贵州盛行亚热带温湿季风气候，冬无严寒、夏无酷暑，但受大气环流及地形等影响，气候极其不稳定，且灾害性天气种类较多，尤其是干旱、秋风、凌冻、冰雹等灾害的频度较大。由于贵州省的大部分农业用地都位于喀斯特高原地势，处于纵、横断裂的坡面上，大量农用地细碎化严重且土壤质量差，再加上气候因素年际不稳定，导致耕地利用成本升高，耕地废弃现象突出。近10年来，贵州省大量农民弃农进城，农地边际化现象严重，给贵州省的粮食供应带来了较大的冲击。本节将从农地边际化的现状、农地边际化情况诊断、农地边际化驱动因素以及治理措施等方面对贵州的农地边际化进行研究。

一　贵州区域概况

贵州省地处中国西南腹地，是西南交通枢纽。全省总面积为176167平方千米，主要有高原、山地、丘陵和盆地四种基本类型，其中山地占总面积的61.7%，丘陵占总面积的31.1%，山间平坝区仅占总面积的7.5%，素有"八山一水一分田"之说。域内河流数量较多，山区性特征明显，水能资源蕴藏量大，同时矿产资源也十分丰富，尤其是煤炭资源。由于受大气环流和地形的影响，干旱、秋风、凌冻、冰雹等灾害性天气频繁。

经济建设方面，全省 2020 年地区生产总值为 17826.56 亿元，比上年增长 4.5%，三次产业占比为 14.2：34.8：50.9。其中，农林牧渔业总产值 4358.62 亿元，比上年增长 6.5%；工业和建筑业全年全省规模以上工业增加值比上年增长 5.0%。农业生产方面，全省粮食种植面积 4131.20 万亩，比上年增长 1.7%；粮食总产量 1057.63 万吨，比上年增长 0.6%。社会就业方面，2020 年常住人口 3856.21 万人，新增就业 61.64 万人，比上年下降 21.5%；其中失业人员再就业 14.37 万人，就业困难人员实现就业 7.59 万人。社会保障方面，全省居民人均可支配收入 21795 元，比上年增长 6.9%；其中城镇居民人均可支配收入 36096 元，增长 4.9%，农村居民人均可支配收入 11642 元，增长 8.2%。

二 贵州农地利用现状

贵州的高原山地居多，土层厚、肥力高、水利条件好的耕地所占比重低，因此，可用于农业开发的土地资源不多。根据贵州省 2009—2018 年土地利用调查数据，贵州省耕地资源 2009 年年末由 456.25 万公顷到 2018 年年末 451.67 万公顷，10 年净减少了 4.58 万公顷。从图 4-9 中可以看出 2009—2010 年贵州省耕地面积呈上升趋势，但2010 年以来都趋于下降减少之势。因 2008—2009 年贵州省耕地变化数据存在明显跳跃现象，本文不予其数据进行研究。但为使贵州省耕地变化情况得到完整体现，经查阅文献所知，在 2010 年前曾出现多年耕地数量上涨的情况，其原因是因贵州省实施了一系列耕地修复及增幅政策，如通过土地整理和土地开发来增加耕地面积。2008 年贵州省全境许多地方相继实施了高标准的基本农田建设项目，计划平整耕地中田土坎地和裸露的石砾地和开发荒地和林地、草地等以增加耕地。一方面，通过剥离利用耕地图层和土地整理，实施耕地质量改良和改造，从而增加耕地面积。另一方面，通过开垦来增加耕地面积，全省许多地区在废弃的工矿用地和损毁的农田，增加部分耕地进行复垦。另外，还通过对移民安置和整理，在原居民处开发出耕地，并将破碎分离的耕地集约利用，从而增加部分耕地。此阶段贵州省耕地得到恢复且增加了土地面积。

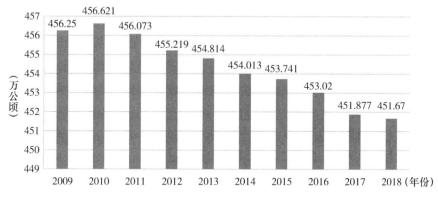

图 4 - 9　贵州省耕地面积

2009 年以来，贵州省城市化进程加快。尽管历年耕地整治项目仍在实施，但耕地被占用的消耗速度快于耕地恢复速度，同时还存在耕地转型现象，从而使贵州省耕地面积持续下降。在过去的九年中，贵州省耕地面积总共减少了 49510 公顷，主要有三个原因。一是建设占用土地减少耕地。由于经济的快速发展，基础设施建设和城市建设力度的加大，新农村建设的耕地面积和小城镇建设的工业用地面积有所减少。二是为加强生态管理，维护生态平衡，贵州省逐步实施了一批退耕还林还草工程，进而减少了耕地面积。三是农业产业结构调整减少可耕地。一些地方发展水果、茶叶、经济林、花卉等农业产业，将其调整为其他类型的工业用地，导致耕地面积减少。

贵州省人均耕地面积（见图 4 - 10）呈现同总耕地面积相似的变化趋势，2009—2010 年人均耕地面积增长了 1.99%，2010—2018 年人均耕地面积下降了 4.79%，10 年间人均耕地面积共下降了 2.81%。贵州省人均耕地面积变化主要受耕地总面积和人口增长的影响，人地比例逐渐增大，人地平衡问题随之突出。

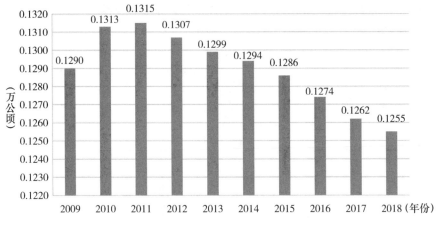

图 4 – 10 贵州省人均耕地面积

三 贵州农地边际化诊断

从表 4 – 10、图 4 – 11 可以看出，贵州省农地利用边际化自 2006 年以后逐渐显著，农民务工工资随着时间的增长与农地纯收益的差值也越来越大，至 2018 年贵州省农地纯收益只达到了农民务工工资的 1/2。

表 4 – 10 　　　　　　　　　　贵州省农地边际化诊断结果

年份	年均总收益（元）	年均工资性纯收入（元/人）	R（差值）
2004	2673.77	1954.49	719.28
2005	2818.61	2144.74	673.87
2006	3315.17	3185.27	129.90
2007	3739.11	3794.80	− 55.69
2008	3851.01	4692.80	− 841.79
2009	4550.87	4824.70	− 273.83
2010	5919.86	6029.20	− 109.34
2011	6029.37	8510.00	− 2480.63
2012	7617.93	9995.90	− 2377.97
2013	7600.94	9330.50	− 1729.56
2014	8686.42	10752.90	− 2066.48
2015	9024.67	12784.00	− 3759.33
2016	9954.70	13832.40	− 3877.70

续表

年份	年均总收益（元）	年均工资性纯收入（元/人）	R（差值）
2017	10251.99	16123.20	-5871.21
2018	10147.84	20145.40	-9997.56

2004—2007 年，农地纯收益高于农民务工工资，农地的农作生产价值高于农民从事其他行业所带来的收益，这一时期贵州省的农村土地得到充分利用，粮食供给得到保障，弃耕撂荒现象很少。而 2008 年以后，由于社会经济快速发展，加之贵州省土壤肥力不足，耕地破碎化严重，耕地利用成本高，这一时期耕地废弃现象突出。在此阶段，农业连年丰收，农产品普遍供大于求，粮价大幅度下降，从而使得广大农村地区，特别是粮食主产区，出现了严重的产量上升但收入不增反减现象。当大量农民弃农进城时，贵州省出现了大范围的弃田现象，且逐年严重，由此演变成新时期贵州省近 10 年来最严重的撂荒现象。

如图 4-11 所示，2007 年以前是贵州省农地边际化的初始阶段。由于农地生态环境的恶化，加上劳动力和农业投入成本的增加，使得贵州省农地经济生产能力下降，农地单位面积净收入开始逐年减少，但始终大于零。在这个阶段，贵州省农业总收入也逐年减少。并且随着社会经济的衰退，其他劳动收入也并不理想，再加上消费水平的提高，农地预期重置成本也处于较低或低迷状态。当农地预期机会成本大于农地生产净收益的现象开始出现时，贵州省农用地的边际化便开始出现，这也是农用地弃耕或转型的开始。

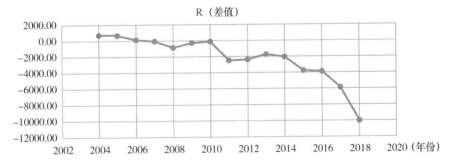

图 4-11　贵州省农地边际化诊断结果趋势

2007—2014 年是贵州省农地边际化的中期阶段。农村农户除了经营农地和享受农业补贴外，没有其他的就业来源，农户此时只能计算生产资料成本，但不计算农户自己的劳动力成本的收益，才能获得一定的总量收入。随着贵州省经济的发展，社会提供的就业机会开始增多，除了农业外，农户看到了其他获取经济收益的就业方式，于是农村劳动力开始不断向其他产业部门转移。在此阶段，农户的发展目标已经从追求总收入最大化转变为追求纯收入最大化。众多农户产生了外出务工想法，使得家中农地无人耕作，外出务工数量占户籍常用人口逐年增多，而贵州省耕地撂荒现象也逐年严重，在此阶段农地开始向中期边际化发展。

2014 年以后是贵州省农地边际化的严重阶段。此阶段，农地处于完全边际化状态，不被农业生产所重视。比如，为了寻求经济效益最大化，贵州省的大量耕地被转移到其他利用类型上。同时，一些生态环境恶劣和土质较差的农地将半闲置或完全撂荒。

四 贵州农地边际化驱动因素分析

（一）主成分分析

本书以贵州 2009—2018 年的变量数据为基础，通过 Spass 软件对贵州农地利用驱动因素做主成分分析，其中选取了 12 个指标，涵盖人口、城市化、农业水平、经济发展等多个方面。即：X1 GDP（亿元）、X2 固定资产投资额（万元）、X3 第二产业增加值（亿元）、X4 第三产业增加值（亿元）、X5 农林牧渔业总产值（万元）、X6 农民人均可支配收入（元）、X7 常住人口（万人）、X8 人口城镇化率（%）、X9 房屋建筑施工面积（万平方米）、X10 货运量（万吨）、X11 客运量（万人次）、X12 耕地化肥施用量（万吨）。

数据处理分析得到贵州耕地变化驱动力变量的相关系数矩阵（见表 4 - 11）。

表 4 - 11　　　　贵州耕地变化驱动力变量的相关系数矩阵

指标	X1	X2	X3	X4	X5	X6	X7	X8	X9	X10	X11	X12
X1	1.000											

指标	X1	X2	X3	X4	X5	X6	X7	X8	X9	X10	X11	X12
X2	0.996	1.000										
X3	0.991	0.860	1.000									
X4	0.998	0.995	0.994	1.000								
X5	0.990	0.992	0.986	0.983	1.000							
X6	0.997	0.993	0.997	0.992	0.993	1.000						
X7	0.813	0.851	0.795	0.811	0.839	0.803	1.000					
X8	0.990	0.981	0.990	0.986	0.981	0.991	0.738	1.000				
X9	0.611	0.612	0.598	0.602	0.651	0.613	0.409	0.654	1.000			
X10	0.968	0.952	0.980	0.958	0.953	0.976	0.733	0.965	0.507	1.000		
X11	0.756	0.842	0.800	0.845	0.646	0.824	0.785	-0.465	0.562	-0.842	1.000	
X12	0.735	0.698	0.748	0.728	0.720	0.759	0.356	0.763	0.551	0.803	-0.065	1.000

X1、X2、X3、X4、X5、X6、X8 这 7 组变量相互间的相关系数均超过 0.90，表明这 7 组变量之间具有极强的正相关关系；反映出城市经济的发展与工业、房地产业、居民收入等息息相关。

主成分特征值及贡献率的结果如表 4-12 所示，取主成分特征值大于 1，且其累计贡献率 91.964 的 2 个主成分，完全符合主成分分析的要求。其中主成分载荷是主成分与原始变量间的相关系数。

表 4-12　　　　　　　特征值和主成分贡献率（贵州）

主成分	特征值	贡献率	累计贡献率
1	9.608	80.064	80.064
2	1.428	11.9	91.964
3	0.59	4.919	96.884
4	0.23	1.918	98.802
5	0.123	1.026	99.828
6	0.015	0.121	99.95
7	0.004	0.035	99.985
8	0.002	0.013	99.998

主成分	特征值	贡献率	累计贡献率
9	0	0.002	100
10	1.89E – 16	1.58E – 15	100
11	– 3.95E – 18	– 3.29E – 17	100
12	– 2.20E – 16	– 1.83E – 15	100

根据主成分载荷矩阵对以上 12 个驱动要素进行分析整理，可把影响贵州省耕地面积变化驱动因素归纳为经济发展因素、人口因素、农业科技水平、交通通达度 4 个方面（见表 4 – 13）。

表 4 – 13   2 个主成分载荷矩阵（贵州）

	成分 1	成分 2
农民人均可支配收入（元）	0.998	– 0.008
GDP（亿元）	0.996	– 0.002
第二产业增加值（亿元）	0.995	– 0.012
农林牧渔业总产值（万元）	0.995	– 0.017
固定资产投资额（万元）	0.993	– 0.029
第三产业增加值（亿元）	0.991	0.012
人口城镇化率（%）	0.988	0.071
货运量（万吨）	0.972	0.887
常住人口（万人）	0.815	– 0.329
耕地化肥施用量（万吨）	0.762	0.922
客运量（万人次）	– 0.316	0.901
房屋建筑施工面积（万平方米）	0.634	0.643

（二）农地边际化驱动因素分析

1. 经济增长的驱动

在主成分分析中，GDP、第二产业增加值、固定资产投资额、第三产业增加值是构成第一成分的重要因子，反映出经济发展因素对农地面积变化影响巨大。① GDP 由 2009 年的 3913.27 亿元增加到 2018 年的 14806.5 亿元。其中，固定资产投资额平均年递增 19.18%，第二产业总产值平均年递增 12.16%，第三产业总产值平均年递增 15.28%，而房屋建筑面积则由 2009 年的 12175.98 万平方米增加到 2018 年的 16660.9 万平方米，10 年内增加 4484.92 万平方米。GDP、全社会固定资产投资、第二三产业和房屋建筑面积的快速增加，标志着贵州省经济实力的快速增长和城市化水平的逐步提高。另外，随着贵州省提出"工业强省战略"，工业园区、技术开发区等建设用地需求也越来越大，这导致耕地进一步减少。

2. 人口增长的驱动

人口城市化率和常住人口也对农地利用变化产生重要影响。十年间，贵州省人口城市化率年均为 41.58%，意味着全省城市空间在不断地扩展、城市人口不断增加。2009—2018 年，贵州省人口自然增长率提高了 1.28 个百分点，城市化率水平提高了 37.05 个百分点，说明不仅人口增长的速度在加快，全省总人口也在持续增加。随着人口增加，人们对生产、生活居住及娱乐的场地需求也会增加，一方面推动着城市建设用地增加，另一方面必然会占用一定数量的耕地。但是从粮食需求角度而言，随着人口增加，人们对粮食的需求量增加，也应该推动粮食播种面积的增加或者粮食产量的提升，而人口数量与耕地资源的冲突如何协调则是一个难点。

3. 交通通达度的驱动

客运量和货运量是构成第二主成分的主导因子，说明交通发展对农地利用变化有较大的影响。一方面，交通布局影响农村产业发展；另一方面，交通通达度影响农村经济结构的调整和规模。由于贵州喀斯特地貌分布广泛，地质条件对建筑、道路的建设要求较高，给公路、铁路等交通运输带来了许多不便的影响，因此交通瓶颈成为长期困扰贵州广大农村地区群众出行、"黔货出山"的痛点和难点问题。如果货运量和客运量得不到很大的提升，那么农民产出的农作物流通就会遇到阻

---

① 李博、何腾兵、陶福然：《贵州省耕地面积的时空变化及驱动力分析》，《贵州农业科学》2013 年第 41 卷第 3 期。

碍，从而影响农民收入的保障问题。所以，在贵州省距离城镇较偏远的农村地区，由于公路运输不通畅，一些区位条件不好的耕地被农民撂荒。

五　贵州农地边际化治理措施

由于贵州喀斯特山区侵蚀切割强烈，水土流失严重，在农地利用过程中缺土、缺肥、缺水等问题成为农地边际化的影响因素。[①] 为此，本书针对贵州的农地边际化特点提出一些治理措施。

（一）综合整治高原山区坡耕地

贵州省基本农田较少，由于地貌条件的制约，山区的耕地特别是旱耕地多是15°以上的坡地，＞25°的坡耕地占了相当大的比例，而坡耕地的开垦对贵州的生态环境建设，特别是水土流失造成了极大的危害。据统计，贵州省的九个地、州、市均有不同等级的坡耕地分布，且不论是≤2°的平坦耕地，还是≥35°的极陡坡耕地在全省各地都有广泛分布，但坡度主要集中在6°—25°。为了更好地缓解水土流失问题，应该针对坡度的差异性对坡耕地进行分区治理。首先，≤6°坡度级的耕地一般所处地势低平，土层深厚，水田比重高，交通便利，这部分耕地利用重点主要是加强保护，严格把好建设用地审批关。其次，6°—15°的耕地是贵州耕地的主体部分，承担农业生产的主要任务。在利用上，要加强农田基础建设，改善灌溉条件，对水田提高保灌率。同时要加强土壤培肥和水源管理，在条件允许的地方进行坡改梯工作。再次，15°—25°的耕地旱化率高，梯化率低，生产潜力大，这部分耕地的利用和整治以中低产田土整理为重点，可以采用生物措施和工程措施。最后，至于≥25°的陡坡耕地则有必要还林、还草。

（二）坚守低缓地区的耕地保护红线

坚守耕地保护红线是解决城镇化发展与耕地保护矛盾，缓解城市发展与粮食安全问题的重要措施。贵州省矿产资源丰富，在开采各类矿产时，容易侵占良田，破坏耕地质量。因此需要建立耕地保护预警系统，

---

① 林昌虎、解德蕴、涂成龙、张西蒙、何腾兵、张鹤林、季诗、何凡锋：《贵州山区坡耕地综合利用与整治》，《水土保持研究》2004年第3期。

确定贵州省耕地保护红线。同时，建立耕地检测保护系统，随时检测耕地数量。平衡城镇化发展和耕地保护时，耕地的集约化程度和耕地质量是重中之重。由于贵州省土壤质量原本较差，土层低、水利条件好的耕地所占比重不高，所以需要通过合理轮作、种草肥田、调整农、林、牧用地的比例等措施以进一步提高贵州省耕地质量。① 另外，耕地保护政策需要宣传，提高耕地质量的技术需要推广。贵州省是一个多民族聚居的省份，各民族的耕地保护意识不尽相同，因此，需要提高农民主体的耕地保护意识，提高农民的参与度。

（三）分区治理高原山区细碎化耕地

贵州山区的耕地细碎化程度具有区域差异性，在进行国土整治规划和土地资源综合治理时应基于不同地貌类型区耕地资源的禀赋特点开展工作。比如，针对坝区的细碎化耕地治理应以工程措施为主，积极推进高标准基本农田示范项目区的建设，加强耕地的细碎化治理、宜机化改造，充分发挥农业机械的作用，大力促进农业适度规模化经营，提高农业劳动生产率。② 针对丘陵区，应综合运用土地整治、农业结构调整等工程措施和产业发展政策措施治理细碎化，促进农业适度规模化经营。而针对山地区的细碎化耕地治理应以调整农业结构等非工程措施为主，发展经、果、林等山地特色高效农业，提高细碎化耕地土地集约度和开发利用水平。农地边际化治理是一项长期而复杂的工作，需要认识到耕地细碎化空间分异规律，结合不同地貌类型的耕地特征，构建土地整治引导分区体系。

---

① 周坚：《城镇化发展背景下贵州耕地保护效应评价》，《中国农业资源与区划》2019 年第 40 卷第 2 期。

② 任红玉、赵宇鸾、葛玉娟：《喀斯特山区耕地细碎化与地貌类型的空间关联性——以贵州修文县为例》，《贵州师范大学学报》（自然科学版）2020 年第 38 卷第 4 期。

第 五 章

干旱缺水地区农地边际化研究

干旱区具有降水量少、多风沙、日照强等自然地理特征，使得该区域的农地边际化问题具有特殊性。我国干旱地区约占陆地面积的30%，面临着严重的沙漠化问题，特别是我国北方干旱—半干旱地区，由于气候变化、环境演变和人为破坏，大量耕地出现了沙漠化的现象。同时，由于常年降水较少，水分不足成为了限制农业生产的主要因素。但如果能够保证粮食作物生长所必要的水分，那么丰富的日照时长和充足的热量保障，也可能让干旱地区成为粮食高产区。

目前，我国粮食生产仍面临着农业气象年景中等偏差、南涝北旱，粮食生产成本上升，农民种粮比较效益下降等诸多问题。最近十几年，在全国耕地面积持续减少的背景下，西北干旱区的耕地面积下降速率明显小于其他地区。这一逆向变化不仅改变了中国的耕地分布格局，同时也加剧了西北干旱区的水资源冲突和荒漠化进程。因此，如何抑制因经济发展和人口增长引起的非农业用地侵占有限耕地以及如何合理利用和保护好有限的耕地资源，成为当地经济和环境可持续发展的重要前提。

本章将选取甘肃和内蒙古作为典型研究区域开展农地利用变化研究，尤其是将深入分析干旱地区农地边际化的内在规律及时空分布特征。

Marginalization of agricultural land in drought and water shortage areas is special because of its physical geographic characteristics such as less precipitation, more sandstorms, strong sunlight, etc. Drought and water shortage areas account for about 30% of China's land, and serious desertificationis very common in these areas. Due to climate change, environmental evolution and human destruction, many agricultural lands in these arid and water shortage areas are facing serious desertification problems, especially in the arid and semi-arid zones in northern China. In addition, water has also become a limiting factor for agricultural production in arid and semi-arid areas as a result of reduced precipitation. The areas have abundant sunshine and sufficient heat, so it is possible for arid and semi-arid regions to become high-yield grain regions if the water necessary for grain growth is sufficient.

At present, China's grain production is still facing with many problems, such as medium or poor agrometeorological years, waterlogging in the south and drought in the north, rising grain production costs and the decline in the comparative efficiency of farmers' grain cultivation. China's agricultural land area has been decreasing continuously in the past decade, while the decline rate of the agricultural land area in the northwest arid region is significantly lower than that in other regions. This phenomenon not only changed the distribution pattern of agricultural land in China, but also exacerbated the conflict of water resources and the process of desertification in the arid region of Northwest China. Therefore, the important prerequisites for the sustainable development of the local economy and environment include how to restrain non-agricultural land from encroaching on a limited area of farmland due to economic development and rapid population growth, and how to rationally utilize and protect limited agricultural land resources.

This chapter will select Gansu Province and Inner Mongolia Province as typical study areas to carry out the study of agricultural land use change and particularly analyze the inherent laws and spatiotemporal distribution characteristics of agricultural land marginalization in arid areas.

第一节　中国干旱地区农地利用变化现状

近年来，中国干旱地区农地利用发生显著变化。由于全球气候不断上升，干旱地区出现了气温日益升高、地面蒸发加剧、降水波动较大、土壤干旱化严重等现象。① 这导致干旱地区的气候条件逐渐变得恶劣，土地的粮食生产能力也不断下降。然而，为了提高土地的粮食产量，大量农药、化肥的被投入使用，加重了干旱地区的土壤污染。这一方面，对该地区的农业可持续发展产生了越发不利的影响；另一方面，也给干旱地区带来了更大的生态环境压力。干旱地区生态环境十分脆弱，土壤普遍缺磷且水土流失严重，导致粮食产量较低。②

同时，干旱地区的城镇与绿洲耕地也发生了剧烈变化，尤其是城镇建设用地扩张对干旱区有限耕地资源的影响非常严重。③ 随着国家"一带一路"建设，干旱地区作为"一带一路"必经之地，绿洲城镇成为重点发展地区，人口随之增长，尤其是非农人口，城镇化速度也不断加快。除了满足人的食物需求之外，还不能超过土地的容量，而且要满足衣、食、住、行等基本需求，这样就导致了更多的耕地转为住宅用地和交通用地等，继而对耕地产生巨大的压力。并且，由于"一带一路"引进的企业数量不断增加，城市扩建迅猛，导致干旱地区耕地总量不断下降。

干旱地区通常是旱作农田和零星碎块草场交错分布，土层厚度与盐渍化程度差异较大，开发耕种较为复杂。干旱区地下水资源非常短缺、水质差，地下水资源无法被利用，对于含有一定盐分、地下水埋藏较深、土质偏沙、土壤底层多有沙砾层、地下水排泄条件较好的区域，在开发

---

① 胡慧中：《西北干旱地区农业观光园景观规划研究》，硕士学位论文，西北农林科技大学，2020 年。

② 张婧、杨鹤：《宁夏中部干旱地区土地资源利用与开发》，《宁夏农林科技》2020 年第61 卷第 6 期。

③ 孙钦珂：《河西走廊城镇扩张对耕地空间的影响及模拟》，硕士学位论文，兰州交通大学，2020 年。

初期灌水后，部分土壤可能会出现有短期返盐现象；但随着持续灌水，会使地表返盐现象逐渐减轻直至消失，不会形成土壤次生盐渍化的危害。在有条件的地区，农业生产方式由"坐水种"转变为水肥一体化节水灌溉农业，避免采用大水漫灌，造成局部低洼地的地下水位上升或高地侧渗水，明显影响低洼地。如果合理灌水，则可以防止土壤向次生盐渍化发展。

第二节　甘肃省农地边际化研究

甘肃省位于中国西北内陆中腹地带，属于干旱半干旱地区。同时，甘肃处于黄土高原、青藏高原和内蒙古高原三大高原的交汇处，山脉众多，地形复杂，包含高山、盆地、平川、沙漠和戈壁等类型，但以山地高原为主。由于甘肃省地域狭长，高低悬殊，气候差异十分明显，从南向北包括亚热带季风气候、温带季风气候、温带大陆性干旱气候和高原山地气候。[①] 再加上甘肃深居内陆，光照充足，因此许多地区存在干旱的问题。近年来，人口大量涌入城市，使得城市边界不断向外扩张，人口的增加要求城市的居住环境、公园绿地等第二、第三产业同步发展，进一步导致城市因用地供需不足而转向占用耕地，甘肃省的耕地非农化、耕地边际化、耕地撂荒等现象愈演愈烈。本节将从农地边际化现状、农地边际化情况诊断、农地边际化驱动因素以及治理措施等方面对甘肃省的农地边际化进行研究。

一　甘肃省区域概况

甘肃省位于中国西北地区，总面积42.58万平方千米，常住人口约2648万人。由于甘肃处于黄土高原、青藏高原和内蒙古高原三大高原的交汇地带，地貌复杂多样，涵盖山地、高原、平川、河谷、沙漠、戈壁等类型，地势自西南向东北倾斜。大部分地区气候干燥，干旱、半干旱

---

① 黄大成：《中国区域绿色经济发展效率评价及其影响因素与资源配置研究》，博士学位论文，中国科学技术大学，2019年。

区占总面积的 75%，主要气象灾害有干旱、冰雹、大风、沙尘暴和霜冻等。另外，甘肃的自然资源十分丰富，尤其是森林资源、矿产资源、风能资源和太阳能资源。

经济发展方面，甘肃省 2019 年地区生产总值 8718.3 亿元，比上年增长 6.2%，人均地区生产总值 32995 元，比上年增长 5.7%，固定资产投资比上年增长 6.6%，三次产业结构比为 12.05：32.83：55.12。农业生产方面，甘肃省 2019 年粮食种植面积 258.1 万公顷，比上年减少 6.4 万公顷，而蔬菜和中药材的种植面积则各增加了 2.9 万公顷和 3.7 万公顷；粮食产量 1163 万吨，相比上一年增产 1.0%。

二 甘肃省农地利用现状

（一）耕地资源基本情况

甘肃土地资源丰富，根据甘肃省 2017 年度土地变更调查显示，2017 年全省土地总面积 4258.89 万公顷。全省主要地类及面积构成情况为耕地 537.67 万公顷（8065.05 万亩），占 12.63%，园地 25.59 万公顷（383.85 万亩），占 0.60%，林地 609.61 万公顷（9144.15 万亩），占 14.31%，草地 1417.70 万公顷（21265.50 万亩），占 33.29%，城镇村及工矿用地 79.41 万公顷（1191.15 万亩），占 1.86%，交通运输用地 26.83 万公顷（402.45 万亩），占 0.63%，水域及水利设施用地 74.77 万公顷（1121.55 万亩），占 1.76%，其他土地 1484.31 万公顷（22309.65 万亩），占 34.92%。[①] 区域内自然条件复杂多样，其他土地和草地面积占到总面积的 68.21%，耕地面积只占总面积的 12.63%[②]（见图 5-1）。

甘肃省人口数量从 2010 年至 2017 年，一直处于稳定增长的状态，而人均耕地面积则从 2010 年到 2011 年处于上升状态，而从 2012 年到 2017 年开始逐年减少。2010—2017 年人口数从 2559.98 万人增长到 2625.71

---

① 王琦：《农村土地流转对劳动力转移的影响研究》，硕士学位论文，陕西师范大学，2019 年。
② 党国锋、尚雯、洪媛：《甘肃省耕地数量变化特征及其对粮食安全的影响》，《干旱区资源与环境》2010 年第 24 卷第 2 期。

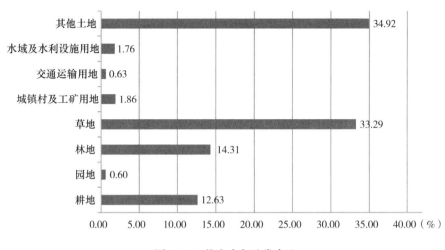

图 5 - 1 甘肃省各地类占比

万人，共增长 65.73 万人，年均增长 9.39 万人。而人均耕地面积从 2010年的 1364.78 公顷/万人减少到 2017 年的 1355.85 公顷/万人，共减少了8.93 公顷/万人，年均减少 1.27 万人/公顷。从上述数据不难看出，人口的增长给耕地保护带来巨大的压力，而人均耕地面积的持续减少，也说明随着人口的增长，社会整体对生存发展的需求不断提高，这就导致社会发展用地的需求与耕地的保护之间的冲突加剧，这对维持当地耕地数量带来了巨大的挑战和难题（见图 5 - 2）。

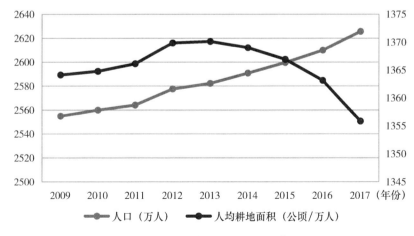

图 5 - 2 人口和人均耕地面积变化

（二）耕地资源分布特征

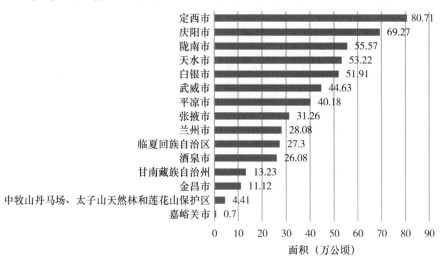

图 5 - 3　甘肃省各市耕地资源面积

由图 5 - 3 不难看出，甘肃省耕地面积总体较少，且空间分布不均，地域差距极大。其中，定西市所占耕地面积较大，达到 80.71 万公顷，但是嘉峪关市的耕地面积却很小，仅 0.7 万公顷。耕地资源的空间分布的巨大差异很大程度上取决于气候、水文、地形、土壤等自然因素，因此，对于耕地资源的时空在短时间内很难发生改变。但与此同时，这样的现状也对当地如何在有限的耕地资源的条件下提高耕地利用率方面提出了很高的要求。此外，由于耕地的资源分布的数量不同，且所造成的主导因子略有差异，所以当地政府在整治耕地资源时，需在遵照"因地制宜、实事求是"的原则，并在此基础上进行自主探索（见表 5 - 1）。

表 5 - 1　　　　　　　　　　甘肃省耕地转入流出统计　　　　　　　　　单位：公顷

年份	年初耕地面积	增加的耕地面积		增加的面积	减少的耕地面积					减少的面积	年末耕地面积	变化量
		新开荒地面积	河造田面积		国家征用	农村基建	农民个人建房	还林还牧	其他			
2009	3403893	23713	453	35573	998	228	366	15440	1387	18420	3421047	17153
2010	3485187	9127	273	17853	2785	528	866	822	2812	7813	3493807	10040

续表

年份	年初耕地面积	增加的耕地面积		增加的面积	减少的耕地面积					减少的面积	年末耕地面积	变化量
		新开荒地面积	河造田面积		国家征用	农村基建	农民个人建房	还林还牧	其他			
2011	3493807	6940	180	19407	3359	271	610	3662	2305	10207	3503007	9200
2012	3503007	26707	180	34440	26707	3115	261	465	645	6533	3530913	27907
2013	3530913	10413	453	15760	2705	230	307	605	4892	8740	3537933	7020
2014	3538020	6193	167	16860	3524	384	313	338	3521	8080	3546800	8780
2015	3546800	12537	313	17329	2802	369	451	816	6345	10785	3553344	6544
2016	3553344	11622	255	21379	3393	413	531	1883	10775	16995	3557727	4384
2017	3557727	18226	267	18493	5935	1145	759	495	8947	16136	3560084	2357

　　甘肃省耕地多年来持续发生着变化，其中最为直观的就是耕地的转入和流出情况。甘肃省耕地的转入主要来自新开荒地面积、河造田面积；流出途径主要是国家征用、农村基建、农民个人建房、还林还牧以及其他利用方式。由表5-1不难看出，甘肃耕地转入而导致面积增加的数量在不断减少，这不仅是由于为了保护流域生态的稳定，地方政府对于河造田的行为越来越少，并严厉打击违规造田行为；此外，随着荒地开拓的深入，荒地开发难度变得越来越大，而在经济、技术、成本、生态等因素的考量下，许多荒地短时间内无法开发或是开发出来在无法带来经济效益的同时还会破坏当下的生态效益。而同时，耕地的流出在不断增加。在耕地的所有流出途径之中，耕地转换为建设用地或相关用地（交通用地、公共设施用地）的占比较高。这说明，随着社会经济的发展，人们对生存发展的要求不断提高，这就导致市场对建设用地的需求也在不断加大。而为了缓解社会建设用地紧缺，提高农村城镇化水平，进而提高人民生活水平，满足人们的生存发展需求，当地政府在地区发展和耕地保护二者的衡量上，往往将地区发展优先于耕地保护，这就导致耕地近些年来大量流入建设用地市场。

　　耕地转入的数量在不断减少而耕地流出的数量在不断增加。从表5-1的变化量一栏可以看出，转入流出二者之间的差距在不断缩小。虽然当下变化量为正值（说明"转入耕地的量＞流出耕地的量"），但是已从 2009 年的 17153 公顷降至 2357 公顷，下降了 14796 公顷，下降率高达 86.26%。四荒地开发难度不断加大、河造田的方式被严格限制且在建设用地需求不断提高的当下，耕地转建设用地的比例远高于建设用地转耕地的比例。这就给维持耕地数量和保护耕地生态带来了巨大的挑战。如何拓宽转入途径、增加转入面积、集约利用现有面积同时尽可能地减少耕地的流出成为当下社会亟待解决的关键问题。

三 甘肃省农地边际化诊断

（一）诊断结果及分析

从表 5－2（或图 5－4）中可以看到，2010—2011 年农户耕种心理预期落差在逐年下降，2011 年农户耕种心理预期年际变化量为负数，说明农户对耕种前景持观望怀疑的态度，耕地利用开始出现边际化的特征。2011—2012 年，农户耕种落差再次出现下降情形，年际增量持续下降，此时耕地利用出现边际化特征。2012—2013 年，耕地利用的心理预期出现回升，年际增量增长到正值，说明耕地利用边际化现象有所缓解。2013—2014 年，农户耕地预期持续下降，下降到 －60.17 元/天，年际增量大幅度回落，农耕地出现第二次边际化。2014—2015 年，农户耕地预期继续下降，年际增量有所回升，但依然为负值，耕地依然存在边际化现象。2015—2016 年，农户耕种预期明显下降，年际增量下降明显幅度很大且为负值，这一时期边际化现象又一次恶化。2016—2017 年，农户耕种预期回升，年际增量回升到 0 以上，农地边际化消失。

表 5－2　　　　　　　　农户耕种预期落差及年际变化量　　　　　　单位：元/天

年份	预期务农收益 Ri	预期务农成本 Ci	农户耕种预期落差 Oi	农户耕种心理预期年际变化量 ΔOi
2010	22.84	41.45	－18.61	—
2011	26.78	56.45	－29.67	－11.06
2012	21.56	65.35	－43.78	－14.11

续表

年份	预期务农 收益 Ri	预期务农 成本 Ci	农户耕种预期 落差 Oi	农户耕种心理 预期年际变化量 ΔOi
2013	24. 56	64. 80	− 40. 24	3. 54
2014	5. 65	65. 81	− 60. 17	− 19. 93
2015	10. 31	73. 55	− 63. 24	− 3. 07
2016	− 3. 18	73. 21	− 76. 39	− 13. 15
2017	11. 20	83. 59	− 72. 38	4. 00

以上分析表明，近七年来，甘肃省农户耕种预期一直处于负值，说明农户对耕地种植前景持有观望、怀疑甚至不看好的态度。此外，在2010—2011 年、2011—2012 年、2013—2014 年、2014—2015 年、2015—2016 年 5 个时期甘肃省耕地利用出现了明显的耕地边际化特征。该现象说明，在人口经济发展的背景下，农户心理行为会极大地驱动农户减少在耕地上精力成本的投入，从而转向第二、第三产业进行发展。而这将导致地区出现耕地低效利用乃至抛荒撂荒的现象。这将对甘肃省耕地利用变化、粮食产量以及耕地承载力带来极大的冲击（见图 5 -4）。

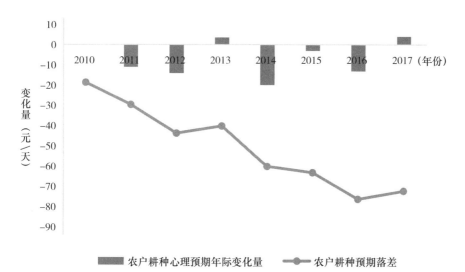

图 5 -4　农户耕种预期落差及年际变化量

（二）农地边际化与库兹涅茨曲线分析

基于以上分析，本研究将通过库兹涅茨曲线，对耕地边际化诊断过程中所发现的主导因子——净利润与经济发展和耕地情况进行对比分析，为后续提出建议提供依据。从图5-5中不难看出，在甘肃省经济稳步增长的同时，农村耕种所带来的净利润却在不断减少。这主要是由于，随着社会经济的不断发展，城乡的差距不断加大。许多农村劳动力为了自身更好地生存和发展，不断从农村析出，大量流向城市。无论是自我耕种还是雇佣、出租耕种，由于农村劳动力稀缺，导致了人力成本不断上升，而与此同时，支持农作的相关产品——种子、化肥等资源的价格也不断提高，而粮食价格在国家的管控下变化不大，这导致农户在耕种生产成本增加的同时，经济收益变化不大，进而形成了最终的净利润不断减少的趋势。

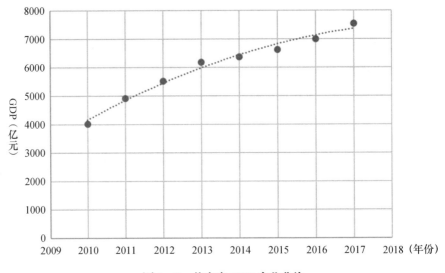

图5-5 甘肃省 GDP 变化曲线

由于农村劳动力的不断流失、耕种成本的不断增加，农户对耕种的热情不断降低。因此，国家为了保证耕地的有效利用，保证国内粮食供应，制定和实施了许多农村农户保护政策以及农户耕种补贴等相关政策来提高农户的耕种热情，缓解农村劳动力大量流失的情况。从近年发展来看，这些政策在实施初期具有较为显著的效果，从图5-6中可以看

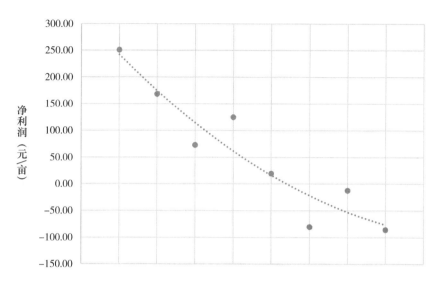

图5-6　甘肃省农地利用净利润变化曲线

出，2010—2011年，人均耕地损失量有所回落，且到2014年依旧保持在负损失的状况。而随着社会经济的不断发展，城乡差距再次拉大，原有的相关政策难以满足农村劳动力的发展需求，农户们对于自身发展的方向更加倾向于从农村析出并前往发展前景较好的城市发展。因此，在2014年之后，人均耕地损失量呈正值并且不断增长（见图5-7）。

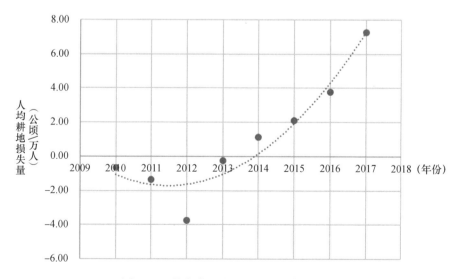

图5-7　甘肃省人均耕地损失量变化曲线

　　根据该假说和现实情况，再结合数据的代表性与资料的可获得性，可以看出伴随着经济增长耕地损失量呈现出先减小后增大的趋势，呈类似库兹涅茨曲线（倒 U 形）（见图 5-8）。基于已知数据和现实现状可知，在经济发展水平较低阶段，经济发展以农业生产为主，耕地后备资源较为丰富。随着人们生产能力的提高、科学技术的进步，使得耕地增加的来源和数量较为客观，耕地数量随经济发展将不断增加。并且，在技术和国家政策的扶持下，农业不断发展，农民收入及相关补贴也在持续增长，这使得耕地得到了较为充分的利用。换言之，此时人均耕地损失量较少。当经济发展到一定阶段，非农生产比重越来越大，工业化、城市化的加快，非农用地需求增加；在经济方式以粗放为主的时期，建设不断占用耕地，耕地损失在一定阶段内呈现越来越严重趋势。① 与此同时，由于城乡差距的加大，农村劳动力为了寻求更好的发展空间和平台，纷纷从农村流向城市，导致农村劳动力大量析出。这就造成农村耕地出现无人耕种、大面积撂荒等耕地损失现象，这也是导致人均耕地损失量随经济发展而逐渐增加的重要原因之一。

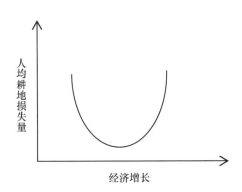

图 5-8　甘肃省耕地库兹涅茨曲线

四　甘肃省农地边际化驱动因素分析

（一）主成分分析

　　基于甘肃省现有资料情况，本书选择 2010—2017 年序列资料作为基

---

　　① 曲福田、吴丽梅：《经济增长与耕地非农化的库兹涅茨曲线假说及验证》，《资源科学》2004 年第 5 期。

础数据，应用数据处理系统软件 SPSS 对样本进行主成分分析。选取的影响因子有 10 个，主要包括年均气温（℃）、年降水量（毫米）、总人口（万人）、GDP（亿元）、全社会固定资产投资额（亿元）、粮食单产（公斤/公顷）、城镇化水平（%）、农村人均居住面积（m²）、客运量（万人）、产业活动单位数（个）。得出的相关系数矩阵、特征值、主成分贡献率与累计贡献率如表 5 - 3 所示。

表 5 - 3　　　　　　　　　主成分分析数据（甘肃省）

年份	年均气温（℃）	年降水量（毫米）	总人口（万人）	农村人均居住面积（m²）	GDP（亿元）	全社会固定投资额（亿元）	城镇化水平（%）	产业活动单位数（个）	客运量（万人）	粮食单产（公斤/公顷）
2009	8.8	237.2	2635.46	19.25	3337.82	2479.60	35.46	189454	5.00	3307
2010	9.0	263.9	2559.98	20.96	4023.20	3378.10	36.12	191694	5.38	3423
2011	8.6	272.9	2564.19	23.65	4923.70	4180.24	37.15	209372	6.09	3581
2012	8.9	287.7	2577.55	24.08	5527.60	5040.53	38.75	214625	6.45	3908
2013	9.1	297.0	2582.18	24.66	6186.74	6407.20	40.13	220865	3.69	3984
2014	8.7	266.7	2590.78	28.60	680.93	7759.62	41.68	230319	3.99	4076
2015	8.9	251.4	2599.55	29.30	6621.98	8626.60	43.19	252330	4.16	4110
2016	9.3	270.4	2609.95	30.36	7007.10	9534.10	44.69	267143	4.18	4188

由表 5 - 4 可以看出，在影响耕地数量的 10 个因子中存在不同程度的相关：其中总人口与农村人均居住面积、GDP、城镇化水平、产业活动单位数之间具有较大的相关性，其相关系数相对较高；客运量与其他因子呈负相关；而年均气温、年降水量属于自然影响因素，受其他因子关联影响较低。这种现象有其因果必然性、也说明进行主成分分析的必要性。由此进一步得出主成分载荷矩阵。

表5-4   甘肃省耕地变化驱动力变量相关系数矩阵

	年均气温（℃）	年降水量（毫米）	总人口（万人）	农村人均居住面积（m²）	GDP（亿元）	全社会固定投资额（亿元）	城镇化水平（%）	产业活动单位数（个）	客运量（万人）	粮食单产（公斤/公顷）
年均气温	1.00	0.31	0.21	0.33	0.61	0.44	0.47	0.46	-0.43	0.42
年降水量	0.31	1.00	-0.33	0.33	0.41	0.17	0.35	0.32	-0.02	0.49
总人口	0.21	-0.33	1.00	0.89	0.88	0.73	0.89	0.73	-0.44	0.20
农村人均居住面积	0.33	0.33	0.89	1.00	0.41	0.84	0.98	0.97	-0.55	0.64
GDP	0.61	0.41	0.88	0.41	1.00	0.28	0.51	0.59	-0.09	0.43
全社会固定投资额	0.44	0.17	0.73	0.84	0.28	1.00	0.79	0.76	-0.62	0.58
城镇化水平	0.47	0.35	0.89	0.98	0.51	0.79	1.00	0.99	-0.61	0.63
产业活动单位数	0.46	0.32	0.73	0.97	0.59	0.76	0.99	1.00	-0.54	0.79
客运量	-0.43	-0.02	-0.44	-0.55	-0.09	-0.62	-0.61	-0.54	1.00	-0.56
粮食单产	0.42	0.49	0.20	0.64	0.43	0.58	0.63	0.79	-0.56	1.00

由表5-5可以看出，第一成分贡献率高达57.94%，第一、第二、第三成分的累计贡献率达到84.70%，表明前3个成分已经提供了原始数据的足够信息，符合分析要求。由此进一步得出主成分载荷矩阵。

表5-5   特征值及主成分贡献率（甘肃省）

成分	特征值	贡献率%	累计贡献率%
总人口	5.79	57.94	57.94
年降水量	1.56	15.57	73.52
粮食单产	1.12	11.18	84.70
农村人均居住面积	0.73	7.26	91.96

续表

成分	特征值	贡献率%	累计贡献率%
GDP	0.47	4.73	96.69
全社会固定投资额	0.21	2.06	98.75
城镇化水平	0.11	1.09	99.85
产业活动单位数	0.02	0.15	100.00
客运量	0.00	0.00	100.00
年均气温	0.00	0.00	100.00

　　主成分载荷是主成分与变量之间的相关系数。由表5－6可以看出，上述10个影响因子可以归分为三个主成分。从第一主成分可以看出，总人口、农村人均居住面积、全社会固定投资额、城镇化水平、产业活动单位数、客运量之间存在较大关联，且人口、经济因素在其中发挥主导作用。据此，将第一主成分归纳为人口经济驱动因素。第二主成分以粮食单产为主导，而对于粮食产量而言，在地形、气候等自然因素变化不大的情况下，粮食产量的增长主要源于农业科技水平的进步，所以将此主成分归纳为农业科技驱动因素。第三主成分主要是由年降水量主导，甘肃省处于西北干旱半干旱地区，降水是影响该地区耕地资源分布乃至农业发展的主要因素，因此可将此主成分归纳为降水驱动因素。

表5－6　　　　　　　　　　主成分载荷矩阵（甘肃省）

	主成分1	主成分2	主成分3
年均气温	0.24	－0.06	－0.06
年降水量	0.01	－0.04	0.96
总人口	0.94	0.10	－0.26
农村人均居住面积	0.89	－0.04	－0.25
GDP	0.85	－0.09	－0.31
全社会固定投资额	0.66	0.45	0.03
城镇化水平	0.92	0.20	0.57
产业活动单位数	0.89	0.80	－0.09
客运量	0.87	－0.70	0.46
粮食单产	0.57	0.94	0.59

（二）农地边际化驱动因素分析

人口经济驱动因素包括总人口、农村人均居住面积、GDP、全社会固定投资额、城市化水平、产业活动单位数、客运量、粮食单产。[①]

1. 人口增长驱动力

人口增长是对土地利用与土地覆盖变化影响的社会因素中最主要、最具有活力的驱动力之一。[②] 根据图 5-9 可以看出，2010—2017 年人口数从 2559.98 万人增长到 2625.71 万人，共增长 65.73 万人，年均增长 9.39 万人。而人均耕地面积从 2010 年的 1364.78 公顷/万人，减少到 2017 年的 1355.85 公顷/万人，共减少了 8.93 公顷/万人，年均减少 1.27 万人/公顷。人口数量的增多会带来居住用地、基础设施用地及公共设施用地的增加，尤其是居住用地。[③] 此时较多耕地会被转化为生产优质生活需求品的其他用地，如公共娱乐设施、集体经营性建设用地等。[④] 另外，人口增长还将导致城市交通道路面积、绿化面积等用地设施不断发展，从而导致部分靠近交通路线的耕地被侵占。人口增长与耕地数量减少的趋势在相当长的一段时间内仍将存在，这种逆向发展将使人地矛盾更加尖锐。

2. 经济发展驱动力

GDP、全社会固定投资额、城镇化水平是社会经济发展的重要衡量指标。改革开放以来，甘肃省的工农业生产突飞猛进，2017 年全省 GDP 达到 7677 亿元，2010 年全省 GDP 达到 4135.86 亿元，由此可见，2017 年比 2010 年增长了 1.85 倍。相比 2010 年的全省固定投资额，2016 年则是增长了 2.82 倍。工业产值不断增长的同时工业企业数量在不断增加，使得工矿用地急剧扩张，导致大量耕地转其他非农业用地。[⑤] 在三大产业

① 武江民、赵学茂、党国锋：《甘肃兰州市耕地动态变化与驱动力关系定量研究》，《干旱区资源与环境》2010 年第 24 卷第 12 期。

② 田娜：《嘉峪关市社会经济发展与土地利用关系研究》，硕士学位论文，兰州大学，2010 年。

③ 栗滢超、侯雪娜、钱壮志：《河南省耕地资源数量变化及驱动因素分析》，《河南农业科学》2016 年第 45 卷第 12 期。

④ 郭洪海、宋民：《山东省耕地动态变化趋势及驱动力分析》，《中国农业资源与区划》2009 年第 30 卷第 1 期。

⑤ 武江民、赵学茂、党国锋：《甘肃兰州市耕地动态变化与驱动力关系定量研究》，《干旱区资源与环境》2010 年第 24 卷第 12 期。

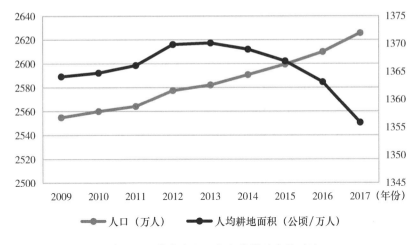

图5-9　甘肃省人口和人均耕地变化对比

中，第一产业在全省GDP中的比重逐年减小，相反，第三产业比重却在迅速增长，尽管第二产业的比重在逐渐降低，但工业仍是甘肃省国民经济发展的支柱产业。而随着改革开放不断深入，甘肃省城镇化进程推进速度越来越快。从2010年的36.12%增加到2017年的46.39%，增长了0.28倍。经济的发展、城镇化进程的推进必然导致大量耕地转为非农业用地（城市基础建设用地、工矿用地、居民点用地和交通用地等）。另外，在经济持续增长的同时，人口流动变得频繁，随之而来的是客运量的增大，给交通运输带来一定压力。基于此，交通运输用地就会相应增加也会占用一定数量的耕地，然而大部分耕地是优质耕地。

3. 气候降水驱动力

从主成分分析结果不难看出，降水量在第三主成分中占据主导地位。甘肃省属于西北干旱半干旱地区，地区降水量的不同直接影响了耕地资源的空间分布。甘肃省农业耕种主要使用滴灌和地下水的形式，而滴灌和地下水的来源很大程度上取决于降水量的多少。2009—2017年，甘肃省年平均气温呈略微上升的趋势，上下波动幅度较大，出现了多个降水量高峰和低谷，降水量整体升降趋势明显，但始终在300毫米以下。据甘肃省官方日报的不完全统计，2016—2017年，因干旱造成甘肃207.06万人受灾，11.23万人饮水困难，农作物受灾面积达43.62万公顷，成灾面积24.09万公顷，绝收面积5.28万公顷，农业经济损失约16亿元（见图

5－10）。同时，气候变暖与耕地变化也关联密切。在其他气象因素变化较小的情况下，气温升高必然会加速地表水分与水面蒸发，导致耕地可用灌溉水大幅度减少。[1] 所以，充分使用降水资源，完善降水应急使用方案，是甘肃省保护和使用耕地资源的重要举措之一。

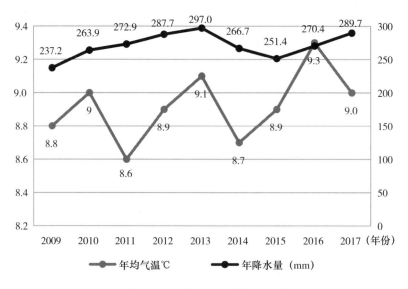

图 5 - 10　甘肃省气温降水变化

五　甘肃省农地边际化治理措施

（一）加强涵养保育甘肃南部地区水源

南部主要包括甘南藏族自治州和临夏回族自治州临夏县、和政县，以及康乐县、积石山县、陇南市，该区域水资源量占全省的 62%，人均水资源量 2672 立方米，是全省平均水平的 2.7 倍，是全省重要的水资源涵养区、储备区和调出区。[2] 区域内共有禁止开发区和其他各类保护地 31个，生态保护红线面积占本区土地面积的 45%，是全省生态管控要求最高的区域。该区域是水源涵养和水资源保护的重点，应当优先保护草原、

---

① 王怡君、赵军、魏伟、韩立钦：《近 14 年黑河流域甘肃段湿地遥感调查与分析》，《国土资源遥感》2017 年第 29 卷第 3 期。

② 杨轶、陈天林：《施近谋远　担当实干——访甘肃省水利厅副厅长、党组成员吴天临》，《中国水利》2020 年第 19 期。

森林和湿地生态系统，提升水源涵养能力。同时加强水土保持和山洪灾害综合防治，加快转变农牧业生产方式，因地制宜发展人工草场灌溉，围绕生态产业、脱贫产业发展，完善供水保障体系，推动生态建设与社会经济协调发展。

（二）加强防治甘肃中东部地区水土流失

中东部主要是黄河干流、湟水、祖厉河以及泾渭河流域，土地面积占全省的26%，是全省经济社会发展的核心区域。该区域水土流失严重，每年入黄泥沙量占全省的95%以上，占全黄河流域年均输沙量的26%。水资源短缺，自产水资源量占全省的19%，人均水资源量330立方米，不足全省平均的1/2。水环境问题突出，污染物入河量占全省的87%以上，泾河、马莲河等主要河流水质不达标。由于自然环境和人类活动影响，导致甘肃省内耕地质量不高。耕地质量等级普遍偏低，中低产田占比大，盐碱地治理难度大，存在农田污染现象。该区域治理与保护的策略，是以推进黄土高原水土流失综合治理为重点，促进黄土高原生态屏障建设；以加强水资源保护和水污染防治，全面改善城乡人居环境为重点，建设黄河干支流生态廊道。同时，通过运用增施有机肥、秸秆还田、轮作休耕、盐碱地改良等技术提升保护耕地质量刻不容缓。另外，要建立健全法律法规、土壤监测体系、控制污染源头、加大宣传力度等措施防治农田污染现象。

（三）加强修复甘肃河西地区绿洲生态

河西地区的石羊河、黑河、疏勒河以及柴达木盆地西部，土地面积、总人口、地区生产总值分别占全省的58%、18%和24%，区域水资源量占全省的20%，人均水资源量1111立方米。该区域水资源开发利用程度高，部分区域超过承载能力，农业用水占比接近90%。该区域需要严格水资源管控，降低水资源开发利用程度，逐步实现"还水于河"。同时加大农业节水力度，在全省率先建成区域性高效节水示范区。加强祁连山水源涵养与保护，加强北部防风固沙林体系建设，构筑河西内陆河生态安全屏障。除此之外，在农业防灾减灾方面，相关部门应做好农作物重大病虫害防治工作，建立植物防疫检疫体系，组织、监督省内植物生长情况，实时监测、发布并组织扑灭疫情，并指导紧急救灾和灾后的生产恢复工作。要通过建立完善的农业灾害预警机制、规划建设农业灾害防治工程，建立农业保险机制等多种措施减少农业自然灾害所带来的影响。

第三节 内蒙古农地边际化研究

内蒙古位于中国干旱、半干旱区域，本节根据内蒙古各市、县的统计资料，分析了内蒙古近15年以来耕地面积变化的总体趋势、空间差异和驱动因子。接着依托ArcGIS数据处理平台，分别采用克里金、反距离权重、趋势面三种插值方法对降水量进行插值。最后，笔者发现尽管内蒙古粮食产量近15年来逐步上升，然而农户越来越少，耕地边际化现象严重。结果表明：经济发展驱动因素、人口驱动因素和降水量因素是影响内蒙古耕地数量变化的三类因素，其中降水量因素对耕地利用状况的影响不容忽视，三种插值方法均反映出近15年内蒙古区域年降水量总体由东南向西北递减的趋势特征，且发现内蒙古粮食产量受到降水等自然因素的制约。由于内蒙古近些年来外出务工收益较高，使得农户对耕地的心理预期不断减少，尽管随着科技进步，粮食产量上升，但农业从业人数不断减少，最后可能导致无人耕种的结果。

一 内蒙古区域概况

内蒙古自治区位于中国华北地区，土地总面积118.3万公顷，地势由东向西南倾斜，呈狭长形。地形以高原为主，还涵盖了少部分山地、丘陵、平原、沙漠、河流、湖泊等地貌。气候以温带大陆性气候为主，地跨黄河、额尔古纳河、嫩江、西辽河四大水系。[①] 2018年全区地区生产总值17289.20亿元，人均生产总值达到68302.00元；全年农作物播种面积882.40万公顷，粮食总产量3553.30万吨；全区耕地总面积为927.2万公顷，全区总人口为2534.0万人，人均耕地面积0.37公顷，是中国北方重要的粮食主产区。

---

① 吴晓灵、郝润梅：《内蒙古自治区耕地面积变化驱动力分析》，《国土与自然资源研究》2019年第6期。

二　内蒙古农地利用现状

综观近十多年来内蒙古耕地数量变化特征和国家及自治区人均拥有耕地状况，可以看出内蒙古耕地面积与人均耕地面积曲线基本一致，都经历了"缓慢下降—急剧上升—缓慢上升"三个阶段。

2000 年至 2011 年，内蒙古耕地面积进入缓慢下降阶段。该阶段耕地面积总共下降了 37.5 万公顷，人均耕地面积下降了 0.03 公顷，这和 2000 年展开的国土资源大调查有着密不可分的联系。2000 年以生态环境改善为目的的生态退耕还林还草工程的大规模展开，使得 2001—2005 年耕地不断减少。2006 年之后，因退耕引起的耕地减少速度逐步放缓。且同一时期，由于各类工业园区的建设、建筑业兴起，各地因园区基础设施建设引起的耕地减少的情况逐步在增加。但从 2011 年到 2012 年，耕地面积从 714.9 万公顷骤增到 910.9 万公顷，1 年内就增加了 196 万公顷；人均耕地面积由 0.288 公顷骤增至 0.366 公顷。2012 年至 2018 年，在"3S"技术支持下，年度土地利用变更调查结果显示耕地又呈现出稳定增长的特征（见图 5 – 11）。

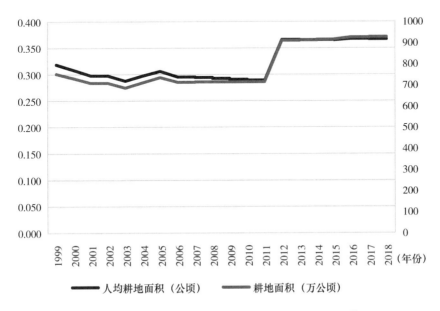

图 5 – 11　内蒙古近 20 年来人均耕地面积和耕地面积状况

三 内蒙古农地边际化诊断

（一）诊断过程

本书采用"农地利用心理纯收益"作为农地边际化的诊断标准，其中，数据均来源于 2001—2018 年《全国农产品成本收益资料汇编》和《内蒙古统计年鉴》。

第一步，计算不同时期亩均纯收益。其算法为：

$$ARi = Ri/Ci$$

式中：i 为耕地利用的时期（分别对应 2001 年、2002 年……2016 年、2017 年），Ri 为第 i 年当前用途下农地利用的纯收益，Ci 为第 i 年当前用途下农地利用投入的总成本。由于内蒙古农村以家庭自有劳动力耕作的情况占大多数，很少雇用他人，因此暂不计算劳动力成本。

第二步，计算不同时期耕地利用纯收益的年际变化增量。其算式为：

$$\Delta Ri = ARi = 1 - ARi$$

计算所需的数据以及计算结果如表 5 – 7 所示。

表 5 – 7　　　　　　　　　内蒙古农业生产纯收益变化

年份	内蒙古亩均主产品产值（公斤）	亩均成本（元）	收购价格（每 50 公斤）	亩均纯收益（元）	单位成本纯收益（元）	纯收益年际变化增量
2001	483.40	301.28	45.49	39.40	0.13	– 0.12
2002	462.80	340.75	41.93	4.50	0.01	0.05
2003	483.00	380.22	46.61	24.02	0.06	0.06
2004	476.30	419.69	52.11	52.99	0.13	0.05
2005	502.10	459.16	51.88	81.96	0.18	– 0.08
2006	457.30	466.42	60.76	43.90	0.09	0.11
2007	466.90	502.88	71.04	103.04	0.20	0.07
2008	464.20	535.18	73.79	147.87	0.28	– 0.11
2009	434.73	557.66	81.78	94.04	0.17	0.12
2010	502.00	625.97	94.63	178.40	0.28	– 0.05
2011	531.98	771.68	104.09	184.73	0.24	– 0.04
2012	515.69	832.13	110.14	168.05	0.20	– 0.04

续表

年份	内蒙古亩均主产品产值（公斤）	亩均成本（元）	收购价格（每50公斤）	亩均纯收益（元）	单位成本纯收益（元）	纯收益年际变化增量
2013	539.13	894.80	108.69	148.27	0.17	0.05
2014	553.08	895.45	111.38	188.88	0.21	−0.15
2015	518.77	914.87	95.73	54.83	0.06	−0.21
2016	458.56	873.534	74.98	−129.48	−0.15	0.14
2017	518.10	839.9998	77.27	−2.86	0.00	0.03

第三步，计算内蒙古农民人均耕地面积纯收益（见表 5 − 8）。其算式为：

$$\Delta Ri = Pi - Ci - Si$$

表 5 − 8　　　　　　　　内蒙古耕地边际化诊断

年份	农业从业人口（万人）	人均耕地面积（亩/人）	亩均纯收益（元）	务工工资（元）	务工总支出（元）	耕地边际化
2001	550.50	19.32	39.40	3240	2673.55	194.82
2002	552.30	19.26	4.50	3960	2982.02	−891.32
2003	548.70	18.76	24.02	3960	3124.97	−384.38
2004	559.30	19.08	52.99	5040	3606.35	−422.50
2005	560.46	19.68	81.96	5040	4604.97	1178.33
2006	565.29	18.93	43.90	6720	4941.14	−948.01
2007	569.30	18.83	103.04	8160	5773.43	−446.01
2008	556.69	19.26	147.87	8160	6853.86	1542.34
2009	557.95	19.22	94.04	8160	7352.67	1000.13
2010	571.00	18.78	178.40	10800	8256.02	806.35
2011	573.00	18.71	184.73	12600	10654.74	1511.83
2012	583.40	23.42	168.05	14400	12022.17	1557.98
2013	580.90	23.55	148.27	16200	13389.60	682.15
2014	582.00	23.60	188.88	18000	14757.04	1213.81
2015	572.30	24.01	54.83	19600	16124.70	−2158.63

年份	农业从业人口 （万人）	人均耕地面积 （亩/人）	亩均纯收益 （元）	务工工资 （元）	务工总支出 （元）	耕地 边际化
2016	590.50	23.52	-129.48	19600	17491.92	-5153.52
2017	589.40	23.59	-2.86	21120	18859.33	-2328.12
2018	577.00	24.10	22.72	21120	20226.77	-345.51

（二）诊断结果与分析

从图 5-12 可以看出，单位成本的平均纯收益和纯收益年际变化增量变化幅度较大，总体呈负增长趋势。在 2002—2005 年和 2006—2008 年呈上升趋势，2001—2017 年大致呈下降趋势，甚至出现了净收入负增长的情况。2005 年、2008 年和 2010 年时农地利用的纯收益出现峰值，是由于粮食价格出现较明显的上涨，但持续时间较短，在 2010 年之后，随着生产成本的提升，纯收益又回落，直至 2016 年和 2017 年，单位成本纯收益出现负值，农地利用有"边际化迹象"。在 2001 年、2005 年、2008 年、2014 年、2015 年的年际变化量处于负值状态，但在随后几年又出现回升，基本每次变化量幅度较大。因此可以初步判断，在 2006—2007 年、2007—2008 年、2013—2014 年、2014—2015 年有可能出现耕地边际化现象。

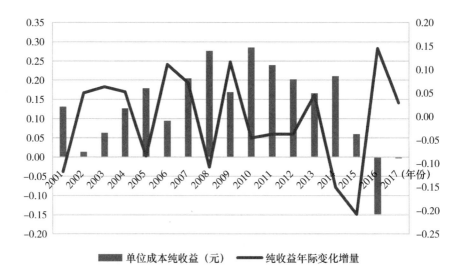

图 5-12　内蒙古主要粮食产量单位成本纯收益与年际变化增量

对内蒙古 2001—2018 年耕地利用纯收益分析可以看出，内蒙古至少在三个时期具备了耕地边际化的条件（2002—2004 年、2006—2007 年和 2015—2018 年），尤其是 2015—2018 年需要引起重视，因为无论是亩均耕地纯收益还是从业人数来说都出现了负增长甚至有进一步恶化的趋势。

作为理性经济人的农户，由于家庭劳动力禀赋差异和农地地块质量差异，其劳动力的配置和农地地块的利用方式都是不同的。农户决策机理模型显示，其劳动力配置决策与农地利用决策保持着均衡模式，农户主要考量不同地块的土地利用劳动收益率和劳动力非农就业获得的工资水平。研究区没有出现撂荒的原因主要是退耕还林政策和不同务农机会成本农户之间自由土地流转，这在一定程度上促进了农地的合理化利用。劳动力务农机会成本上升会一再打破劳动力配置—土地利用之间的均衡模式进而达到新的均衡，在此过程中，土地质量较差、收益相对较低的地块将最先被边际化；如果土地利用的收益不变甚至出现负收益的情况，或者增加幅度相对较小，在劳动力务工工资不断上升的情况下，被边际化的耕地就会扩大，最后出现有地无人种的现象。

耕地边际化必然对区域生态环境和农业产出带来影响。一方面，耕地边际化的终极为土地退出农业生产，自然生态系统开始恢复。另一方面，城市化和非农就业工资持续上升将可能导致越来越多的土地被边际化，从而影响区域和国家粮食安全。因此，政策制定者需要充分考虑劳动力机会成本对耕地边际化的影响，根据区域功能定位制定政策。在生态脆弱区，需要把握契机推动劳动力就业转移和土地生态退耕；而在粮食主产区，需要通过省工性技术的引入努力提高农地利用收益，避免耕地边际化的发生（见图 5–13）。

四　内蒙古降水量与粮食产量分析

内蒙古地区属于干旱半干旱地区，除了上述提到的社会经济因素，降水等自然因素也对其产生重要的影响。从近 15 年来内蒙古人均耕地面积与自然降水状况（见图 5–14）可以看出，降水与粮食生产的关系密不可分。2011 年以前，内蒙古降水量状况与粮食单产总趋势基本一致，降水的峰值与粮食产量的峰值出现的时间类似。而 2011 年以后，由于 3S 技

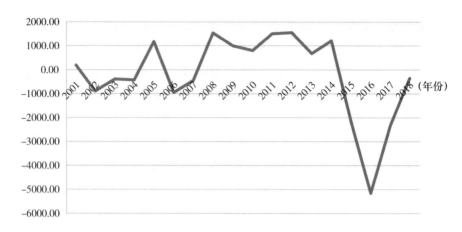

图 5 - 13 内蒙古耕地边际化

术的发展以及科技的进步，粮食产量也在不断增加，降水在粮食生产中的影响程度也不如以前那么高，但不可否认的是自然因素对内蒙古的耕地状况以及粮食生产有着重要的作用，这也体现了对于自然因素进行分析的必要性。

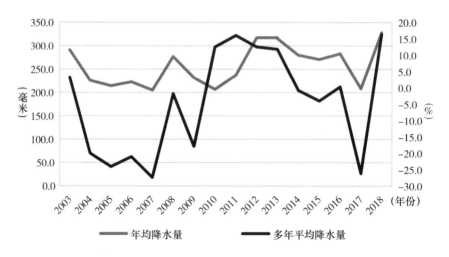

图 5 - 14 2003—2018 年内蒙古年均降水量及其与多年平均降水量对比特征

（一）近 16 年降水量分析

2004—2018 年内蒙古自治区近 16 年年降水量均值为 257.15 毫米，其中年均降水量最多的年份是 2018 年（328.2 毫米），年均降水量最少的年份是 2007 年（205 毫米），近 16 年内蒙古降水量总体上呈增加趋势，但趋势不太明显且不是直线增加，2004 年、2005 年、2007 年、2009 年、2010 年、2013 年、2014 年、2015 年和 2017 年相对上一年年均降水量减少。内蒙古多年（2003—2018 年）平均降水量 282 毫米，2004 年、2005 年、2006 年、2007 年、2008 年、2009 年、2014 年、2015 年和 2017 年年均降水量与多年平均降水量比较减少，分别减少为 20%、24.1%、21.1%、27.4%、1.8%、17.9%、0.8%、4.0% 和 26.2%。

（二）不同插值方法结果分析对比

获取精确的降水空间分布特征的方法之一是建立高密度的气象站点。然而，由于经济、技术等原因，气象站点的数量是有限的，而定点观测到的数据大多不能直接用于其他地点，更不能代替某一较大面积上的平均值。降水量的数据在空间上的分布较离散，为了解决这个问题，必须对不连续的降水量数据进行空间化的研究。通过运用 GIS 技术可以使陆地表面可视化，这样的表面称为统计表面，降水量就是统计表面，因此降水量的空间变异性即可以用 GIS 很好地展现出来。常用的空间内插方法各有优缺点，根据数据的内在特点，在对内插结果进行严格检验后选择一种相对最优的方法。[1]

由于内蒙古横跨经度很大，因此必须进行分区研究。根据内蒙古地域分布特征，将全区分成东部、中部和西部三个区域。东部区域主要包括呼伦贝尔市、兴安盟、通辽市和赤峰市；中部区域包括锡林郭勒盟、乌兰察布市、呼和浩特市和包头市；西部区域包括鄂尔多斯市、巴彦淖尔市、乌海和阿拉善盟地区。[2] 每个地区在降水时空分布的研究中，所选用的插值方法并不相同，为了检验内蒙古自治区的最优插值方法，通过选取内蒙古自治区共 45 个站点 2003 年至 2018 年总降水数据作为实验数据，分别采用克里金插值法、反距离权重法、趋势面法三种插值进行内蒙古自治区区域的降水分布研究，并得出三种插值方法最终降水的插值结果。

---

① 徐良、张丽萍、司建宁：《基于 GIS 的宁夏降水量空间插值方法对比分析》，《宁夏农林科技》2018 年第 59 卷第 2 期。

② 郭明霞：《内蒙古地区日照气候特征分析》，《内蒙古科技与经济》2015 年第 6 期。

三种插值方法：（1）整体上都反映出2003—2018年内蒙古自治区年降水量总体由西北向东南递增的趋势特征；（2）克里金插值法总体插值效果较好，然而反距离权重插值法的"牛眼"现象明显较严重；（3）总体均表现出内蒙古北部的插值效果明显好于南部，这可能是因为内蒙古高原是一个向北渐降的碟形高原，地形较为复杂，且山大沟深，插值点高程因素对插值效果产生了一定的影响。

（三）不同插值方法检验站验证

1. 插值成果相关系数分析

分别提取三种插值方法结果中45个检验站点的降水量插值数据，与相应站点的实测降水量进行相关系数分析。[①] 经过计算可以得出，三种插值方法的插值结果总体上均高于其相应的实测值，相关系数 R^2 克里金（0.997）＞R^2 反距离（0.987）＞R2S趋势面（0.954），同时不同插值方法插值结果与实测值的相关性均较明显，表明这三种插值方法均适用于内蒙古降水量的空间插值，且克里金插值法的插值结果精度高于其他两种插值方法。

2. 插值成果误差分析

由表5-9可知，通过对三种插值方法中45个检验站点降水量插值结果与实测值的平均相对误差、均方差误差分别进行比较，结果表明 MRE 克里金＜MRE 反距离＜MRE 趋势面，且 RMS 克里金＜RMS 反距离＜RMS 趋势面，可以看出克里金插值方法的插值结果精度高于其他两种插值方法。此外，由于该研究降水量插值范围是内蒙古全区，区域降水量差别较大，即东南部地区的年降水量明显高于北部及中部，则各插值方法的均方差误差值均相对较大。

表5-9　　　　　内蒙古检验水文站不同插值方法的误差比较

误差类别	克里金插值法	反距离法	趋势面法
平均相对误差	0.134	0.147	0.176
均方差误差	297	301	324

① 徐良、张丽萍、司建宁：《基于GIS的宁夏降水量空间插值方法对比分析》，《宁夏农林科技》2018年第59卷第2期。

（四）内蒙古降水与粮食产量对比分析

通过研究分析可知，气候变化是粮食增产的关键问题，也是关系到粮食稳产的主要影响因素。[①] 随着气候变暖，温度、湿度、降水等都受到不同程度的影响，内蒙古处于干旱半干旱地区，降水量的多少更容易对粮食产量产生深远影响。

2003—2018 年，内蒙古粮食产量随着时间的变化而不断增长，尤其是东部地区，粮食产量增长更为明显。呼和浩特市 2003 年粮食产量仅有91.85 万吨，而 2018 年是 155.3 万吨，增长幅度高达 69%。总体来说，东部地区粮食产量明显高于中部和西部地区，这正好和降水变化趋势相吻合。由此可以得出结论：降水对粮食产量具有重大的影响，从一定程度上说，降水越多，粮食产量越高。

五 内蒙古农地边际化驱动因素分析

（一）主成分分析

国内学者关于内蒙古地区耕地变化驱动力因子早有研究，但大多数的因子评价都只是建立在社会经济这一方面而忽视了自然方面的因素，而内蒙古又属于干旱半干旱地区，人类活动也只是其中一方面的影响，但也不能忽视降水、温度等对耕地和农作物的作用，因此本书基于 2003—2018 年序列资料，主要分析自然因素对内蒙古耕地变化的影响。

参考国内研究成果，结合内蒙古实际情况，从中选取 11 个影响因子：x1——总人口（万人），x2——GDP（亿元），x3——建筑业企业个数（个），x4——粮食单产（公斤/公顷），x5——客运量总计（万人），x6——每万人拥有绿地面积（公顷），x7——对外贸易进出口总额（万元人民币），x8——机耕地面积（万公顷），x9——城市化水平，x10——年平均气温（摄氏度），x11——全年总降水量（毫米），Y——耕地面积（万公顷），如表 5 - 10 所示。得出相关系数矩阵、特征值、主成分贡献率累计贡献率，如表 5 - 11、表 5 - 12 所示。

---

① 解纯芬：《气候条件对粮食产量的影响——以潍坊为例》，《分子植物育种》2017 年第15 卷第 5 期。

表 5 – 10 主成分分析数据（内蒙古）

年份	x1	x2	x3	x4	x5	x6	x7	x8	x9	x10	x11	Y
2003	2385.8	2092.9	674	3359	23521	6.2	2576975	431.59	0.36	6.6	4501.9	686.3
2004	2392.7	2712.1	647	3600	28954	7.0	3350865	448.34	0.37	7.0	3669.3	711.5
2005	2403.1	3822.8	676	3800	32114	7.8	4165757	466.56	0.37	6.4	2996.3	735.5
2006	2415.1	4790.0	703	3660	35512	9.4	4643967	486.75	0.35	7.0	3195.5	713.3
2007	2428.8	6018.8	734	3550	38781	10.6	5657121	518.61	0.36	7.5	3006.8	714.8
2008	2444.3	7761.8	790	4056	20259	11.2	6105451	523.33	0.36	6.7	3589.8	714.9
2009	2458.2	9725.8	820	3654	22259	11.7	4618493	556.79	0.35	6.8	2834.7	714.9
2010	2472.2	11655.0	873	3925	24343	12.4	5774292	618.39	0.36	6.2	3923.7	714.9
2011	2481.7	14246.1	896	4293	26420	14.5	7522708	614.23	0.36	6.3	2571.8	714.9
2012	2489.9	15988.3	917	4524	28188	15.5	7074817	624.30	0.36	5.6	5002.9	910.9
2013	2497.6	16832.4	951	4937	21751	16.9	7311689	625.30	0.36	6.6	4218	912.2
2014	2504.8	17769.5	960	4872	19034	18.8	8940400	628.21	0.36	7.2	3982.2	915.5
2015	2511.0	18032.8	955	4937	16986	19.3	7925407	645.124	0.35	7.1	3803.7	916.2
2016	2520.1	18632.6	991	4806	16697	19.8	7727800	611.55	0.36	6.7	4448.2	925.9
2017	2528.6	16103.2	1010	4800	16061	19.7	9408596	705.40	0.36	7.3	3084.6	927.1
2018	2534.0	17289.2	1147	5233	14613	19.4	10343500	688.20	0.38	6.9	4524.8	927.2

表 5 – 11 耕地变化驱动力变量相关系数矩阵（内蒙古）

		x1	x2	x3	x4	x5	x6	x7	x8	x9	x10	x11
相关	x1	1.000										
	x2	0.975	1.000									
	x3	0.977	0.940	1.000								
	x4	0.922	0.928	0.926	1.000							
	x5	−0.722	−0.685	−0.752	−0.721	1.000						
	x6	0.983	0.974	0.949	0.945	−0.708	1.000					

续表

		x1	x2	x3	x4	x5	x6	x7	x8	x9	x10	x11
相关	x7	0.943	0.899	0.942	0.924	-0.627	0.943	1.000				
	x8	0.975	0.935	0.953	0.872	-0.653	0.935	0.930	1.000			
	x9	0.014	-0.058	0.181	0.161	-0.138	-0.042	0.143	0.049	1.000		
	x10	0.017	-0.076	-0.005	0.023	-0.049	0.113	0.140	-0.013	-0.136	1.000	
	x11	0.277	0.345	0.361	0.403	-0.382	0.291	0.201	0.206	0.261	-0.351	1.000

从表 5-11 中可以看出，x1 与 x6、x2 与 x6 之间具有较大的相关性，其相关系数分别为 0.983 和 0.974。由表 5-12 可知，第一、第二主成分的累计贡献率已达 80.203%，完全符合分析要求，由此进一步得出成分矩阵。成分矩阵是主成分与变量之间的相关系数。从第一主成分可以看出，x1、x2、x3 和 x6 具有很大的正相关。这些因子和经济人口方面有较大的相关性，x10、x11 与第二主成分具有较大的相关性，这两个因子都是和自然气候有关。据此，内蒙古耕地数量变化的驱动力可以归纳为经济发展驱动因素、人口驱动因素、气候降水自然因素三个原因（见表 5-13）。

表 5-12　　　　　　　　　　　特征值（内蒙古）

成分	初始特征值			提取平方和载入		
	合计	方差的百分比	累计百分比	合计	方差的百分比	累计百分比
1	7.324	66.586	66.586	7.324	66.586	66.586
2	1.498	13.617	80.203	1.498	13.617	80.203
3	0.948	8.623	88.825	0.948	8.623	88.825
4	0.650	5.907	94.732	0.650	5.907	94.732
5	0.386	3.506	98.238	0.386	3.506	98.238
6	0.109	0.993	99.231	0.109	0.993	99.231
7	0.039	0.355	99.586	0.039	0.355	99.586
8	0.025	0.229	99.815	0.025	0.229	99.815
9	0.012	0.109	99.925	0.012	0.109	99.925
10	0.007	0.064	99.988	0.007	0.064	99.988
11	0.001	0.012	100.000	0.001	0.012	100.000

表 5 – 13 成分矩阵（内蒙古）

	成分	
	1	2
x1	0.987	
x3	0.985	
x6	0.980	
x2	0.969	
x4	0.961	
x8	0.954	
x7	0.950	
x5	− 0.772	
x10		− 0.731
x11		0.725
x9		0.605

（二）农地边际化驱动因素分析

1. 经济发展驱动力

内蒙古自治区 2003 年生产总值为 2092.86 亿元，到 2018 年实现生产总值 17289.20 亿元，对外贸易进出口总额由 257.70 亿元增加到 1034.35 亿元，每万人拥有绿地也从 6.22 公顷增加到 19.4 公顷。随着内蒙古经济快速发展，城镇化水平的不断提高，人们对于绿色健康生活越发向往，使得城镇不断扩张，绿地不断增加。同时，以道路交通建设为主的基础设施用地和能源开发为主的工矿用地也随之扩张，项目区和交通沿线耕地迅速消失。[①] 尽管内蒙古通过耕地占补平衡政策减缓了耕地减少的速度，但"占优补劣"现象仍普遍存在。因此，经济发展是影响耕地面积变化的重要驱动因素。

2. 人口增长驱动力

人口数量增长对耕地数量变化起着重要的作用。2003 年内蒙古总人口有 2385.8 万人，到 2018 年增加至 2534.0 万人，建筑企业个数也从开始的 674 家上升到 1147 家。随着人口不断增加，城市人口对居住用地、基础设施用地等建设用地的需要也增加，由此带来了近些年的炒房热潮，人

---

① 吴晓灵、郝润梅：《内蒙古自治区耕地面积变化驱动力分析》，《国土与自然资源研究》2019 年第 6 期。

们纷纷投身房地产等建筑行业，造成人地关系的紧张，加剧人地矛盾。另外，伴随着社会经济的发展、人口劳动力的城乡迁移，作为农村耕地变化的主体——农户在经过观望与决策之后，因为耕种的收益回报低于城镇第二、第三产业工作回报，而不断调整自身的耕种时间和精力成本的投入。农户的粮食生产积极性大幅下降之后也导致农地利用的集约度下降。甚至有的农户会完全停止耕种，向城镇迁移，导致弃耕撂荒现象加重。

3. 降水量匮乏驱动力

降水是影响一个地区粮食生产的关键气象因素，因为粮食产量对降水的敏感性大于温度。而内蒙古粮食生产的主要限制因素则是春、夏季降水量的匮乏和生长季高温。内蒙古的干旱出现频率高、持续时间长、影响范围广，常使农业大幅度减产，甚至绝收。[1] 2003—2018 年，内蒙古全年总降水量均在 5000 毫米以下，且每年降水量起伏不定，全年降水量最高时有 5000 毫米，最低时仅有 2500 毫米。2010 年以前，由于农业科学技术还不是很发达，内蒙古粮食产量受降水量影响较大，尤其是 2005—2010 年内蒙古的粮食单产与全年总降水量呈同步变化。2011 年以后，随着农业科技的进步，内蒙古粮食产量的提升主要依靠有效灌溉的技术，随着有效灌溉面积的扩大，内蒙古粮食单产量也在不断增加（见图 5 - 15）。

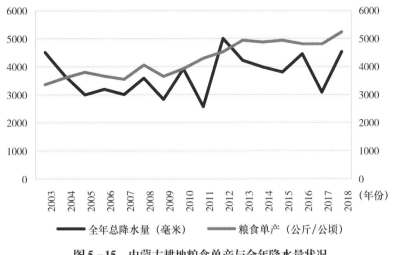

图 5 - 15　内蒙古耕地粮食单产与全年降水量状况

---

[1] 陈素华：《干旱对内蒙古粮食产量的影响及其评估方法的建立》，《华北农学报》2004 年第 S1 期。

六 内蒙古农地边际化治理措施

由于内蒙古地域广袤，经度跨度大且距离海洋较远，气候以温带大陆性季风气候为主，但是内蒙古的中、西部地区则属于欧亚大陆干旱、半干旱性气候区域，其中西部是荒漠区，中部是草原区，生态系统十分脆弱。因此，治理内蒙古农地边际化问题也是治理内蒙古的生态环境问题。

（一）持续治理干旱半干旱地区土地沙漠化

内蒙古干旱、半干旱区较为严重的环境问题之一就是土地沙漠化。沙漠化问题不仅仅是沙区问题和草原区土地退化问题，如果土地持续沙化，将会潜在地威胁到可进行农地利用的土地。近年来，内蒙古一直致力于沙漠化土地治理。主要的措施包括调整产业结构、实施林业和草原生态修复工程以及严格执法规范防沙治沙行为等。首先，土地沙化主要是人为的，因此，治理沙化土地要从源头抓起，通过调整沙区产业结构，防止因滥开滥采破坏沙区植被。其次，继续实施京津风沙源治理、"三北"防护林、退耕还林还草等国家重点生态工程，大力推广抗旱、抗寒、抗碱、抗病虫害的林木良种。① 另外，对自然修复能力较好的区域，划定封禁保护区，禁止一切破坏植被的活动，通过大自然的自我修复，逐步恢复自然植被。在执法方面，需要健全防沙治沙法律体系和监督机制，大力打击对破坏沙区植被和野生动植物资源、非法征占用沙化土地等违法行为，同时加强对相关法律法规的宣传，增强人民群众保护沙区生态环境的意识。

（二）持续治理干旱、半干旱地区土壤盐渍化

目前，内蒙古受盐渍化威胁的耕地约占当地总耕地面积的 30% ~ 40%，主要集中在中部和西部的干旱、半干旱地区。由于干旱、半干旱区水资源相对匮乏，加之大面积灌溉、降水、水分蒸发的相互交替作用，使土壤中的盐分在非饱和带土壤中不断累积，最终造成了土壤的盐渍化。土壤发生盐渍化现象后，土壤透气性大幅降低，溶液渗透压不断增大，

---

① 丁茂：《内蒙古干旱、半干旱区主要生态环境问题及治理对策》，《内蒙古林业》2019 年第 5 期。

导致土壤的透水性变差，从而影响地上农作物的水分循环与养分传递，导致农作物无法正常生长，产量下降。针对盐渍化土壤的改良主要有工程改良、化学改良、生物改良、物理与化学相结合的改良等措施。[①] 目前，应用较好的是工程措施，通过建立完善的灌溉系统和排水系统，对盐渍区域进行灌溉排盐治理。化学改良则根据不同地况施加脱硫石膏、硫酸亚铁、固体酸等，对地表盐分进行中和处理，改良土壤理化性状，抑制盐渍化的发生。生物措施主要以盐碱地"生态包＋微生物菌剂"为主，种植耐盐碱植物，使土壤脱盐，恢复原有植被。

（三）持续加强干旱、半干旱地区水源地管理

由于内蒙古全年降水量较少且不均匀，大部分耕地种植主要依靠水源灌溉。其中，湖泊和水库等湿地是耕地水源灌溉的主要来源。然而，在全球降水格局大转变、干旱持续的背景下，内蒙古的湿地数量逐渐缩减，确保湿地有永久性水源是一项较为困难的工程，尤其需要做到自然和人工措施相结合。首先，加强水源地管理。河流是湖泊、水库的重要水源，加强上游流域管理是保护湖泊、水库等湿地的重要手段。为此，应出台流域管理法律法规，从源头上管理好、治理好流域，适度开发利用水资源。其次，保护湿地生态环境。从根本上遏制破坏湿地生态环境的违法违规行为，保护水资源安全。例如，严禁在湿地周围建立工厂、工业园区和开展农业种植等活动。另外，湿地保护工作涉及水、土地、生物和矿产资源等多个管理部门，需要建立和完善湿地保护联合工作机制，才能确保各项工作的顺利开展。同时，还需要加强湿地保护宣传教育，通过多种渠道、多种形式宣传相关法律法规，以增强全民湿地保护意识。

[①]　王家强、哈学萍：《渭库绿洲土壤盐渍化遥感监测研究》，《农业系统科学与综合研究》2011 年第 27 卷第 1 期。

第 六 章

海岸海岛地区农地边际化研究

海岸海岛地区农地边际化问题是农地边际化研究领域的前沿热点问题。海岸海岛地区是一个复杂的系统，受到了海洋、陆地和大气的综合影响，具有较高的敏感性和较强的脆弱性。因此海岸带地区农地边际化研究已成为土地利用/土地覆被变化（LUCC）研究的重要组成部分。由于海岸带的特殊性，有必要对如何解释海岸海岛地区农地边际化的规律进行科学探讨。本章的开展将有助于探索海岸带地区农地边际化问题对区域土地利用/土地覆被变化的影响和作用，进而为海岸带地区的可持续发展提供服务。

同时，海岸海岛地区农地边际化研究工作具有现实意义与实践价值。一方面，中国拥有1.8万千米海岸带，是全球海岸带最长的国家之一，但中国海岸带地区却面临着严重的土地资源匮乏和人口的增长，因此该地区农地边际化及治理问题是区域社会经济发展所面临的现实挑战。另一方面，在当前逆全球化的背景下，依靠海外屯田或者进口粮食已不能成为保障我国粮食安全的途径，而海岸带地区农地边际化问题的治理将有助于提高粮食产量，保障粮食安全。

本章以中国福建省连江县和浙江省宁波市作为典型研究区域，开展海岸带地区农地边际化的驱动因素总结、变化机理分析以及政策建议制定研究。

Marginalization of agricultural land in coastal and island areas is the frontier ofthe research of marginalization of agricultural land. Coastal and island area is a complex system with high sensitivity and strong vulnerability due to the comprehensive impact of the ocean, land and atmosphere. Therefore, the study on marginalization of agricultural land in coastal and island areas has become an important part of study on land use/ land cover change (LUCC). And the peculiarity of coastal and island areas makes it necessary to discuss scientifically how to explain the regularity of the marginalization of agricultural land in these areas. So this chapter will explore the impact and role of the marginalization of agricultural land in coastal and island areas on regional land use/land cover changes to promote the sustainable development of coastal and island areas.

Study on marginalization of agricultural land in coastal and island areas hasboth practical significance and practical value. On the one hand, China, with 18000 kilometers of coastlines, is one of the countries with the longest coastlines in the world. However, because of the severe scarcity of land resources and the rapid population growth in China's coastal and island areas, marginalization of agricultural land in coastal and islands areas and the management of this process is a challenge for regional social and economic development. On the other hand, under the background of anti-globalization, relying on overseas farms or importing food can no longer be the way to ensure China's food security. The governance of the marginalization of agricultural land in coastal and island areas can help increase grain production and ensure food security.

In this chapter, Lianjiang County in Fujian Province and Ningbo City in Zhejiang Province are selected as case study areas. Furthermore, we will summarize the driving factors of the marginalization of agricultural land in coastal and island areas, analyze the change mechanism, and formulate policy recommendations.

第一节　中国海岸带地区农地利用变化现状

　　海岸带地区因其拥有丰富的水土资源成为人类生产活动最为集中的区域之一，然而近几十年来，由于人类强烈的开发利用活动导致海岸带地区土地利用类型发生显著变化。海岸带是陆地和海洋协同作用的地带，作为人类生存、居住和发展最重要的区域之一，具有自然资源丰富、人类资源经济开发利用强度大的区域特点。[①] 随着海岸带经济的快速发展，人类活动不断改变着海岸带土地利用类型及属性，海岸带地区的土地开发利用强度日益增大，农地利用变化也愈加显著。

　　中国海岸带地区盛行季风湿润气候，靠近海洋，季风活动显著频繁，冬夏季较长，春秋季较短。[②] 沿海和近海时常出现大风，雨水增多，气温由内陆地区向沿海及海岛地区减弱。夏季受季风环流影响，常有台风暴雨出现。秋季气旋活动频繁，锋面降水较多，东南沿海气温偏高，降水量较多。冬季受北方冷气团影响，晴冷少雨，空气干燥。

　　由于海岸带是世界有海岸国家和地区人口、产业、城市、财富高度集聚的黄金地带，同时亦是海、陆两大自然地理单元的接合部[③]，最易受到来自全球气候变暖所造成或加剧的海平面上升、风暴潮、盐水入侵、海岸侵蚀、湿地生态退化等海洋灾害和沿海生态事件的影响。特别是在河口海岸地区，由于地处陆、河、海三者的交汇处，更是具有人类强势活动与自然—人工复合生态系统复杂、敏感、脆弱的双重特征和叠加因素，一旦受到全球气候变化的影响，极易产生一系列衍生效应和放大效应，从而造成严重的人员伤亡和社会经济损失，并对其他地区产生明显的影响和波及效应。近年来，中国沿海海平面变化总体呈波动上升趋势。然而，中国海岸带地区在海岸蚀退区进行养殖和旅游设施开发建设的情

---

　　① 史作琦、李加林、姜忆湄、叶梦姚：《甬台温地区海岸带土地开发利用强度变化研究》，《宁波大学学报》（理工版）2017 年第 30 卷第 2 期。

　　② 王丽云：《浙江省沿海地区土地覆盖变化及驱动分析》，硕士学位论文，南京大学，2014 年。

　　③ 刘洋：《全球气候变化对长三角河口海岸地区社会经济影响研究》，博士学位论文，华东师范大学，2014 年。

况较普遍，这就增加了海洋灾害发生的可能性。除此之外，据 2019 年的《中国海洋灾害公报》和《中国海平面公报》显示，中国海洋灾害以风暴潮、海浪和赤潮等灾害为主，海冰、绿潮等灾害也时有发生。

第二节　福建省福州市连江县农地边际化研究

本研究以中国东南沿海丘陵地区的连江县作为研究对象，利用 SPSS 软件和 Arcgis 软件分析连江县耕地利用现状以及利用变化的驱动因素。同时基于农民务农机会成本的变化，以农户务农收益对于耕地利用的影响评价连江县耕地边际化风险，得出结论：在 2010 年以后，连江县有较明显的耕地边际化风险。通过对经济增长与农民务农收入趋势进行简要的比较分析，结合 2001—2017 年的相关指标数据进行耕地库兹涅茨曲线的实证研究，指出：经济发展与农民务农收入之间存在内在联系，随着经济的发展，耕地非农化的数量将先上升后下降，呈现明显的倒 U 形曲线。最后，针对上述分析，提出相应的政策建议。另外，研究认为：首先，福建省连江县耕地边际化可以分为两个阶段：第一个阶段为耕地边际化初期（1988 年到 2000 年）；第二个阶段为耕地边际化发展加重期（2000 年到 2012 年）。在这个过程中，单位成本纯收益从 0.12 元以上下降到 0.08 元以下。从 1996 年到 2008 年，粮食播种面积一直呈下降趋势，下降幅度超过 13%。耕地利用集约度也从 4.7 万元/公顷下降到 3.7 万元/公顷。其次，影响连江县耕地投入粮食生产的主要影响因素是新增建设占用耕地。这种正向的物理边际化，使得耕地的粮食经济生产能力彻底消失，彻底退出粮食生产领域。另外，负向经济边际化的面积要大于负向物理边际化和负向自然边际化。这说明大量的园地、经济林地被整理成可耕种的耕地，用于粮食生产。这与当地历年来积极开展边际化农地整治工作，尤其是高标准基本农田建设项目的推广有关。

一　连江县区域概况

连江县位于福建省东部沿海、闽江口北岸，属于东部沿海丘陵地区，总面积为 1193 平方千米，其中山地丘陵面积 850 平方千米，占总面积的 71.25%。全县地貌类型复杂多样，山地丘陵较多，平原较少，地势西北高东南低。全县海岸资源丰富，拥有著名的"三湾三口"水产生产区。境内土壤以红壤为主，分布在全县的山地、丘陵区。其中水稻土是县内面积最大、分布最广的一种耕作土壤，主要集中在东部滨海平原、冲积平原和中西部山间盆地、山垅谷地；潮土主要分布在敖江、琯头、潘渡、马鼻等乡镇的溪流两旁；风沙土主要分布在琯头、晓澳和筱埕等乡镇的海滨挡风口；盐土分布海滨地带。植被有针叶林、阔叶林等7种植被类型，其中马尾松分布最广。[①]

在经济社会发展方面，连江县作为国务院首批沿海开放县之一，近年来国民经济和社会发展成效显著，跻身于福建省经济实力十强县和福建省经济发展十佳县行列。2014年全县实现生产总值325.5亿元，人均地区生产总值56771元，比上年增长7.0%。农业产值12.54亿元，下降3.8%；渔业产值175.62亿元，增长6.9%。全年全县农村居民人均可支配收入12707元，增长11.2%；城镇居民人均可支配收入26889元，增长8.7%。境内交通便捷，城区距马尾港35千米、福州45千米、长乐国际机场57千米，104国道、沈海高速公路、温福铁路和201省道以及福州环城高速贯穿境内。

1992年以后，连江县农村劳动力人数不断下降，到2014年连江县农业从业人员下降到13.21万人，下降比例达到35%。农村劳动力的流失伴随着粮食播种面积的下降。2014年全县粮食播种面积14.04万亩，比上年减少0.24万亩。粮食产量为4.79万吨，比上年也减产0.03万吨。

二 连江县土地利用现状

（一）农地利用变化及特征

1999—2018年，连江县农作物播种面积整体呈现下降趋势，20年间共减少12.41千公顷。具体可见连江县农作物播种面积变化分为两个过程（见图6-1）。

2000—2007年，连江县农作物播种面积减少10.05千公顷，该阶段

---

① 吴为彬：《连江县土地整治规划实施评价研究》，硕士学位论文，福建农林大学，2017年。

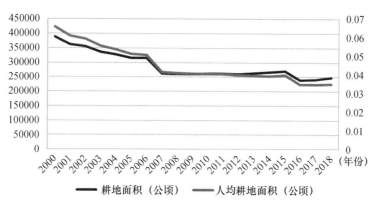

图 6-1　连江人均耕地面积变化

播种面积减少速度较快。在 1996—2005 年土地利用总体规划中，全县围绕社会经济发展大局，首先保障城市建设、重大基础设施建设和社会经济发展合理的建设要求，促进了社会经济的快速发展，但与此同时也导致了人地矛盾逐渐加深，城乡建设等占用耕地的现象日益严重。1997 年至 2005 年，非农建设用地累计占用耕地 990.3 公顷，人均耕地从 0.036 公顷降至 0.0033 公顷，适宜建设的用地与耕地空间分布重叠度达到 60% 以上，导致农作物播种面积骤降等问题①。

2007—2018 年，这一时期农作物播种面积减少趋势放缓并逐渐趋平，农作物播种面积减少 2.36 千公顷。在这一期间，政府对耕地保护的自觉性显著提高，土地利用规划的重点转移到以耕地保护为核心，实行严格的基本农田保护制度，通过土地开发整理复垦等方式及时补充同等质量的耕地。其中 2006—2010 年，非农业建设占用耕地控制在 527 公顷以内。且根据《连江县土地利用总体规划（2006—2020）》对 2020 年耕地面积保有量的预测，要实现规划目标（18.78 千公顷）任务艰巨，因此连江县加大对建设占用耕地的管控力度和土地开发。在 2012 年，耕地复种指数达到 131%，在一定程度上缓解了人地矛盾和耕地保护的压力。

（二）建设用地利用变化及特征

1992 年连江县城乡建设用地面积为 3543.3 公顷，到 2012 年城乡建

---

① 姚兴强：《连江县土地资源可持续利用研究》，硕士学位论文，福建农林大学，2012 年。

设用地面积增加到 9375.7 公顷，增加了 2.6 倍。目前城乡建设用地主要分布在人口稠密的地区，包括琯头、丹阳、蓼沿、敖江、潘渡、凤城等乡镇。其中交通运输用地面积 1321.0 公顷，占土地总面积的 1.1%。交通运输用地主要分布在城关及周边地区。连江县建设用地利用变化主要有以下几个特征。

第一，建设用地数量增加迅速，区域分布较为集中，呈东部地区多西部地区少的特征。1992—2012 年，连江县建设用地扩张了 2.3 倍，且大多集中在东部地势平坦地区。尤其以东部敖江两岸新增建设用地集聚最为明显和突出，该地区也是连江县经济发展最快的区域。

第二，农村建设用地面积数量有减少趋势。连江县目前正在努力通过对现有农村居民点改造、整合，优化用地布局，提高农村建设用地集约水平。根据城镇化发展趋势，对农村居民点进行空间整合，建设新型农村社区。根据连江县边际化农地整治规划，2011—2020 年全县待整理农村建设用地面积为 500 公顷，可新增农用地规模为 160 公顷。其中到 2015 年计划已完成农村建设用地整治 154.00 公顷，增加耕地面积 49.28 公顷。

第三，新增建设用地占用大量耕地的现状及趋势明显。城市的发展也占用了周边大量的优质耕地。根据规划，连江县 2006—2020 年新增建设用地 2848 公顷，2847 公顷来源于农用地，1942 公顷来源于耕地。因此而失去粮食经济生产能力的耕地数量巨大，由此而导致的耕地无弹性边际化问题显著。

（三）未利用地变化及特征

1992 年连江县未利用地面积为 23163.2 公顷，到 2012 年下降至 22000.9 公顷，共减少 1162.3 公顷。其中水域面积 1564.1 公顷，全部为河流水面，占土地总面积的 1.2%，水域面积最多的乡镇是潘渡乡，其次是琯头镇。滩涂沼泽面积为 14644.6 公顷，全部为滩涂，占土地总面积的 11.7%，含内陆滩涂和沿海滩涂，主要分布在晓澳镇、坑园镇、潘渡乡和筱埕镇。草地面积 864.1 公顷，占土地总面积的 0.7%。主要分布在江南乡、下宫乡等。其他土地面积 4928.2 公顷，占土地总面积的 3.9%。连江县未利用地变化主要有以下几个特征。

第一，通过滩涂围垦的新增耕地数量可观。2011—2020 年计划完成宜耕后备土地资源开发任务 1059.94 公顷，增加耕地面积 869.15 公顷。其中到 2015 年，完成宜耕后备土地资源开发任务 558.94 公顷，增加耕地面积 458.33 公顷。连江县滩涂资源丰富，围垦造地潜力较大。根据连江县土地后备资源调查，全县海岸线长且曲折，滩涂资源丰富，围垦造地潜力较大。目前沿海可围垦滩涂主要分布在马鼻、晓澳、官坂等乡镇。

第二，全县以开发荒草地、滩涂、裸地为主。主要分布在马鼻镇和晓澳镇，其他乡镇主要为荒草地开发。通过调研发现，当地在统计未利用地时，把弃耕撂荒现象严重的土地计算在荒草地一类。这也就意味着，连江县西部有很大一部分因为自然环境而导致农民放弃耕种的土地变为荒草地，这种自然因素导向型的农地边际化问题在连江县普遍存在。

三　连江县农地边际化诊断

（一）基于务农机会成本的农地边际化诊断方法

劳动力务农机会成本可定义为农业劳动力选择务农而丧失的选择另一种经济活动的最大收益。[①] 随着社会城市化和现代化的发展，城市工作岗位增加，农民工的就业机会增加，农户务农机会成本也随之增加。[②] 当农户的纯收益低于当地社会平均收入水平时，农民的生产积极性就有可能大幅下降，在经过观望与决策之后，通常会在之后的耕作过程中减少投入成本，从而导致农地利用的集约度下降；也有农户会完全停止耕种，向城镇迁移，出现弃耕撂荒现象。此外，伴随而来的是农村劳动力日渐老龄化现象，农村没有充足的劳动力，农地边际化因此而加剧。在非农就业机会较多的地方，农户家庭几乎不存在剩余劳动力，因此乡村农业从业人员占乡村总人口的比例可以反映农户耕作的机会成本，乡村劳动力占总人口的比例越低，其农户务农的机会成本越高，农地越容易边际化。[③]

因此本研究认为，当农户农地利用纯收益接近或少于当地务工最低薪资标准且在随后的农地利用过程中出现粮食作物播种面积下降的情况

---

① 贺文瑾：《论以土地流转"治"耕地撂荒》，《湖北农机化》2019 年第 13 期。
② 洪静：《尤溪县耕地边际化及其驱动机制研究》，硕士学位论文，福建师范大学，2018 年。
③ 关小克、王秀丽、陈伟强：《县域耕地边际化风险评价与验证》，《农业机械学报》2020 年第 51 卷第 2 期。

可以初步判定其农地利用出现边际化现象。农地利用边际化风险评价用公式表示为：

$$Ci = Ri - Oi \leq 0 \qquad (6-1)$$

式中：Ci 为农民耕种心理满意度；Ri 为农民人均耕种纯收益；Oi 为农民务农机会成本；当 Ci ≤ 0 时，意味着农民的务农机会成本为正，即经营与耕种土地必须放弃的务工收入多于从事农业生产的实际收入。说明农地利用的经济生产能力较低，属于有损失且损失大于收入的选择。因此农民有可能缺乏生产积极性而放弃耕种选择进城寻找工资更高的工作，农地"边际化"现象开始出现。

（二）数据处理与诊断过程

1. 数据调查

东湖镇位于连江县中部，距离县城仅 3 千米，交通便利，面积 45 平方千米，有农地 8460 亩，属于半山区农业型乡镇，共辖有 10 个行政村，总人口 1.68 万人。东湖镇多属丘陵地，不利于发展传统的农业种植，但辖区内水源充足、气候宜人，适合发展山地农业。本研究通过调查 2019 年东湖镇的两个以耕种为主的纯农业村：天竹村与胡坪村得知，胡坪村距离县城 3 千米，全村总户数 195 户，人口 715 人，农地面积 336 亩；天竹村距离县城 13 千米，全村总户数 68 户，人口 287 人，农地面积 285 亩。由这两个村的数据可估算，东湖镇平均每户农户约拥有农地 2.96 亩。据了解，村内超过半数的青壮年劳动力都选择进城务工、工厂上班、经商等。数据如表 6 - 1 所示。

表 6 - 1　　　　　　　　连江典型区域人均耕种面积

	农地面积（亩）	农户数量（个）	平均每户拥有农地数量（亩）	平均每户劳动力数量（个）	农民人均耕种面积（亩）
天竹村	285	68	4.2	2.2	1.9
胡坪村	336	195	1.72	1.53	1.12
平均	310.5	263	2.96	1.87	1.53

根据 2019 年调查数据，用式（6 - 1）推算 2001—2018 年的农民人

均耕种面积：

$$Ai = (Pi/Li) \times (L2019/P2019) \times 1.53 \qquad (6-2)$$

式中：Ai 为第 i 年农民人均耕种面积，Pi 为第 i 年连江县农业人口总人数，Li 为第 i 年连江县农作物播种面积总量，1.53 为 2019 年农民人均耕种面积。以 2019 年的农业人口总人数拥有农地面积的数量为标准，根据比例推算出 2001—2018 年的农民人均耕种面积，如表 6-2 所示。

表 6-2　　　　　　　1996—2017 年连江人均耕种面积

年份	1996	1997	1998	1999	2000	2001	2002	2003
农户人均耕种面积（亩）	2.374	2.402	2.398	2.412	2.39	2.308	2.256	2.12
年份	2004	2005	2006	2007	2008	2009	2010	
农户人均耕种面积（亩）	2.249	2.145	2.127	1.55	1.412	1.414	1.373	
年份	2011	2012	2013	2014	2015	2016	2017	
农户人均耕种面积（亩）	1.365	1.331	1.274	1.237	1.605	1.598	1.6	

2. 诊断过程

农地利用成本收益数据主要来源于《全国农产品成本收益资料汇编》，农作物播种面积数据、产量数据主要来源于《福州市统计年鉴》。由于东湖镇主要出产瓜果、毛豆、香菇、金针菇等蔬菜，因此在分析过程中以亩均蔬菜纯收益成本来进行农地边际化风险评价。

首先，计算不同时期人均蔬菜纯收益及亩均单位成本纯收益率年际变化增量。

第一步：计算 1996—2017 年亩均蔬菜纯收益，其算法为：

$$Ri = (Pi - Ci) \times Fi$$

式中：Ri 是平均每个农民的农地利用纯收益，元/公顷；Pi 是亩均农地利用的总产出，元/公顷；Ci 是亩均农地利用生产资料投入总额，元/公顷；Fi 是平均每个农民拥有的农地数量，亩。

农地利用纯收益是农民经营和耕种农地的种植业发展过程中各种收益之总和，其价值受农户劳动力的年有效劳动时间和劳动力经营与耕种的日均价值大小影响。农业成本主要由生产成本和土地成本构成，由于连江县农村以家庭自有劳动力耕作的情况占大多数，很少雇用他人，必须支付的雇工费用很少，因此暂不计算劳动力成本。将农民实际收益除以相对应的年有效劳动力日数，就能得到经营某种农作物的日均收益。

第二步：计算不同时期农地利用单位成本的平均纯收益率（ARi），以及农地利用纯收益的年际变化增量。其算式分别为：

$$ARi = Ri/Ci$$

式中：i 为农地利用的时期（分别对应 1996 年、1997 年……2016 年、2017 年），Ri 为第 i 年当前用途下农地利用的纯收益，Ci 为第 i 年当前用途下农地利用投入的总成本。

$$\Delta Ri = ARi + 1 - ARi$$

计算所需的数据以及计算结果如表 6 - 3 所示。

表 6 - 3　　　　　　　2001—2017 年连江农地利用纯收益变化

年份	务农有效劳动日数（日）	人均耕种纯收益（元）	劳动力日均收益（元）	单位成本纯收益率（%）	纯收益年际变化增量（%）
2001	62.4	1480.685688	23.7289373	0.869	0.302
2002	57.40	1998.613451	34.81904967	1.171	-0.082
2003	54.30	1948.375254	35.88168055	1.089	-0.242
2004	62.70	2239.835811	35.72305919	0.847	0.321
2005	67.20	3218.376148	47.89250221	1.168	0.246
2006	68.50	4202.307341	61.34755243	1.415	-0.064
2007	69.96	3477.201987	49.70271565	1.350	0.010
2008	65.9	3985.651907	60.48030208	1.361	-0.704
2009	69.41	2848.652059	41.04094596	0.657	0.414
2010	57.63	4233.009618	73.45149432	1.071	-0.905
2011	42.85	1564.304184	36.50651537	0.166	1.807
2012	52.54	6404.187969	121.8916629	1.973	0.166
2013	53.68	7222.340032	134.5443374	2.139	-0.984
2014	43.85	4349.145213	99.18233096	1.155	0.327
2015	47.13	6356.509364	134.8718303	1.482	1.377
2016	45.99	8384.771074	182.3172662	2.859	1.390
2017	43.21	9910.615401	229.3593011	4.250	

其次，计算务农机会成本即进城务工的净收益。需计算农民进城务工所得收益减去城市与农村生活消费之差。本书以福州市城镇集体单位的工资为标准进行计算。结果如表6－4所示。

表6－4　　　　　　　2001—2017 年连江务农机会成本

年份	城镇集体单位职工工资（元/月）	农村居民人均消费支出（元/年）	城市居民人均消费支出（元/年）	务农机会成本（元/日）
2001	662.25	3183.5	5760	18.412
2002	967.92	3212.52	6609	27.922
2003	685.50	3216.42	7347	15.049
2004	907.50	3335.78	8042	22.010
2005	999.50	3456.68	8382	24.948
2006	1136.08	3800.46	9595	27.820
2007	1384.33	4300.43	11790	32.724
2008	1520.33	4991	13541	35.050
2009	1561.58	5299	13680	37.099
2010	2153.58	6751	14551	61.460
2011	3552.33	7636	16579	112.127
2012	4366.92	8663	18509	140.983
2013	3466.33	11186.79	18279.74	113.888
2014	4218.50	11187	18280	142.817
2015	4207.58	12082	19257	142.173
2016	4459.17	13048	20506	151.074
2017	4593.42	14222	21719	156.130

（三）农地边际化诊断结果

根据式（6－2）计算出农地边际化风险，即农民受心理因素影响，当务农机会成本大于耕种所得收入时而导致农地边际化的可能性（见图6－2）。

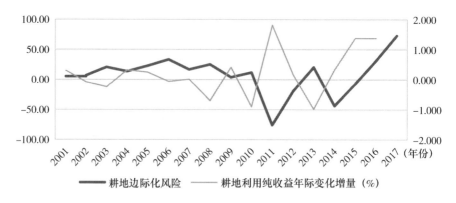

图6-2 连江农地边际化诊断结果

从图6-2可以看出，在2010年以前，农地利用纯收益一直大于务农机会成本，说明该时间段农地利用收益较为稳定，受到经济影响而导致农地边际化出现的可能性较小。但是在2006年之后，农地利用纯收益年际变化增量一直处于负增长状态。在2011—2015年，曲线波动较大，务农机会成本超过了农地利用纯收益，此时农地利用出现较明显的农地边际化现象。可能是由于2010年后，城市发展速度较快，在城市的扩张过程中，距离城市越近的地方，承接产业与资金转移的可能性就越高，农户的非农就业机会就越多，相应的务农机会成本就越高，农地越容易被边际化。[①] 同时，城镇化水平发展导致农用地的集约度下降，农地较为破碎化，农民人均拥有的耕地面积越来越少，因此农户不愿意在农地中投入过多的成本与劳动力，使得亩均农作物产量减少而导致农地利用纯收益年际变化增量呈现负数。

因此，加快实施高标准农田建设工程，全方位改善农村生产条件和生态环境，提高农地质量，加强对集中连片农地的监护管理对于保护农地，减少农地边际化现象具有重要意义。提高农业综合生产能力，让农民从农地利用与保护的行为中得到实实在在的经济报酬，防止出现弃耕撂荒的现象，既能提高农民务农收入又能保护农地与粮食安全。

---

① 关小克、王秀丽、陈伟强：《县域耕地边际化风险评价与验证》，《农业机械学报》2020年第51卷第2期。

四　连江县农地边际化数量演变特征分析

（一）无弹性边际化的变化特征

耕地无弹性边际化可以分为正向和负向两个方面。正向耕地无弹性边际化是指耕地被建设占用进而粮食生产的收益—投入弹性为零，就是耕地被建设占用以后退出粮食生产的过程及趋势。负向无弹性边际化是相对于正向无弹性边际化而言的，是指通过复垦等手段使建设用地转为耕地，也就是让该地块重新具有粮食生产的收益—投入弹性。在分析过程中，正向无弹性边际化以耕地转为建设用地数量表示，负向无弹性边际化以建设用地转为耕地数量表示。在工业化、城市化快速发展时期，耕地资源面临工业和城市土地利用的经济竞争，以及城乡建设用地增减挂钩政策的出台促使土地发展权流向城市，部分耕地非农化利用的趋势不可逆转。城市周边大量优质耕地被建设占用，使得耕地经济生产能力彻底消失从而退出农业生产，严重地影响到国家的粮食安全。国家出台相关边际化农地整治措施，通过开发复垦来增加耕地数量。正向耕地无弹性边际化和负向耕地无弹性边际化在同时期、同空间中是同时存在的。

1. 正向无弹性边际化的变化

连江县总共有正向无弹性边际化土地 1530.12 公顷，其中琯头镇、敖江镇、丹阳镇、潘渡乡、蓼沿乡的无弹性边际化土地超过 100 公顷，分别为 162.62 公顷、154.85 公顷、134.4 公顷、120.78 公顷以及 119.15 公顷。这些地区是连江县新增建设用地最为集中的区域。连江县耕地正向无弹性边际化与其经济社会的发展密切相关。正向无弹性边际化的空间特征也与连江县城市发展在空间上的趋势相似。近年来，连江县城沿敖江两岸迅速发展，城市规模的扩大必然侵占了大量敖江两岸的耕地。正向无弹性边际化的空间分布特征基本取决于该地区城市新建与建设用地扩展的空间分布特征。可以从正向无弹性边际化的空间分布特征来判断，未来连江县经济社会发展的主轴是在西南—东北方向上。

通过核密度分析能够得出结论，凤城镇的正向无弹性边际化土地是最集中、集聚的。凤城镇是连江县镇政府所在地，是连江的政治、经济、文化中心。城市化的发展使得凤城镇的建设用地面积不断扩大。辖区面积从1992年的300公顷增加到2019年的1200公顷，增长了将近4倍。凤城镇不但建设用地面积扩张快，而且建设占用耕地的具体地块在空间分布上都比较集中。另外，研究发现其他4个密度比较高的地区主要分布在琯头镇、马鼻镇和浦口镇。这三个乡镇的经济发展速度在连江县都比较靠前，新增建设用地都超过了100公顷。从全县分布上来看，正向无弹性边际化土地分布比较集中，这与当地经济发展以点带面的政策密切相关，首先发展典型乡镇，然后以典型乡镇的经济发展带动周边区域其他乡镇的共同发展。

2. 负向无弹性边际化的变化

连江县总共有负向无弹性边际化土地309.12公顷，其中蓼沿乡、小沧乡、官坂镇和潘渡乡负向无弹性边际化土地最多，分别为87.17公顷、47.73公顷和33.24公顷。这些地区离连江县政治、经济、文化中心较远，属于全县较偏僻的地区。负向无弹性边际化的空间分布与正向无弹性边际化的空间分布显相反方向发展。负向无弹性边际化区域并没有涵盖敖江，而是主要分布在连江西北部地区。这与连江县的主要开发、复垦项目集中在该地区有关。另外，连江县增减挂钩的项目也主要集中在连江西部地区。负向无弹性边际化的标准差椭圆所覆盖的范围比较广，这说明在连江西北部地区，开发、复垦所新增的耕地分布相对比较离散。

研究发现蓼沿乡、小沧乡的负向无弹性边际化面积总共约有100公顷，占连江县负向无弹性边际化总面积的1/3。这表明该区域是连江县负向农地边际化最集聚的区域。该地区的经济社会发展水平在连江县内比较落后于其他乡镇，小沧乡和蓼沿乡是连江县落实城乡建设用地增减挂钩的主要区域，也是耕地补充的主要来源区域。建设用地的复垦以及新增耕地的补充指标能为该区域带来一笔较可观的经济收入。这些区域有众多分散的农村建设用地，大部分被复垦后，农民被集中安置在特定的区域，也有利于当地经济社会的发展。从全县分布特征来看，除了西北部有比较集聚的负向无弹性边际化土地，其他区域负向无弹性边际化土地分布比较离散。因此连江县负向无弹性边际化主要分布在西北部地区，连江县沿海地区或者敖江以南负向无弹性农地边际化情况较少。

（二）缺乏弹性边际化的变化

缺乏弹性边际化可以分为正向和负向两个方面。正向缺乏弹性边际化是指耕地利用于粮食生产的过程中收益—投入缺乏弹性，主要表现为由于自然因素限制，加上人类活动的影响使得耕地经济生产能力下降，在空间分析正向自然边际化以耕地转为未利用地（不包括水域、滩涂）表示。与正向无弹性边际化相对应的是负向无弹性边际化，负向缺乏弹性边际化以未利用地（不包括水域、滩涂）转为耕地表示。连江县地处东南山地丘陵区域，由于受到坡度、土壤、水源、温度等自然因素的制约，耕地的经济生产能力一直保持在较低水平，耕地被弃耕撂荒或者退耕还林，进而退出粮食生产的现象普遍存在。同时，随着农民非农就业机会开始增多，大批青壮年农村劳动力不断流入城市，从事农业生产的劳动力大幅下降。农村劳动力的大量流失进一步人为恶化了缺乏弹性边际化的进程。虽然政府部门推出了坡改梯、退耕还林等政策，但是这些政策的有效性值得探讨。这里的有效性是指，政策在具体实施过程中根据实际情况是否符合经济、环境和社会效益。因此，研究耕地缺乏弹性边际化的变化意义重大。

1. 正向缺乏弹性边际化的变化

连江县总共有正向缺乏弹性边际化土地 395.11 公顷，其中潘渡乡、蓼沿乡、小沧乡正向缺乏弹性边际化土地最多，分别为 59.8 公顷、39.87 公顷和 39.87 公顷。正向缺乏弹性边际化耕地覆盖了连江县的大部分区域，这也说明自然因素对农地边际化的影响是大范围的、全域的。连江县正向缺乏弹性边际化的产生是基于当地的自然环境特征，在人类活动影响加剧的条件下而产生的。连江县东部沿海地区，尤其是部分岛屿由于受到海水侵蚀，耕地盐渍化严重。东部沿海地区受到海水影响盐渍化的耕地为 55.23 公顷，这些耕地一般粮食产量都很低下，且很多分布在远离大陆的岛屿之上。随着海岛居民离开岛屿进入连江县内陆生活居住，当地的一些耕地就被弃耕撂荒，形成了正向缺乏弹性边际化耕地。在连江县西部地区为山地丘陵地貌，耕地坡度一般都较为陡，不适合进行大规模机械化耕种。加上人类活动的影响，比如采矿、挖沙、挖土做砖等，造成山地滑坡和泥石流等自然灾害。这些都使得连江县西部地区广泛分布着耕地的正向缺乏弹性边际化。

研究发现黄岐镇、苔菉镇、安凯乡这三个沿海乡镇地区正向缺乏弹性边际化的土地分布特别集聚。这三个乡镇受海洋环境影响特别明显，土地盐渍化严重。加上近年来当地人口的减少，原本就不太适宜耕种的土地被进一步荒废。之所以密度在该地区较高，是因为区域面积相对较小，而发生耕地正向缺乏弹性边际化的地块又比较多和集中，于是正向缺乏弹性边际化的密度就非常大。比如安凯乡的一座岛屿面积为20.1公顷，其中就有5.2公顷的耕地属于正向缺乏弹性边际化耕地。另外几个密度相对较高的地区分布在连江县的西边，但是并没有像东部那样明显。主要是由于山地丘陵地貌的影响，连江县西部耕地主要集中分布在山谷的山脚之下。一旦受到地质灾害或者被农民弃耕撂荒，都相对集中在一个区域之内。比如由于某个山谷内的耕地由于坡度过于陡峭且难以到达，往往该区域的所有耕地都会被弃耕撂荒，而这些耕地又集中在山脚之下，山坡或者山顶很少有耕地分布。

2. 负向缺乏弹性边际化的变化

连江县总共有负向缺乏弹性边际化土地209.22公顷，其中蓼沿乡、小沧乡、官坂镇负向缺乏弹性边际化土地最多，分别为29.58公顷、29.58公顷和19.72公顷。连江县负向缺乏弹性边际化分布相对比较集中，主要分布在连江县的中部地区，这与当地高标准农田建设项目的实施有着密切的关系。根据连江县边际化农地整治规划的要求，计划到2020年全县农用地整理土地面积8650.08公顷，增加耕地潜力605.51公顷，平均增加耕地潜力系数7%。其中，高标准农田建设5733.33公顷。大部分高标准农田项目落在连江县的中部地区，通过高标准农田项目的建设，一些原本不利于耕地利用的自然环境因素被克服或者消除，原本被弃耕撂荒的土地以及一些未开发利用的土地被整治成为高标准农田。

研究发现马鼻镇和官坂镇负向缺乏弹性边际化土地虽然不是最多的，却是最集聚的。根据连江县滩涂围垦后备资源适宜调查报告，马鼻官坂滩涂区总面积为4681.46公顷，围垦后适宜耕种的面积大约为801公顷。目前，该边际化农地整治项目正在进行，因此耕地负向缺乏弹性边际化在该地区部分特别集中。另外，其他几个密度较高的部分主要集中在连江县的北部，这些地区都有不同程度和范围的边际化农地整治项目。另一个明显的高密度地区位于连江县东部的东岱镇，虽然东岱镇的负向无弹性边际化土地面积只有 4.93 公顷，但分布得非常集中，集聚度较高。由此可见，连江县负向缺乏弹性边际化的空间分布特征与当地农地整治，尤其是高标准农田建设项目的实施有关。高标准农田建设集中的区域，耕地负向缺乏弹性边际化就越明显。另外，沿海地区滩涂围垦也是引致耕地负向缺乏弹性边际化的重要原因。

（三）有弹性边际化的变化

有弹性边际化可以分为正向和负向两个方面。正向有弹性边际化是指城市周边的优质耕地在免予被建设占用的情况下，由于耕地用于粮食生产而可能获得的利润远远小于其他农业生产部门，进而退出粮食生产的过程及趋势。这种由于耕地粮食生产经济能力相对下降所带来的非粮食生产利用转型，本书定义为正向有弹性边际化。与之相对应的就是负向有弹性边际化，即非粮食生产的农业其他部门用地转为耕地，通过加大粮食生产要素投入提高粮食产量过程及趋势。根据定义，在分析过程中，正向有弹性边际化以耕地转为园地、经济林地表示，负向有弹性边际化以园地、经济林地转为耕地表示。

1. 正向有弹性边际化的变化

连江县总共有正向有弹性边际化土地 459.12 公顷，其中琯头镇、长龙镇、透堡镇正向有弹性边际化土地最多，分别为 76.07 公顷、62.90 公顷和 43.78 公顷。耕地正向有弹性边际化的空间分布特征与连江县经济发展水平和城市化发展方向密切相关。随着连江县城沿敖江两岸的扩张，一些城市周边的优质耕地用于非粮食生产用途所能够带来的经济效益迅速增长。随着城市居民生活水平的提高，以及交通运输条件的改善。城市居民对生活质量要求不断提高，这也就促使了对除粮食需求之外其他农业产品的迫切需求。比如同一块土地用于花卉、水果种植所带来的经济收益远远超过用于粮食种植。根据调查，在县城周边种植粮食的农民一年的纯收益在 1 万元左右，然而从事花卉水果种植的农民年纯收入最高能达到 10 万多元。由于资本的趋利性，不仅会在不同的农业生产部门之间流动，而且会在城乡不同的产业之间流动，导致用于粮食生产和耕地利用的资本相对减少，优质的耕地没有被充分地用于粮食生产，降低了粮食产量。

连江正向有弹性边际化的高密度区主要集中在凤城镇（连江县的政治经济文化中心）。为了提供凤城镇居民所需的水果花卉等需求，原本用于粮食生产的耕地转为园地、林地等。根据统计，自1992年以来，连江县新增蔬菜水果种植基地25个，其中16个分布在凤城镇周边，这是导致连江县3D核密度图中突出部位集中在凤城镇的主要原因。另外，马鼻镇作为连江县的另一个经济发展较好的区域，也出现了类似凤城镇的需求，马鼻镇镇政府南边连片的一些优质耕地用于种植茶叶和蔬菜瓜果。连江县西部大片山地丘陵地区基本没有明显的正向有弹性边际化集聚现象。该地区耕地质量普遍较低不适合种植花卉蔬菜茶叶等，同时也不适合进行大规模机械化生产；另外，由于地理环境的制约，当地交通通达度非常低，不适合这些经济作物的运输和买卖。一个农民如果需要将种植的水果、花卉等进行出售，可能首先需要步行几个小时到当地集市。因此，这就阻碍了大规模交易的可能性。

2. 负向有弹性边际化的变化

连江县总共有负向有弹性边际化土地634.12公顷，其中潘渡乡、蓼沿乡、丹阳镇负向有弹性边际化土地最多，分别为110.59公顷、88.66公顷和78.07公顷。负向有弹性边际化主要集中在连江县中北部的地区，这与该地区高标准基本农田建设的开展密不可分。连江县中北部地区，地势平坦，耕地连片成块的面积较大。连江县中北部一些零散分布的果园、林地、蔬菜大棚等整治成为基本农田，使得原本就连片成块的耕地面积扩大，符合高标准农田建设的需要。其中蓼沿乡高标准农田建设项目规模为354.79公顷，新增耕地44.09公顷，丹阳镇高标准农田建设项目383.76公顷，新增耕地39.80公顷。

连江负向有弹性边际化的高密度区主要分布在连江县北部的透堡镇和丹阳镇，这两个乡镇的耕地补充任务非常严峻，但是导致这种情况的原因不同。透堡镇是因为经济发展较快，建设占用耕地较多但是耕地数量有限导致耕地补充任务严峻，所以该地区一些经济林和园地被整理成为耕地。而丹阳镇经济发展相对缓慢，耕地数量也相对较多，这也使得在每一轮土地利用规划中丹阳镇的耕地补充任务特别重，于是一些经济生产能力较弱的园地和林地就被整理成为耕地。另外，处于连江西部的潘渡乡，虽然耕地负向有弹性边际化的数量最大，但是密度不高，研究认为这是因为潘渡乡地处丘陵山区，种植水果、蔬菜、茶叶的地块分布比较离散，并没有像连江县中北地区分布的那么集中。因此通过 3D 核密度分析，连江县西部负向有弹性边际化并没有明显的集聚态势。

（四）不同边际化类型的时空特征比较分析

1. 标准差椭圆对比分析

如不同类型边际化标准差椭圆参数所示，6 类边际化标准差椭圆中正向缺乏弹性边际化标准差椭圆面积最大，覆盖范围最广，为 118143.17 公顷。正向有弹性边际化标准差椭圆面积最小，覆盖范围最小，为 28224.96 公顷。负向有弹性边际化的旋转角度最大为 127.25 度，正向有弹性边际化的旋转角最小为 40.96 度（见表 6-5）。

表 6-5　　　　　　不同类型边际化标准差椭圆参数

类型	椭圆中心 X 坐标	椭圆中心 Y 坐标	X 轴长度（千米）	Y 轴长度（千米）	旋转角（度）	面积（公顷）
正向无弹性边际化	40460862.4927	2905073.05520	7934.24	17979.38	60.83	44810.60
正向缺乏弹性边际化	40463819.5137	2911506.12432	12777.88	29434.09	83.58	118143.17
正向有弹性边际化	40458881.7172	2905897.59774	6709.62	13391.39	40.96	28224.96
负向无弹性边际化	40448986.9225	2913983.89758	17708.27	9087.79	103.73	50552.84
负向缺乏弹性边际化	40460070.7787	2911238.87551	12399.98	10261.52	126.32	39972.37
负向有弹性边际化	40456863.034	2913215.21983	11922.17	9124.06	127.25	34171.91

2. 耕地正向边际化发展趋势分析

运用 Arcgis10.1 软件中的地统计模块对连江县所有正向边际化土地进行空间三维趋势分析。图 6-3 是对样点进行 0 度投影，分析东西、南北

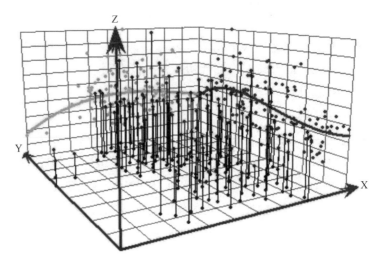

图6-3 连江正向边际化土地0度投影趋势

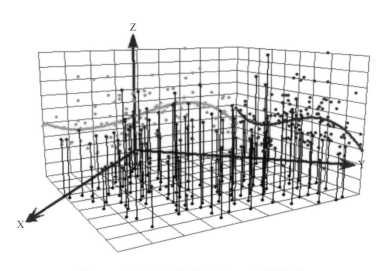

图6-4 连江正向边际化土地45度投影趋势

两个方向的趋势。可以看到投影在东西向上的趋势线（绿线）呈倒U形，说明连江县中部地区农地边际化的风险要比东西两端低。主要是由于中部存在大面积的高标准基本农田建设项目。在南北方向上，趋势线也大致呈倒U形，但是南部耕地正向边际化程度相比较接近且总体要高于北方。这主要是由于连江县县城凤城镇居于南部，城市的扩张所新增建设用地占用了大量的耕地。图6-4是对样点进行45度投影，分析东南—西北、东北—西南两个方向的趋势。在这两个方向上两条投影都显波浪状。在东南—西北方向上，耕地正向边际化风险空间变化趋势表现为高—低—高；在东北—西南方向上耕地正向边际化风险空间变化趋势表现为低—高—低。

五 连江县农地边际化驱动因素分析

（一）社会经济驱动因素

深入研究探讨各类型驱动因子与耕地变化之间的关系及其作用方式是人事土地利用变化内在规律、预测未来时期内土地利用变化的趋势以及制定有效土地管理的政策基础。[①] 在较短的时间内，社会经济因素对耕地变化的影响占主导地位，影响耕地变化的社会经济因素错综复杂，一般来说有经济发展水平、人口增长状况、城市化水平、农业生产技术条件等。[②] 根据数据的可获得性原则和已有耕地利用变化相关研究成果，初步选取12个与耕地相关的社会经济指标，对连江县2000—2018年耕地利用变化进行相关性分析（见表6-6、表6-7）。

表6-6　　　　　　　　连江耕地利用变化影响因素

社会经济指标	标号	社会经济指标	标号
地区生产总值	X1	粮食产量	X7
年末常住人口	X2	工业总产值	X8
农林水支出	X3	城镇化水平	X9
农民人均纯收入	X4	乡村人口	X10
农业商品产值	X5	公路通车里程	X11
农业人口	X6	农业总产值	X12

---

① 李建春：《银川市耕地变化与基本农田空间布局优化研究》，博士学位论文，中国农业大学，2014年。

② 祝明霞：《九江市耕地变化及驱动力分析》，《自然地理学与生态安全学术论文摘要集》，2012年，第130页。

表 6 – 7 连江耕地利用变化相关系数矩阵

	Y	X1	X2	X3	X4	X5	X6	X7	X8	X9	X10	X11	X12
Y	1.000												
X1	-0.743	1.000											
X2	-0.749	0.989	1.000										
X3	-0.463	0.912	0.907	1.000									
X4	-0.732	0.998	0.990	0.918	1.000								
X5	-0.484	0.211	0.191	0.020	0.165	1.000							
X6	0.368	-0.679	-0.644	-0.686	-0.705	0.239	1.000						
X7	0.965	-0.635	-0.645	-0.354	-0.628	-0.423	0.242	1.000					
X8	-0.734	0.996	0.993	0.917	0.997	0.173	-0.696	-0.629	1.000				
X9	-0.558	0.950	0.946	0.938	0.950	0.108	-0.692	-0.400	0.950	1.000			
X10	0.526	-0.906	-0.911	-0.875	-0.923	0.131	0.764	0.427	-0.918	-0.906	1.000		
X11	-0.667	0.948	0.914	0.870	0.952	0.064	-0.797	-0.558	0.951	0.904	-0.910	1.000	
X12	-0.736	0.998	0.986	0.906	0.997	0.179	-0.696	-0.629	0.995	0.950	-0.920	0.961	1.000

从表 6 – 7 中可以看出,影响连江县耕地利用变化的驱动因素之间存在一定的必然联系,例如农业总产值和工业总产值、地区生产总值以及农民人均纯收入的相关系数均在 0.995 以上,相关系数极高;城镇化率和工业总产值的相关系数达到 0.950;地区生产总值和年末常住人口的相关系数达 0.989,以上数据均可说明与耕地利用变化相关的影响因素之间存在一定的因果关系。分析结果可以总结为以下 3 点。

第一,城市化水平因素和人口因素。城市化是区域经济和社会发展在空间上的必然表现。城镇化水平与连江县耕地面积以及农业人口和粮食产量都呈现了负相关。改革开放以来,连江县城镇化迅速发展,20 年来城镇化水平提高了将近 20%,达到 47.1%。城市不断扩张不可避免地导致耕地受到侵蚀,例如可门港的建设不可避免地占用了作为本县主要耕地后备资源的沿海滩涂。同时,农村人口比重下降,大量乡村居民涌入城市,使得农村劳动力不足,使得耕地荒芜。由于农村人口向城镇转移不彻底、农村居民点土地整理复垦滞后等原因,农村居民点用地未能及时相应减少，导致农村与城镇两头占地，耕地数量减少。[①]

第二，农业科技进步因素。虽然耕地面积不断下降，但是其与农民人均纯收入以及农业商品价值呈负相关关系，与粮食产量呈现高度正相关关系。首先，连江县为沿海区域，渔业、养殖业发达，在种植业收益较低的背景下，许多农民为了追求更高的经济利益可能转变土地经营方式，部分耕地资源变更为鱼塘、果园、生态农业园等高收入的其他农用地，导致耕地资源流失。[②] 其次，在耕地面积持续减少的前提下，连江县粮食产量能够不断增加的主要原因在于农业科技的不断进步。农田水利设施的更新，高标准基本农田的建设等原因使得粮食产量保持稳定增长。此外，农业结构调整是实现农业增效、农民增收的有效途径，是提高农民生活水平的重要举措，是以市场为导向的农业结构战略调整。据此，虽然连江县耕地持续减少，但是由于农作物种植结构的调整，增加了经济作物的种植比重，以及农业机械化水平的提升，科技进步使得农业商品价值和农民人均收入不断增加。

第三，经济发展水平因素。耕地面积与 X1 地区生产总值、X2 年末常住人口、X8 工业总产值、X11 公路通车里程在 1% 的显著性水平下呈负相关关系。这四个指标与人口和城市发展有密切关系，人口是社会经济活动的主体，随着人民生活水平的提高，连江县配套公共基础设施、交通道路条件等不断得到改善。交通的便利程度影响着城乡间的人口流动，发达的交通网络有利于乡村人口向城市转移，促进农村剩余劳动力就业的非农化和兼业化。[③] 2005 年至 2018 年，公路通车里程共增加了 237 千米，道路交通的用地需求对耕地保护的压力也不断上升，交通运输为人民生活提供便利的同时也使得耕地被占用而减少。

---

① 祝明霞：《九江市耕地变化及驱动力分析》，《自然地理学与生态安全学术论文摘要集》，2012 年，第 130 页。

② 宋蕾：《基于多空间尺度的重庆市耕地利用变化与驱动因素研究》，中国地质大学，2019 年。

③ 张英男、龙花楼、戈大专、屠爽爽、曲艺：《黄淮海平原耕地功能演变的时空特征及其驱动机制》，《地理学报》2018 年第 73 卷第 3 期。

（二）坡度因素

坡度影响着光照、水分、温度和土壤等多个自然因素的分布和再分配，因而直接或间接地影响土地利用格局。[①] 连江县多山地少平原，所以坡度会对本地的耕地利用产生一定的影响。坡度是地表斜面对水平面的倾斜程度，就局部尺度而言，地面坡度条件是一个重要因素。坡耕地区域的板块规模远远小于平耕地区域，这主要是由于坡耕地区地势高、地形复杂，需要防止水土流失、耕地面积较小且整理难度高等农业生产的具体环节造成的。[②]

依据《土地利用现状调查技术规程》和《水土保持法》将连江县的地形坡度分为五级（见表6-8）。

表6-8 连江坡度划分[③]

坡度	对土地利用的影响
≤2	一般无水土流失现象
2—6	会发生轻度土壤侵蚀，需注意水土保持
6—15	会发生中度水土流失，应采取防护措施，加强水土保持
15—25	水土流失严重，必须采取工程、生物等综合措施防止水土流失
≥25	为开荒限制坡度，已经开垦为耕地，要逐步退耕还林还草

应用 ARCGIS 的空间分析模块将 DEM 生成坡度图，并对其进行分类。可以看出连江县有着丰富的地形地貌。从总体上看，连江县地形由两组山岭构成，中部坡度较缓，地势低平；西部边界中低山高丘叠立，地势高，向东南部倾斜，境内多山，并行岭谷排列明显；东北部丘陵为黄岐半岛，走向基本与海岸线平行。

由坡度分级图和土地利用分类图结合来看，在第1坡度级区域内，

---

① 朱南燕：《基于 LUCC 与景观指数的乡村景观格局变化及趋势分析》，硕士学位论文，福建农林大学，2019年。

② 张佳佳：《半山丘陵区县域耕地利用的景观特征》，硕士学位论文，山西农业大学，2013年。

③ 邓毅、薛龙义：《吕梁山区农村居民点耕作距离空间分布特征研究——以吉县车城乡为例》，《农业科学研究》2017年第38卷第1期。

主要是滩涂用地、河流水面以及农村居民地和建设用地；水田等耕地主要分布在中部坡度低缓区，即第 2 坡度级；在 3—5 坡度级区域内，林地和果园占据绝对优势，同时也零星分布着小块水田面积。

坡度越小，用地建设的难度越小，因此首先选择地势最平的地方进行用地建设；农村居民地四周基本分布着耕地，因此在第 2 坡度级内最具优势。坡度小于 6 时，水土流失现象发生的情况较少，宜农宜耕。随着坡度变陡，水土流失程度逐渐加深，再加之我县水利灌排系统设施老化，遇到集中的大强度降雨特别是台风来袭时，耕地水土流失的现象非常严重，土壤有机质及有效养分也随着表土的侵蚀被带走，造成土壤肥力下降，因此林地在 3—5 坡度级内占据优势。因此，推进节水灌溉工程、小型农田水利工程的实施也尤为重要。

（三）自然灾害因素

福建省作为中国东南部沿海城市，台风多发，每次台风登陆时都会对农业生产和发展造成一定程度的影响。连江县作为海岸带城市，更是几乎年年都会受到台风带来的影响。以 2016 年台风为例，全年影响福州市的台风有 7 个，分别为：1 号台风"尼伯特"、4 号台风"妮妲"、14 号台风"莫兰蒂"、16 号台风"马勒卡"、17 号台风"鲇鱼"、19 号台风"艾利"（10 月 8—9 日）和 22 号台风"海马"。其中有 2 个台风给福州市带来严重的风雨影响。

台风"莫兰蒂"于 9 月 15 日在厦门市翔安区沿海登陆，登陆时近中心最大风力 15 级（48 米/秒，强台风级）。13—16 日连江县沿海出现了持续性 8 级以上大风，过程极大风速出现在目屿岛，极大风速为 31.5 米/秒（11 级）。集中降雨出现在 15 日，全县普降暴雨，7 个乡镇出现大暴雨，1 个乡镇出现特大暴雨，最大雨量出现在潘渡乡，24 小时雨量为 298.1 毫米。受其影响，致使农业遭受不同程度的灾害。其中，部分晚稻受淹倒伏，抽穗开花期晚稻遭受"雨洗花"灾害，设施大棚受损倒塌，部分经济作物受灾甚至绝收。据连江县防汛办截至 9 月 6 日 12 时统计，"莫兰蒂"造成农作物受灾面积 1.0171 万亩，农作物成灾面积 0.6624 万亩，农作物绝收面积 0.2079 万亩。台风"鲇鱼"于 9 月 28 日在泉州市惠安县沿海登陆，登陆时中心附近最大风力 12 级（33 米/秒，台风级）。27 日至 29 日连江县沿海出现了持续性 8 级以上大风，过程极大风速出现在目屿岛，极大风速为 46.1 米/秒（14 级）。集中降雨出现在 28 日，全县普降大暴雨，5 个乡镇出现特大暴雨，最大雨量出现在江南乡，24 小时雨量为 381.8 毫米。受其影响，致使农业遭受不同程度的灾害。低洼地带水稻受淹，抽穗开花期晚稻遭受"雨洗花"灾害，大风导致设施大棚倾斜甚至倒塌，塑料薄膜破损，部分经济作物受灾甚至绝收。据连江县防汛办截至 9 月 30 日 14 时统计，"鲇鱼"造成农作物受灾面积 3.6035 万亩，农作物成灾面积 0.5873 万亩，农作物绝收面积 0.184 万亩。[①]

六 连江县农地边际化库兹涅茨曲线分析

受社会因素、政策因素、经济因素以及自然因素的影响，农户的生计方式不断发生改变，大量农户从单一的务农收入向务工及从事服务业转变。大量农村青壮年劳动力外出城镇务工所引发的农地边际化以及乡镇衰退问题逐渐引起社会的关注。近年来，农民增收困难的问题不断被提及，农民收入实现稳定增长的难度增大，面临的外部风险与挑战不断显现。[②] 由于土地资源数量有限，农民大多只能通过调整农业结构、提高复种指数等方法增加务农收入，因此从事农业生产的增收空间有限。通过研究不同时期连江县农民的增收与经济发展的耦合关系，可以为农地资源的有效利用和振兴乡村提供实证支撑。

（一）研究框架

本研究采用库兹涅茨曲线模型，分析连江县农民增收与经济发展水平的耦合关系，并印证两者是否存在倒 U 形曲线关系。库兹涅茨曲线是美国经济学家斯蒙·库兹涅茨于 1995 年首次提出的收入分配状况随经济发展过程而变化的曲线，广泛运用于经济、资源与环境领域。

本书选取 1996—2016 年为研究期，选取连江县农村居民人均纯收入实际增长率来表征农民持续增收能力，选取连江县实际人均 GDP 来表征经济发展水平。之所以选择农民家庭人均经营收入而不是农民人均可支配收入，是因为农民人均可支配收入包含家庭经营收入、工资性收入、

---

① 江君：《福建省连江县 2016 年农业气候评价》，《农村经济与科技》2017 年第 28 卷第 20 期。

② 李玉恒、宋传垚、阎佳玉、刘彦随：《转型期中国农户生计响应的时空差异及对乡村振兴战略启示》，《地理研究》2019 年第 38 卷第 11 期。

财产性收入、转移性收入四个部分，而后四个部分和农民直接从耕种所得来的收入没有直接关系，而家庭经营收入主要是农产品买卖所得收入。[1] 在实证研究上，分为两个阶段：第一阶段，建立面板回归模型，分析农民收入增长与人均 GDP 之间的参数关系；第二阶段，运用非参数局部多项式来对指标的关系进行曲线拟合，回归曲线走势。[2]

（二）数据来源及方法

连江县农村居民人均纯收入等数据来源于《福州市统计年鉴》等。农村居民人均纯收入名义增长率是反映人均纯收入绝对值变化的重要指标，由公式（6-2）计算得到。农村居民人均纯收入的实际增长率是指去掉物价因素影响后的收入增长率，反映收入增长的实际水平。[3] 在已知名义增长率与农村居民消费价格指数的情况下，由公式（6-4）计算出各省市农村居民收入实际增长率。农村居民人均纯收入指数是以某一年份为基期的定基指数变动情况的反映，本书将 1996 年的收入设为基准，数值设为 100，由公式（6-5）计算出各省市 1997—2016 年的收入指数。

$$NGRi = （RPCNIi - RPCNIi - 1）/RPCNIi - 1 \qquad (6-3)$$

$$AGRi = （1 + NGRi）/RCPIi - 1 \qquad (6-4)$$

$$RPCNIIi = RPCNIIi - 1 × （1 + AGRi） \qquad (6-5)$$

式中：NGRi 是第 i 年的农村居民人均纯收入的名义增长率；AGRi 是第 i 年的农村居民人均纯收入的实际增长率；RPCNIi 是第 i 年的农村居民人均纯收入；RPCNIIi 是第 i 年的农村居民人均纯收入指数。

（三）实证分析

1. 模型设定

根据库兹涅茨曲线相关理论，本文设定模型时以农民人均家庭经营收入（Y）作为解释变量，以人均 GDP（X）作为解释变量，库兹涅茨曲线模型的基本函数形式见公式（6-6）。

---

① 谢毅璇、杨瑞铭、许瑞德：《基于库兹涅茨曲线的农药使用量与农民家庭收入增长关系实证分析——以厦门市为例》，《农产品质量与安全》2019 年第 5 期。

② 秦雪、宋维玲、魏秀兰、邓丽静、赵龙飞：《海洋经济增长与海洋环境污染的库兹涅茨曲线实证研究》，《海洋经济》2018 年第 8 卷第 6 期。

③ 李玉恒、宋传垚、阎佳玉、刘彦随：《转型期中国农户生计响应的时空差异及对乡村振兴战略启示》，《地理研究》2019 年第 38 卷第 11 期。

$$Y_t = \beta_0 + \beta_1 X_t + \beta_2 X_t^2 + \beta_3 X_t^3 + \varepsilon_t \tag{6-6}$$

式中，Y_t 为研究区第 T 年农村居民人均纯收入指数，X_t 为第 t 年人均 GDP。β_0 为常数项，β_0、β_2、β_3 为模型参数，ε_t 为随机误差干扰项。通常根据模型参数的符号对农民收入和人均 GDP 的关系判断，二者之间的关系可能存在倒 U 形、U 形、N 形等。

倒 U 形曲线拐点计算见公式（6-7）。

$$X* = -\beta_1 / 2\beta_2 \tag{6-7}$$

2. 研究结果

将 1996—2017 年的农民人均纯收入增速与经济发展水平进行拟合，得到修正后的 EKC 曲线拟合参数（见表 6-9），可以看出二者的二次和三次模型拟合程度相似。由于二次模型中 R^2 的值高于三次模拟，因此最终选择二次模型。拟合结果如图 6-5 所示，说明研究区农民人均纯收入增速与经济发展水平耦合线之间确实存在倒 U 形的环境库兹涅茨曲线。该模型的拟合方程为 $Y = -0.0002x^2 + 0.0464x - 0.8589$。

表 6-9　　　　　　　　　　农地边际化回归分析

项目	变量	二次回归	三次回归
		系数	系数
参数估计	c	-0.8589	3.5694
	X	0.0565	0.2277
	X^2	-0.0002	0.1438
	X^3		-0.0081
模型检验	R^2	0.6097	0.6448
	F 值	41.132	46.322

根据公式（6-6）可以计算出该 EKC 曲线拐点出现在地区生产总值指数为 116 时，对应的时间为 2008 年。即 2008 年为连江县农民人均纯收益增速开始降低的拐点。说明在 2008 年以前，随着地区生产总值的增加，农民人均纯收益增加；在 2008 年以后，随着地区生产总值的减少，农民人均纯收益减少。EKC 曲线如图 6-5 所示。

综上所述，连江县农民增收难的问题在 2008 年凸显，主要体现在两

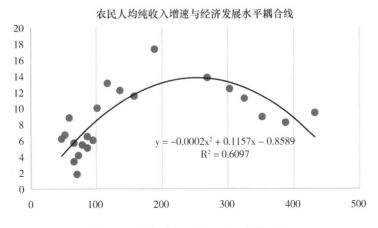

图 6-5　连江农地边际化库兹涅茨曲线

个方面。首先，从 2004 年开始，中国连续出台了一系列惠农政策，但由于以化肥为代表的农资价格、农机服务价格持续上涨，提高了粮食作物的生产成本，降低了农民种地的产出效益。[①] 同时，受农产品供给过剩、品种结构不适应市场需求等因素影响，多数农产品价格持续走低，导致农业增产，农民不增收。其次，农民人均农地面积不断减少。据变更资料统计表明，2006—2011 年连江县农地减少共 4441.5 公顷，农地锐减的主要原因是非农建设占用大量农地，平均每年减少 888.3 公顷农地。政府应完善土地流转制度，鼓励务工农户流转不愿意耕种且适宜耕种的农地。同时适当补贴当地种植大户，促进农地资源的合理利用提高农户的收入。

第三节　浙江省宁波市农地边际化研究

浙江省宁波市地处中国东南沿海，且位于大陆海岸线中段，东面是舟山群岛，北面是杭州湾，海岸线总长 1562 千米，管辖海域面积 9758 平方千米。由于地理位置优越，宁波拥有不错的港口区位和旅游资源，同时海洋资源也十分丰富，比如海洋生物资源、油气资源等。宁波常年盛

① 李玉恒、宋传垚、阎佳玉、刘彦随：《转型期中国农户生计响应的时空差异及对乡村振兴战略启示》，《地理研究》2019 年第 38 卷第 11 期。

行亚热带季风气候，农业生产条件良好。然而，20 世纪 90 年代以来，随着城乡空间结构、产业结构的快速转变，人口和海洋产业不断向宁波集聚，耕地利用非农化、非粮化、粗放化、边际化等问题也随之产生。目前，宁波市存在耕地逐年减少、耕地利用效益低下以及耕地被弃耕撂荒等农地边际化问题。本节将从农地边际化现状、农地边际化驱动因素分析、农地边际化诊断和农地边际化治理措施等方面对宁波市进行农地边际化研究。

一　宁波市社会经济发展情况

宁波简称"甬"，位于浙江省东部海岸带地区，是中国东南沿海重要的港口城市、长江三角洲南翼经济中心。全市陆域总面积 9816 平方千米，海域总面积 8355.8 平方千米，岸线总长 1594.4 千米，约占浙江省海岸线的 24%。① 宁波市岛屿众多，共有大小岛屿 614 个，面积 255.9 平方千米。

（一）海洋经济概况

作为中国重要的港口城市和长三角南翼经济中心，宁波市经济持续快速发展，显示出巨大的活力和潜力，成为浙江省经济中心之一。2017 年宁波成功入围国家"十三五"第二批海洋经济创新发展示范城市。2019 年浙江省政府正式批复《浙江宁波海洋经济发展示范区建设总体方案》。计划宁波将围绕构筑"一体二湾多岛"格局，推动建设海洋工程装备、海洋智慧科技、海洋旅游（影视休闲）、渔港经济、海洋旅游（康体养生）、海洋生物医药六大区块。近年来，宁波港域的货物吞吐量和集装箱吞吐量不断攀升（见图 6-6），到 2020 年，宁波港域货物吞吐量增加到 60098 万吨，集装箱吞吐量增加到 2705.4 万标箱，可见港口资源是宁波发展海洋产业最独特的优势。依托海洋优势，宁波的渔业和文旅产业也蓬勃发展。

（二）农业生产概况

在农业生产活动中需要投入土地、劳动力和资本等生产要素，而这

---

① 楼璐：《宁波主要乔木枝条纤维特征、力学特性及抗风能力研究》，硕士学位论文，浙江农林大学，2021 年。

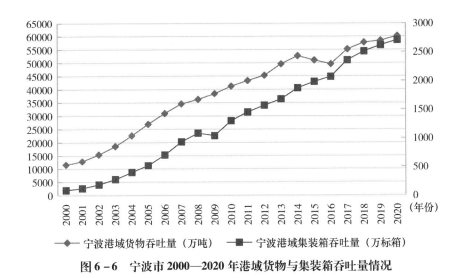

图 6 - 6　宁波市 2000—2020 年港域货物与集装箱吞吐量情况

三种要素是否被有效组合与配置将对农业生产发展起着重要作用。接下来将从土地要素配置、劳动力要素配置和资本要素配置等方面对宁波市的农业生产要素配置情况进行分析。

1. 土地要素配置

土地要素配置了多少反映了该地区经济社会发展的客观要求，是该地区经济社会发展的程度、阶段和水平的空间响应。在农业生产过程中，耕地资源的配置问题十分重要，通常受政府耕地利用调控和农民农业经营投入影响。据土地利用调查显示，2004 年宁波市城镇村及工矿用地 1536621.10 亩，到 2018 年增加至 2415951.30 亩，14 年间共增加了 879330.20 亩，平均每年增长 3.32%。随着宁波市经济建设持续发展，城镇建设占用耕地的需求不断增大。如表 6 - 10 所示，2005—2009 年这五年间，宁波市的城镇村及工矿用地面积增速均在 3% 以上，其中 2009 年增速最高，为 12.47%。与此同时，耕地面积则逐年减少，2004 年耕地面积 3221961.30 亩，2008 年耕地面积减少到 3091790.20 亩，共减少了 130171.10 亩。

表 6 - 10　宁波市 2004—2018 年耕地与城镇村及工矿用地利用现状对比

年份	耕地			城镇村及工矿用地		
	面积（亩）	增速	平均年增长率	面积（亩）	增速	平均年增长率
2004	3221961.30	—	—	1536621.10	—	—
2005	3121418.50	- 3.12%		1605245.80	4.47%	
2006	3102612.30	- 0.60%		1694701.10	5.57%	
2007	3101838.80	- 0.02%		1747734.50	3.13%	
2008	3091790.20	- 0.32%		1816401.90	3.93%	
2009	3341701.95	8.08%	- 0.12%	2042972.10	12.47%	
2010	3307161.75	- 1.03%		2093348.55	2.47%	
2011	3301747.05	- 0.16%		2148944.40	2.66%	
2012	3292600.35	- 0.28%		2195496.30	2.17%	
2013	3279625.35	- 0.39%		2244108.15	2.21%	
2014	3274947.00	- 0.14%		2291090.10	2.09%	
2015	3271424.10	- 0.11%		2320539.15	1.29%	
2016	3260896.20	- 0.32%	- 0.12%	2347189.50	1.15%	3.32%
2017	3278194.95	0.53%		2370624.00	1.00%	
2018	3265659.45	- 0.38%		2415951.30	1.91%	

　　由于建设占用耕地的需求不断增大与相应耕地后备资源不断减少之间的矛盾日趋加大，2006 年起宁波市政府陆续实施耕地保护政策，开展《耕地占补平衡》《标准农田建设》《制止耕地弃耕撂荒》《滩涂围垦造地规划》等工作。当时，宁波市耕地保护工作成效显著，从 2008 年至 2009 年，新增耕地面积 249911.75 亩，增速高达 8.08%。综观宁波市 2004—2018 年耕地与城镇村及工矿用地的利用情况，虽然宁波市政府一直坚持开展耕地保护工作，但新增后的耕地数量仍然逐年减少。耕地数量减少，一方面是因为耕地被建设用地占用，另一方面是因为农民减少耕作土地的投入。随着宁波市城市经济发展越来越好，留在农村进行农业经营的收入远远低于进城务工的收入，当地农民开始调整农业用地，包括变更地类、土地流转、退耕还林和弃耕撂荒，总体上越来越多的耕地被闲置。

　　2. 劳动力要素配置

劳动力是农业生产过程中唯一的能动要素，劳动力要素配置既影响着农业精耕细作的程度，也影响着耕地质量的动态平衡。1990年以后，宁波市从事农业的劳动力人数由曾经的逐年增加转变为逐年下降。1990年宁波市进行农业生产经营的劳动力有142.33万人，占农村三次产业的56.01%。然而，到2019年宁波市农业从业人数下降到45.19万人，仅占农村从业人数的15.48%。如图6-7所示，可以发现20年间，宁波市从事农业的劳动力数量减少了约50万。而这50万劳动力流向了第二产业和第三产业，主要是因为宁波市快速的经济发展带来了农民非农就业机会的增加和非农收入的增加。农村劳动力无论是从事农业还是工业、服务业，主要目的是追求高收入以维持家庭的经济消费和未来发展。当宁波市农民非农就业机会增加且非农收入增加时，农民会结合自身情况对比分析从事农业和非农业的成本与收益。通常情况下，进行小规模经营的农民获得的农业收益较低，无法满足其日益增长的消费需求；而如果农民进城务工，其就业成本更低，收益更高，因此越来越多的农村劳动力流向第二产业和第三产业。

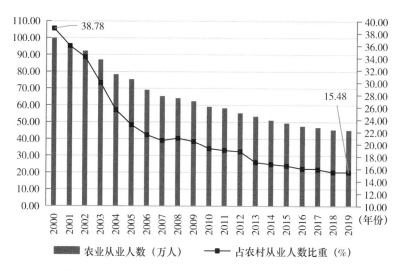

图6-7 宁波市2000—2019年农业从业人数及占比①

———————————

① 资料来源：《宁波市2020统计年鉴》。

3. 资本要素配置

资本要素是农业生产过程中流动性较强的生产要素，资本要素配置通过市场的竞争机制和价格机制来实现。在农业生产过程中，资本要素会在不同的农业生产部门流动。宁波市 2020 年农业总产值构成及同比增长情况显示，2020 年宁波市粮食作物生产总值仅有 26 亿元，而蔬菜生产总值有 80.4 亿元，茶桑果生产总值有 89.9 亿元。由此可以了解到，种植蔬菜、茶桑果和园艺花卉是宁波市农业发展主要的经济收入来源，说明原本用于粮食生产的资本很大一部分流入了生产花卉、水果和茶叶等其他农业生产部门。虽然用于粮食生产的资本要素受竞争和价格机制影响而流出，但为了合理分配各生产部门之间的资本要素，宁波市政府从宏观上采取了一些调控政策。比如，实施《农机专项资金使用办法》，针对规模种粮大户发放种植补贴，针对拥有耕地承包权的种地农民发放耕地地力保护补贴，针对从事农业生产的农户和企业发放农业机械购置补贴等。除此之外，宁波市农村农业局还有财政专项资金用于农村农业发展，比如 2019 年宁波市财政拨款 990 万元用于现代农业发展专项项目。

（三）海岸带自然地理概况

宁波市地处中国海岸线中段，长江三角洲南翼。地势西南高，东北低，平均海拔在 4 米左右。全市地貌分为山地、丘陵、台地、谷（盆）地和平原；其中平原面积最大，占陆域面积的 40.3%；台地面积最小，占陆域面积的 1.5%。另外，山地面积占 24.9%，丘陵面积占 25.2%，谷（盆）地占 8.1%。宁波河流众多，水资源丰富。甬江是宁波较大的河流，其中余姚江、奉化江在市区"三江口"汇成甬江，流入东海。宁波盛行北亚热带季风气候，常年温和湿润、雨量充沛，但受大气南北环流交替影响，气候又复杂多变，属于台风、暴雨、雷电、洪涝等自然灾害高发地区。近年影响宁波的台风较常年偏少，但是梅汛期降水量比常年明显偏多且持续时间也明显偏长。宁波拥有丰富的海涂资源，但由于滨海平原成陆时间短，盐碱严重。

二 宁波市农地利用现状

伴随着工业化与城市化的迅速发展，宁波市土地利用方式和利用程度发生了较大变化，尤其是农地方面。根据 2020 年土地利用变更调查数

据显示，宁波市土地总面积为 939301.7 公顷，其中耕地面积为 304081.47
公顷，占土地总面积的 32.37%；林地面积为 395526.15 公顷，占土地总
面积的 42.11%；草地面积为 19324.44 公顷，占土地总面积的 2.06%；
水域面积为 70675.92 公顷，占土地总面积的 7.52%；城乡、工矿、居民
用地面积为 149053.8 公顷，占土地总面积的 15.87%；未利用地面积为
488.88 公顷，占土地总面积的 0.05%；海洋面积有 151.11 公顷，占土地
总面积的 0.02%。全市土地利用结构中，林地面积占比最大，耕地面积
占比第二，城乡、工矿、居民用地面积占比第三。其中，耕地中的水田
面积为 275886.6 公顷，占耕地总面积的 90.73%，而旱地面积为
28194.84 公顷，占耕地总面积的 9.27%。虽然近几年宁波市大力开展耕
地保护工作，遏制耕地"非农化"，严格管控"非粮化"，严控耕地转为
其他农用地，但受人口增长和发展需求等因素的影响，宁波市人均耕地
少、耕地后备资源不足的基本情况没有改变，建设占用耕地与保护耕地
矛盾仍然尖锐，存在农地边际化风险。

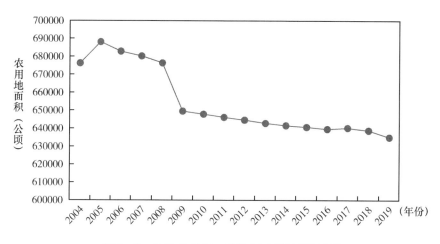

图 6 - 8　宁波市 2004—2019 年农用地面积变化

2004 年宁波市的农用地面积为 676240.48 公顷，到 2019 年下降到
635038.79 公顷。如图 6 - 8 宁波市 2004—2019 年农用地面积变化所示，
十五年间宁波市的农用地数量经历了先上升后下降的变化。从 2004 年到
2005 年，宁波市农用地面积增加了 11845.23 公顷；此后到 2009 年，农

用地面积大幅度减少，尤其是从 2008 年到 2009 年，仅一年时间宁波市的农用地面积就减少了 26845.01 公顷。2009 年以后，宁波市的农用地数量逐年缓慢下降，平均每年下降 0.23%。

其中，宁波市的耕地数量经历了先下降再上升，再缓慢下降的变化（见图 6-9）。2004—2008 年，宁波市的耕地面积从 214797.42 公顷减少到 206119.35 公顷，平均每年减少 1.02%。由于宁波市委、市政府高度重视耕地保护，积极开展"耕地占补平衡""标准农田建设""制止耕地弃耕撂荒""滩涂围垦造地规划"等工作，2009 年宁波市耕地数量上升到 222780.13 公顷，仅一年间耕地数量就增加了 16660.78 公顷。尽管宁波市政府一直坚持开展耕地保护工作，但 2009 年以后宁波市的耕地面积仍逐年下降，平均每年下降 0.25%。宁波市耕地主要分布在东北部和中部的甬江流域平原，以余姚市、慈溪市、奉化区为主。

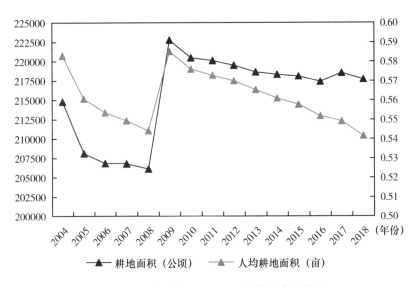

图 6-9　宁波市 2004—2018 年耕地变化情况

近二十年，宁波市农地利用变化主要有以下几个特征。

第一，宁波市的耕地数量先大幅减少后大幅增加，再逐年少量减少到保持动态平衡。耕地数量的减少，一方面，是因为建设用地占用。随着宁波市用地需求越来越大，距离城市较近的耕地被开发成工矿用地、居民点用地、城市建设用地以及各类交通用地等。据数据显示，宁波市以平均每年 0.46% 的速度新增建设用地，而耕地则以平均每年 0.25% 的速度减少。另一方面，农业内部结构调整导致耕地数量减少，主要是退耕还林和退耕还塘。① 宁波市在发展经济和推动城市化进程的同时兼顾生态保护要求，将 15°以上坡耕地、生态公益林区域内的耕地、零散分布质量较差及地类不符合相关规定的耕地退出基本农田，转换成了林地和水域。

第二，宁波市耕地利用效益呈现中北部高、南部低的特点。受地形地貌影响，宁波市的优质耕地主要集中在中北部流域平原地区，即慈溪市、余姚市北部，海曙区、鄞州区和奉化区交界。由于这些区域位于水网平原、河谷平原地区地势平坦，耕地地块规整，基础肥力高，耕地生产能力强，利用效益高。② 除此之外，宁波市近海区域内的宁海县和象山县南部也有一些优质耕地。而低质量耕地则主要分布在宁波市的南部地区，包括北仑区、余姚市南部，奉化区西部，宁海县和象山县低丘陵地区，这些区域地势较高，坡度较大，土壤肥力较差，耕地资源自然本底条件差。另外，这些耕地多位于远离城镇的低山丘陵处，在空间分布上比较细碎零散，以孤岛形态存在，因此耕地利用效益不高。

第三，耕地后备资源严重不足的同时，还存在耕地转为园地、林地的风险。虽然这些年宁波市十分重视耕地保护，努力让耕地数量保持动态平衡，但人均耕地面积仍然持续下降。如图 6－9 宁波市 2004—2018 年耕地及人均耕地情况显示，十五年来宁波市人均耕地面积由 0.58 亩降低到 0.54 亩，其中经历了先大幅度下降后大幅度上升，再逐年缓慢减少的变化。宁波市的人均耕地面积不仅低于联合国粮农组织确定的 0.795 亩安全警戒线，还低于全省平均水平 0.60 亩，远低于全国平均水平 1.20 亩。据 2015 年耕地后备资源潜力调查显示，宁波市适宜开发的宜耕后备资源总潜力为 24 万亩，其中通过滩涂围垦新增耕地潜力为 17 万亩，占71%。③ 而滩涂垦造耕地在现行政策实施中存在诸多问题，因此宁波市耕地

① 蒋狄微：《宁波市土地利用/覆被时空变化分析和预测研究》，硕士学位论文，浙江大学，2015 年。

② 赵梦珠：《耕地多功能视角下都市区永久基本农田综合评价及分级研究》，硕士学位论文，浙江大学，2019 年。

③ 张月英、汪天麟：《浅析宁波市耕地占补平衡》，《浙江国土资源》2017 年第 8 期。

后备资源严重不足。另外，由于宁波市的经济水平和城市化水平越来越高，人们也越来越追求高质量的生活水平。近几年来，宁波市人民对蔬菜、水果、花卉的需求不断增加，由于园地、林地的经济生产能力要远高于用于粮食生产的耕地，越来越多农户选择缩小粮食播种面积而扩大蔬菜、水果、花卉的种植面积，这导致宁波市耕地存在转为园地和林地的风险。

三 宁波市农地边际化诊断

（一）诊断方法

本文选择以"农地心理纯收益"为指标诊断宁波市的农地边际化情况。农地心理纯收益是指农民用农业生产经营时获得的纯收益与进城务工时获得的纯收入相比较的心理预期。当农地利用纯收益低于农民对农村居民人均工资的心理预期时，农民会选择减少粮食播种面积或者弃耕撂荒。因此，当农地利用心理纯收益指标小于或等于零的时候，则可以判断宁波市存在农地边际化风险。

农地边际化风险诊断公式表示为：

$$E_i = C_i - O_i \leqslant 0$$

其中，E_i 代表农地利用心理纯收益指标，C_i 代表农地利用纯收益，O_i 代表务农机会成本。当 $E_i \leqslant 0$ 时，意味着农民经营土地的实际收入低于农民放弃土地选择务工的收入，说明此时的农地利用经济生产能力较低，农民有可能选择放弃农业经营而进城务工。这时也说明农地出现边际化风险。

（二）宁波市农地边际化诊断

1. 数据来源

区域农业生产总值、务农人口、区域农业化肥使用量、区域农机用电量、区域农药使用量、农村居民人均工资性收入、价格指数等基础数据来源于 2000—2020 年《宁波市统计年鉴》，其中关于化肥、农机用电、柴油、农药的价格数据来源于实地调查。

2. 诊断过程

首先，计算农地利用纯收益。农地利用纯收益用区域农民的农业生产收益与农业生产成本的差值表示。具体计算公式为：

$$C_i = R_i - T_i \qquad\qquad (6-8)$$

$$Ri = Gi/Pi \qquad\qquad (6-9)$$

$$Ti = (Ai + Bi + Ci + Di) / Pi \qquad\qquad (6-10)$$

式中：Ci 为农地利用纯收益，Ri 为区域农业生产收益，Ti 为区域农业生产成本；Gi 为每年区域农业生产总值（元），Pi 为每年务农人口（人），Ai 为每年区域农业化肥使用费用（元），Bi 为每年区域农机用电费用（元），Ci 为每年区域柴油使用费用（元），Di 为每年区域农药使用费用（元）。由于考虑到数据的可获得性，计算区域农业生产成本时只选择了化肥、农机用电、柴油和农药等资金投入，并未包括劳动力的资本投入。其中，区域农业化肥使用费用、区域农机用电使用费用、区域柴油使用费用和区域农药使用费用需要把物质形态的产出转化为价值形态，本书通过历年的价格指数对其价格进行处理以获得更为准确的数据。

其次，计算农地利用心理纯收益。农地利用心理纯收益用农地利用纯收益与务农机会成本的差值表示。具体计算公式为：

$$Ei = Ci - Oi \qquad\qquad (6-11)$$

式中：Oi 为每年务农机会成本，本书选择农村居民人均工资性收入作为农民的务农机会成本。通过公式（6-8）、公式（6-9）、公式（6-10）、公式（6-11）得到农地利用心理纯收益，如表6-11所示。

表6-11　　　　　　　　宁波市农地利用心理纯收益　　　　单位：元

年份	区域农业生产平均收益	区域农业生产平均成本	农地利用平均纯收益	务农机会成本	农地利用心理纯收益
2000	7169.19	4056.69	3112.49	2684.73	427.76
2001	7764.89	4015.43	3749.46	3250.85	498.61
2002	7980.28	4477.91	3502.37	3379.88	122.49
2003	8894.76	5523.51	3371.25	3597.78	−226.53
2004	11100.61	7801.97	3298.65	4024.92	−726.27
2005	12108.41	10414.89	1693.52	4396.91	−2703.39
2006	14050.25	13477.67	572.58	5105.06	−4532.48
2007	16324.86	16619.08	−294.21	5875.99	−6170.20
2008	18465.12	21162.10	−2696.98	6815.71	−9512.69

续表

年份	区域农业生产平均收益	区域农业生产平均成本	农地利用平均纯收益	务农机会成本	农地利用心理纯收益
2009	21376.29	18842.87	2533.42	7372.50	−4839.08
2010	27895.56	25612.15	2283.40	8125.25	−5841.85
2011	32298.09	31933.92	364.17	9667.38	−9303.21
2012	35578.92	33705.73	1873.19	11022.65	−9149.46
2013	36996.90	34600.76	2396.14	12583.00	−10186.86
2014	39792.59	34500.75	5291.84	15777.00	−10485.16
2015	42172.86	30995.51	11177.35	16882.00	−5704.65
2016	46123.86	29276.40	16847.46	18256.00	−1408.54
2017	48458.17	36494.51	11963.66	19598.00	−7634.34
2018	50415.01	44961.41	5453.60	20922.00	−15468.40
2019	53146.71	42883.65	10263.07	22751.00	−12487.93

（三）宁波市农地边际化诊断结果

通过上文计算宁波市 2000—2019 年的农地利用心理纯收益得到宁波市 2000—2019 年的农地边际化情况，图 6 – 10 表示的是宁波市农地边际化曲线。

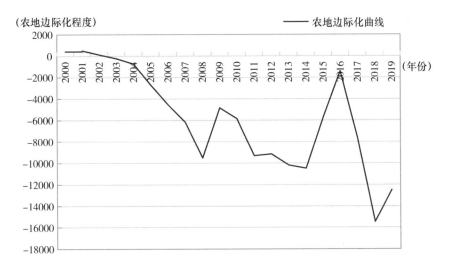

图 6 – 10　宁波市农地边际化情况

从图 6 - 10 中可以看出：2000 年起宁波市已开始出现农地边际化倾向，且随着时间的推移农地边际化程度不断加深，虽然中间出现两次农地边际化程度减缓的情况，但又再次陷入较高的农地边际化程度，尤其是 2018 年，总体表现为无弹性边际化和富有弹性边际化。具体分为以下 5 个阶段。

第一，2003 年以前宁波市已经出现农地边际化倾向但程度较低，这段时期主要表现为无弹性农地边际化。2000 年宁波确立建设现代化国际港口城市的战略目标后，城市化速度明显增快，大量的农地被占用为城市基础设施做贡献，如转变为居民住宅区和工业园等。而当时的农村居民主要以务农为主，耕地撂荒现象不明显。这种因建设需要占用农地表现出的是无弹性农地边际化。

第二，2003—2008 年，宁波市农地边际化程度逐渐加深，这段时期主要表现为富有弹性边际化，且伴随着无弹性边际化。随着农业结构战略性调整工作的展开，农民受"效益农业"政策的影响，纷纷考虑"什么挣钱种什么"，种植业内部结构出现变化，尤其是粮食的比较效益低下，农民不愿种植粮食，导致一些种植粮食的优质农地被转变为园地、林地。除此之外，受生态保护政策的影响，15°以上坡耕地、生态公益林区域内的耕地、零散分布质量较差及地类不符合相关规定的耕地均退出基本农田，转换成了林地和水域。这种因农地利用类型改变表现出的是富有弹性农地边际化。

第三，2008—2009 年，宁波市仍然处于农地边际化但程度有所减缓，主要是因为前期实施的土地复垦工程、海涂围垦工程和低标准农田建设工程取得了一定成效。这段时期仍然表现为富有弹性边际化与无弹性边际化共存。

第四，2009—2014 年，宁波市农地边际化程度再次加深，这段时期随着经济的发展，部分农民发现务农的收益越来越低，且无法满足相应的物质需求，转而选择进城打工，宁波市开始出现耕地抛荒的现象且越来越普遍，导致农地边际化程度进一步加深。

第五，2014—2016 年，宁波市农地边际化程度二次减缓。但 2016 年以后，农地边际化程度又一次加深且 2018 年到达农地边际化程度的最高点。这段时期，一方面宁波市在加快实施高标准农田建设工程，致力于减少农地边际化；另一方面宁波市的城市建设用地矛盾和农村劳动力流失的问题也在加剧。

总的来说，宁波市的农地边际化情况不容乐观，保护农地、维持耕地动态平衡的工作需要坚持下去，同时宁波市也需要吸引劳动力流回农村，抑制耕地摞荒的数量。

四　宁波市农地边际化驱动因素分析

（一）指标选取

农地边际化是一个复杂的过程，受多种因素影响和制约，包括自然、经济、政策、技术等多种因素的综合作用形成的。但是随着人类社会的发展，尤其如宁波市这样经济活动高度集聚的城市，人口与经济发展对城市土地利用需求的持续增长，显然是影响农地边际化最为根本的外动力。[①]

表 6-12　　　　宁波市耕地利用变化驱动因子指标体系

驱动因子类型	驱动因子指标
社会经济因素	X1——区域生产总值（万元） X2——第一产业生产总值（万元） X3——第二产业生产总值（万元） X4——第三产业生产总值（万元） X5——人均生产总值（元） X6——社会固定资产投资（万元） X7——农业结构比值（农业产值/农林牧渔业总产值）
人口变化因素	X8——人口总数（万人） X9——非农业人口（人）
人民生活因素	X10——农民人均纯收入（元） X11——农村居民消费性支出（元）

---

① 徐琳、冯革群、陈阳：《土地利用时空变化及其驱动因子分析——以宁波市鄞州区为例》，《生产力研究》2016 年第 5 期。

续表

驱动因子类型	驱动因子指标
农业技术发展因素	X12——粮食产量（t） X13——农机总动力（kW） X14——农业施肥量（t）

　　根据数据的可获得性和宁波市的具体情况，本书以 2000—2020 年数据为基础，选取 14 个对耕地影响较大的驱动因子（见表 6 - 12），包括：（1）社会经济因素：X1——区域生产总值（万元），X2——第一产业生产总值（万元），X3——第二产业生产总值（万元），X4——第三产业生产总值（万元），X5——人均生产总值（元），X6——社会固定资产投资（万元），X7——农业结构比值（农业产值/农林牧渔业总产值）；（2）人口变化因素：X8——人口总数（万人），X9——非农业人口（人）；（3）人民生活因素：X10——农民人均纯收入（元），X11——农村居民消费性支出（元）；（4）农业技术发展因素：X12——粮食产量（t），X13——农机总动力（kW），X14——农业施肥量（t）。

　　（二）主成分分析

　　主成分分析是将多个变量通过线性变化以选出较少重要变量的一种多元统计分析方法。本书通过 Spass 数据处理分析软件对上述指标数据进行主成分分析，得到宁波市农地边际化相关性矩阵（见表 6 - 13）。

表 6 - 13　　　　　　　　　　相关性矩阵（宁波）

	X1	X2	X3	X4	X5	X6	X7	X8	X9	X10	X11	X12	X13	X14
X1	1	0.980	0.996	0.996	0.996	0.473	0.468	0.989	0.920	0.994	0.992	-0.707	0.479	-0.771
X2	0.980	1	0.988	0.964	0.990	0.409	0.511	0.971	0.859	0.959	0.964	-0.743	0.622	-0.737
X3	0.996	0.988	1	0.986	0.999	0.419	0.498	0.989	0.901	0.983	0.987	-0.733	0.538	-0.766
X4	0.996	0.964	0.986	1	0.986	0.522	0.435	0.983	0.933	0.997	0.991	-0.677	0.415	-0.771
X5	0.996	0.990	0.999	0.986	1	0.434	0.492	0.991	0.898	0.982	0.986	-0.732	0.546	-0.769
X6	0.473	0.409	0.419	0.522	0.434	1	-0.107	0.491	0.517	0.507	0.461	-0.160	-0.080	-0.444
X7	0.468	0.511	0.498	0.435	0.492	0.107	1	0.417	0.329	0.445	0.446	-0.044	0.472	-0.091
X8	0.989	0.971	0.989	0.983	0.991	0.491	0.417	1	0.914	0.978	0.982	-0.751	0.512	-0.812

	X1	X2	X3	X4	X5	X6	X7	X8	X9	X10	X11	X12	X13	X14
X9	0.920	0.859	0.901	0.933	0.898	0.517	0.329	0.914	1	0.944	0.940	-0.626	0.256	-0.749
X10	0.994	0.959	0.983	0.997	0.982	0.507	0.445	0.978	0.944	1	0.996	-0.674	0.404	-0.760
X11	0.992	0.964	0.987	0.991	0.986	0.461	0.446	0.982	0.940	0.996	1	-0.705	0.442	-0.765
X12	-0.707	-0.743	-0.733	-0.677	-0.732	-0.160	-0.044	-0.751	-0.626	-0.674	-0.705	1	-0.581	0.781
X13	0.479	0.622	0.538	0.415	0.546	-0.080	0.472	0.512	0.256	0.404	0.442	-0.581	1	-0.333
X14	-0.771	-0.737	-0.766	-0.771	-0.769	-0.444	-0.091	-0.812	-0.749	-0.760	-0.765	0.781	-0.333	1

表 6-13 反映了各个相关系数检验的显著性水平，其中，值越大代表相关性越强。可以看出，本文选取的 14 个因子中 X1 区域生产总值的相关系数最高为 1。另外，X2 第一产业生产总值、X3 第二产业生产总值、X4 第三产业生产总值、X5 人均生产总值、X8 人口总数、X9 非农业人口和 X10 农民人均纯收入等因子的相关系数均在 0.9 以上，说明这些因子相互之间相关性较强。X12 粮食产量和 X14 农业施肥量等因子的相关性很小。

表 6-14 为总方差解释表格，其中贡献率越大代表这个主成分所包含的原始变量信息越多。由表 6-15 可以知道，第一个公共因子的特征值是 10.616，贡献率是 75.83%；第二个公共因子的特征值是 1.488，贡献率是 10.63%；第三个公共因子的特征值是 1.006，贡献率是 7.18%，三个公共因子的累计贡献率达 93.63%，也就是说，前三个公共因子包含了 14 个因子的 93.63% 信息，并且前三个主成分特征值都大于 1，能充分代替 14 个指标（见表 6-15）。

表 6-14　　　　　　　　方差解释表格（宁波）

成分	特征值		
	特征值	贡献率	累计贡献率
1	10.616	75.83%	75.83%
2	1.488	10.63%	86.45%
3	1.006	7.18%	93.63%
4	0.479	3.42%	97.06%
5	0.228	1.63%	98.68%

成分	特征值		
	特征值	贡献率	累计贡献率
6	0.083	0.59%	99.28%
7	0.072	0.51%	99.79%
8	0.015	0.10%	99.89%
9	0.01	0.07%	99.97%
10	0.003	0.02%	99.99%
11	0.001	0.01%	100.00%
12	0.001	0.01%	100.00%
13	0	0.00%	100.00%
14	0	0.00%	100.00%

表6-15　　　　　　　　　　　主成分载荷矩阵（宁波）

	因子载荷系数				共同度
	主成分1	主成分2	主成分3	主成分4	（公因子方差）
X1	0.994	−0.005	0.073	−0.029	0.995
X2	0.983	0.127	0.005	0.069	0.987
X3	0.995	0.065	0.038	−0.024	0.995
X4	0.987	−0.076	0.108	−0.037	0.993
X5	0.995	0.059	0.034	−0.002	0.996
X6	0.473	−0.685	0.244	0.488	0.991
X7	0.445	0.673	0.541	−0.018	0.944
X8	0.995	−0.028	−0.007	0.013	0.99
X9	0.92	−0.206	0.12	−0.178	0.934
X10	0.985	−0.07	0.12	−0.066	0.994
X11	0.988	−0.03	0.075	−0.081	0.989
X12	−0.757	−0.039	0.616	0.07	0.958
X13	0.524	0.651	−0.332	0.421	0.986
X14	−0.811	0.248	0.332	0.088	0.836

从主成分载荷矩阵中可以看出，第一主成分和 X1、X2、X3、X4、X5、X8、X10、X11 有很大的相关性，相关系数都在 0.9 以上。这些因子

都和社会经济有关，反映了社会的经济发展、人口增长等方面。第二主成分与 X7、X13 相关性较强，反映了农业结构变化及农业生产方面。第三主成分和 X12 相关性较强，反映了粮食产量方面。据主成分载荷矩阵表可以得出宁波市农地边际化与 X1、X2、X3、X4、X5、X8、X9、X10、X11 相关性很强，这些相关性较强的因子可以归为三大类，即经济增长、人口增长和农业生产。因此，影响宁波市农地边际化的主要是经济、人口和农业生产等方面。

(三) 宁波市农地边际化驱动力分析

在上文的分析中，已经得出经济、人口和农业生产等方面是影响宁波市农地边际化的因素，结合宁波市实际的社会经济发展情况和影响农业生产的自然环境情况，可以得出驱动宁波市出现农地边际化的三个驱动力，即海岸带的经济增长、人口增长和地质灾害。

1. 海岸带经济增长的驱动

海岸带地区的城市拥有内陆城市所不能相比的海陆一体经济优势，能充分发挥沿海区位、资源、科技、开放优势推动区域经济快速增长。具体来说，海岸带地区的资源、风光、产业、城市复合度最高，经济社会发展的活力和潜力最大。在全国经济发展水平中，海岸带区域是全国经济发展水平最高、经济实力最强的地区。自长三角发展战略实施之后，宁波城市经济建设快速发展。如图 6 - 11 所示，宁波市地区生产总值由 2009 年的 4405.12 亿元增长至 2018 年的 11193.14 亿元，10 年的涨幅为 154.09%，经济增速快。同期，全社会固定资产投资由 2009 年的 1860.45 亿元增长至 2018 年的 23044.07 亿元，增长量也非常的高，尤其是 2017—2018 年增长幅度高达 360%。然而，耕地面积却呈现出逐年减少的势态，如 2009 年宁波市耕地面积有 22.28 万公顷，到 2018 年耕地面积减少到了 21.77 万公顷，平均每年下降 0.25%。

这说明海岸带区位优势带来的经济增长对农地边际化的影响非常显著。随着经济的快速增长，宁波市的城市化和工业化速度也在不断加快，此时城市基础设施如居民住宅区和各类海洋产业园的建设需要大量的土地，靠近城市近郊区的农地自然而然被用来满足建设需求。另外，宁波市作为国际港口城市，港口的扩张建设也需要土地，因此大部分海岸带地区区位较好的农地被转为建设用地。

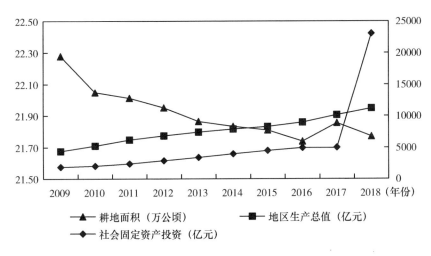

图 6 - 11　宁波市耕地面积、生产总值和社会固定资产投资情况

2. 海岸带人口增长的驱动

由于海岸带地区的城市常常受到缘效应、枢纽效应、依托效应和扩延效应等多方面的影响，生产要素受到巨大吸引，要素优化组合的机会也越来越多，海岸带由此成为人口稠密、产业云集的地区。相比内陆地区，海岸带地区的人口、资本和技术等生产要素的占有量和集中程度明显更高。随着宁波港口贸易的运营，大量产业迁至宁波，宁波市就业机会不断增多，由此也吸引了越来越多的外省人到宁波打工。尤其是近几年，宁波市优秀人才引进政策的颁布更加吸引了大量的外来优秀人才进入宁波。同时宁波农村的劳动力也被城市吸引，选择留在农村从事农业经营的人也越来越少。因此，宁波和其他城市一样面临着城市人口不断增加而从事农业劳动的人口却在不断减少的问题。如图 6 - 12 所示，2009 年到 2018 年宁波市总人口增加了 31.94 万人，非农业人口增加了 157.9271 万人，而耕地面积则减少了 5069.5 公顷。整体来看耕地面积是随着人口的增长而不断减少的。宁波市拥有丰富的海洋资源和适宜的气候条件，区域经济也较西部发达，这吸引了大量的外来人口，促进了海岸带地区的城市化发展。

当城市人口不断增加，为了解决人口的居住问题，需要占用大量的土地用于建设商品房、廉租房，其中不乏近郊区的优质耕地，这是人口

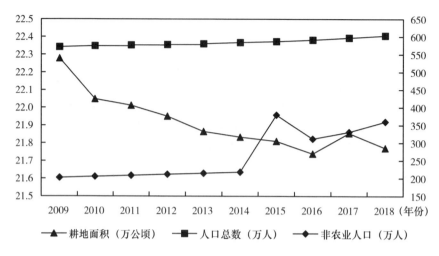

图6-12 宁波市耕地面积、人口总数与非农业人口情况

增长导致耕地呈刚性递减的趋势不可逆转。从图6-12中可以看出，2014年开始非农业人口增长迅猛，这说明随着宁波市城市化水平的不断提高，大量农村居民转为城镇居民，这侧面反映出农村劳动力大量流失。当农村人口减少、农村劳动力流失时，一些耕地就会被弃耕撂荒，农地边际化程度加剧。除此之外，由于从事耕地经营的收益远低于进城务工的收益，农村大量的青壮年劳动力选择进城从事非农业工作，从而增加了荒地的数量。目前，宁波市人地矛盾更加尖锐，耕地安全形势更加严峻。

3. 海岸带地质灾害的驱动

由于与海洋相连接，海岸带地区不可避免地会遭受海岸侵蚀、港湾河口淤积、海平面上升、沿岸土地盐渍化、海咸水入侵地下淡水层、沿海地面沉降等缓发性海洋地质灾害。据《2020年宁波市海洋灾害公报》显示，2020年宁波市出现轻度海水入侵，发生风暴潮4次，赤潮2起，受影响面积累计383平方千米。除此之外，宁波市还面临着海平面波动上升的问题，如图6-13所示为1990—2020年宁波市沿海平均海平面变化。海平面上升带来最严重的影响就是加重海岸带地区的自然灾害。[①]

――――――――――

① 郭婷婷、邵晓昕：《浅析海岸带侵蚀》，《环境保护与循环经济》2011年第31卷第5期。

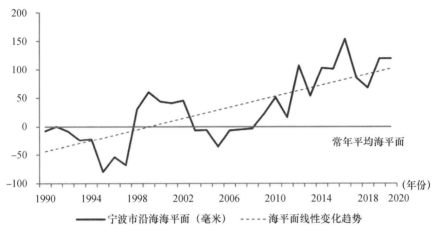

图 6 - 13　1990—2020 年宁波沿海平均海平面变化

海岸带地区的农户在进行农业生产时，最常遇到的问题就是土地盐渍化。而沿岸土地盐渍化则是风暴潮海水入侵、海平面上升、沿海地面沉降的必然结果。海水入侵和海水倒灌会使咸潮影响带扩大，一旦海水侵入淡水层，地下水矿物度就会增高，导致水质恶化。同时，地下水中的氯离子含量也会不断增加，长年使用高氯离子含量的地下水灌溉之后，盐分逐渐向土壤表层越积越多，导致沿岸土地盐渍化。当土地发生盐渍化时是非常不利于农业生产的，一方面影响农作物吸收水分，另一方面影响农作物生长，最终可能导致农作物连年减产或绝收，从而影响粮食播种面积和粮食产量，导致农地出现边际化风险。

五　宁波市农地边际化治理措施

宁波市的农地边际化问题是多方面原因造成的，既有城市经济发展、人口增长这类共性原因，也有自然地理特征这类差异性原因。为此，本书提出以下几个治理宁波市农地边际化问题的对策建议。

（一）加大海岸带地区盐渍化治理

海岸带地区出现土地盐渍化不仅仅是海水入侵和倒灌的自然原因，还存在人为的原因。近年来，宁波市一直在进行一些不合理的海岸带资源开发与海岸工程建设，导致一些环境地质问题逐渐出现，比如因地下水开发而诱发的地面沉降、海水入侵,因海砂开采导致的海岸侵蚀、海水倒灌等。[①] 这些人为的因素都在加速和加重沿岸土地的盐渍化问题。因此,在开发海岸带资源和建设海岸工程时,如何防止土地盐渍化成为自然资源部门面临的重要问题。本书认为宁波市可以从这几个方面加大盐渍化治理。一是建立土地盐渍化动态监测体系和预警体系,利用遥感影像动态跟踪沿岸土地的盐渍化演变过程,及时预警盐碱地风险。二是改善排灌水利工程设施,对年久失修的排灌水系进行修葺、完善,恢复排灌水功能。[②] 三是合理进行海岸带资源开发,在开发建设时,注意开挖地基必须在地下水位之上,以防止海水入侵地下水。四是加强土地平整,通过土地平整可减少海水侵袭和河流倒灌,减少土壤中盐分含量,降低盐碱地发展的概率。除此之外,在选择农作物种植类型时,可以考虑选择种植耐盐作物。

（二）加强海洋灾害应急管理

宁波市面临的海洋灾害主要是风暴潮和赤潮。风暴潮是自然灾害,虽然无法避免,但是可以做好减灾工作,减少风暴潮带来的损失。赤潮形成的原因主要是季节变化和海水富营养化,对此可以从防止海水富营养化的角度提出建议。宏观上,为有效防御海洋灾害,应该加强应急管理工作。一是加强对海洋灾害的监测与预报工作。包括采用先进技术加强对风暴潮的预测、运用遥感动态监测赤潮情况,建立风暴潮与赤潮等海洋灾害的预警机制。二是加强对海洋灾害的预防工作。包括加强沿海海堤的修建和加固、加强沿海防护林体系的建设、改善海洋环境等,从预防的角度提高宁波市的抗灾能力。三是加强对海洋灾害的响应和恢复工作。包括建立救灾协调中心,健全救灾队伍,完善救灾装备的配置,一旦海洋灾害发生,能快速、有效地应对灾害,减少农作物产量损失。

（三）落实平原区永久基本农田整备区制度

宁波作为一个海港城市,其具备的海陆一体经济优势只会吸引越来越多的人,城市人口增长与城市供地不足的矛盾是一个难以解决的大难

---

① 杨义勇:《我国海岸带综合管理问题研究》,硕士学位论文,广东海洋大学,2013 年。

② 陈景、韩素卿、肖唯文:《沧州滨海区盐碱地时空变化及治理研究》,《中国国土资源经济》2018 年第 31 卷第 11 期。

题。为了避免城市建设不断占用农地，实行永久基本农田整备区制度十分必要。一是将全域土地综合整治与生态修复工程项目区内永久基本农田周边的农用地、零散耕地和零星建设用地复垦后纳入永久基本农田整备区，通过整治达到永久基本农田标准的，纳入永久基本农田储备库[①]，为落实永久基本农田数据库年度更新与零星永久基本农田调整相挂钩制度奠定基础[②]。二是制定耕地地力综合培肥实施方案，实施耕作层培肥改良。通过土壤改良、农田基础设施建设和生态环境整治，大力提升耕地质量等级，高标准农田占永久基本农田比例达到85%以上。三是充分利用低效园地、荒芜土地、废弃宅基地、闲置交通道路、废弃水利设施用地和工矿用地等实施垦造耕地与生态修复。在有水源、地势平缓、地形条件良好的区域，实施"旱地改水田"工程。

（四）平衡建设用地与耕地指标

随着宁波市的经济水平不断提高，城市建设用地扩张是必然的，但同时也需要考虑耕地的数量和质量，为了防止农地边际化程度不断加深，需要平衡建设用地与耕地指标，合理分配指标调剂收益。一是规范推进建设用地复垦。对零星、散乱、闲置、低效的建设用地进行复垦，充分利用城乡建设用地增减挂钩政策，合理安排建新区用地，为农村第一、第二、第三产业融合发展和城乡融合发展提供土地要素保障。实施城乡建设用地增减挂钩节余指标跨县域调剂。对复垦的新增耕地要加强地力培育和后期管护。二是各级土地利用总体规划中的规划新增建设用地预留指标允许用于单独选址的农业设施和休闲旅游设施等建设。各地实施全域土地综合整治与生态修复工程，在不减少林地面积和不破坏生态环境的前提下，允许对零散耕地、园地、林地、其他农用地进行空间置换和布局优化。涉及调整农用地地类的，纳入年度土地变更调查进行统一调整。[③]全域土地综合整治与生态修复工程项目验收后，对所在区县

---

① 李风：《望得见山　看得见水——聚焦浙江全域土地综合整治与生态修复工程》，《资源导刊》2019 年第 2 期。

② 蔡子平：《浙江推动土地资源管理　利用创新对珠三角地区的启示》，《广东经济》2019年第 11 期。

③ 星财华：《第三次土地调查城镇村界线划定方法研究》，《农村经济与科技》2018 年第29 卷第 9 期。

（市）给予新增建设用地计划指标奖励。

（五）推进农地流转，吸引劳动力回流

除了城市建设扩张、人口增长与耕地数量减少的问题，宁波市还面临着农村劳动力不足，耕地撂荒普遍的问题。针对这一问题，最有效的治理措施就是推进农村土地流转，吸引劳动力回流农村。一是引导鼓励农户将土地经营权委托集体经济组织流转，实行整村连片流转，流转土地要优先流向农业龙头企业、农民合作社、家庭农场、专业大户等新型农业经营主体。积极推广整村流转、跨村连片流转、整镇流转和土地股份制等行之有效、宜于推广的流转模式，鼓励支持各种有利于适度规模经营长期稳定发展的新模式，强化政策支持，优化服务供给，努力提升土地流转和规模经营发展水平。二是建立土地经营主体准入机制，努力提高引入经营主体的经营水平和档次。同时，引导农民向专业大户、家庭农场等新型农业经营主体有偿转让土地使用权，在实践中支持培育一批懂技术、会管理、善经营的新型职业农民和现代农业领军人才队伍。

第 七 章

农地边际化与农户行为响应

农户行为是指以农户为单位的农民个体为了满足自身物质和文化的需要或达到一定的目标而开展一系列的活动,主要可分为生活行为和生产行为。它由三部分组成:行为目标、行为模式和行为后果,其中行为后果处于决定性地位,它决定了行为目标及行为模式。不同农户的经济行为模式,都是特定要素环境下的产物,都存在一定的合理性。

农地边际化会对农户的生产、生活行为产生影响。而目前大部分农地边际化背景下的农民行为响应研究是以叙述性的形式展开。有研究从经济学角度探讨农户在经济效益最大化目标的促使下所进行的生产行为与生活行为的转变,也有研究从社会学角度探讨农户在农地边际化背景下的社会关系变化及市民化过程。这些研究虽有部分涉及定理分析,但仍然属于叙述性研究范畴。叙述性研究最大的缺点就在于无法对农民的具体时空行为、轨迹和范围进行可视化研究,无法准确反映农民个体的真实行为特征。

农民在农地边际化背景下参与生产、消费和社会活动时,需要停留在某些包含一定设施并具备一定职能的停留点上,称为驻所(农田、居住地、单位等)。因此,迫切需要对农民具体的时空行为、轨迹和范围进行可视化研究。目前,时间地理学的相关理论将研究方法成功地运用于城市居民的出行、健康行为的研究。因此,时间地理学的相关理论和方法在研究农民时空行为方面具有较大潜力,可以通过三维空间分析农地边际化背景下农民的活动范围和行为轨迹特征。

综上,本章首先将介绍目前农户行为响应的传统研究领域,包括经济学领域、社会学领域和心理学领域。其次,将介绍时空行为理论的内涵与方法,并提出农户时空行为响应研究的前提假设。最后,以福建省连江县为例开展农地边际化背景下农户时空行为响应的实证研究,并对比不同边际化背景下不同农户的时空行为变化特征。

Farmer behavior refers to a range of activities carried out by farmers to meet their own material and cultural needs or to achieve specific goals, and it can be divided into production behavior and consumption behavior. Farmer behavior consists of behavior goals, behavior patterns and behavior consequences. The behavior consequences are in a decisive position, which determine the behavior goals and behavior patterns. Different patterns of farmers' economic behavior are the products of the specific environment, and their existence has a certain rationality.

Marginalization ofagricultural land have an impact on the production and living behavior of farmers. Most of the current studies on the behavior responses of farmers in the context of marginalization of agricultural land is in the form of narratives. For example, some studies discuss the transformation of farmers' production and living behavior driven by the goal of maximizing economic benefits from the perspective of economics, and some studies discuss the shift of farmers' social relations and the process of urbanization in the context of marginalization of agricultural land from the perspective of sociology. Although these studies involve theorem analysis, they still belong to the category of narrative study. While the biggest disadvantage of narrative study is that it is unable to visualize the specific spatio-temporal behavior, trajectory and scope of farmers. Therefore, it cannot accurately reflect the real behavior characteristics of individual farmers.

When farmers participate in production, consumption and social activities under the background of marginalization of agricultural land, they need to stay at some stops that contain certain facilities and have certain functions, which are called residence (farmland, residential area, unit, etc.) . Therefore, it is urgent to visualize the specific spatio-temporal behavior, trajectory and scope of farmers. The theories and methods of time geography have been successfully applied to the study of travel and healthy lifestyle of urban residents. In fact, the theories and methods of time geography also have great potential in the study of farmers' spatio-temporal behavior. And it can use three-dimensional space to analyze the activity range and behavior trajectory characteristics of farmers under the background of marginalization of agricultural land.

Firstly, this chapter will introduce traditional study fields of farmer behavior responses, including economics, sociology, and psychology. Secondly, this chapter will introduce the connotation and methods of spatio-temporal behavior theory, and put forward the premise and hypothesis of farmers' spatio-temporal behavior response study. Finally, taking Lianjiang County, Fujian Province as an example, this chapter will carry out an empirical study on the spatio-temporal behavior responses of farmers under the background of marginalization of agricultural land, and it will compare the spatio-temporal behavior characteristics of different types of farmers under different marginalization backgrounds.

第一节 农户行为响应的传统研究领域

为了应对农地边际化的产生或者扭转农地边际化的趋势，学者们从不同的角度提出了不同的应对措施。其中从农户角度出发，探讨农户行为对农地边际化的影响已成为热点和重点。经济学、社会学和心理学是传统研究领域中的三大理论基础来源。理性经济人假设、社会达尔文主义理论、囚徒困境理论等在农户行为响应研究中得到了广泛的应用。本节将重点开展农户行为响应经济学、社会学和心理学探讨。梳理这些传统研究领域的特点和已取得的成果。

一 农户行为响应的经济学探讨

农户行为响应的经济学探讨是目前研究的主流。农户行为响应的动机研究方面，它在不同时空结构中对农户经济行为的动机进行理论分析，希望以此来对传统农业进行改造，提高农民的生活福利水平。在国外，"道义小农"、"理性小农"及"综合小农"的理论综合构成了农户经济研究的主导性研究传统。① 早期主要出现了互相对立的两个学派：农户行为非理性说和理性说。作为前者的代表之一，马克斯·韦伯认为农户具有一种"传统主义"的心态，其特点是"并不追求得到的最多，只追求为满足生存而付出的最少"②。也就是不追求利益最大化，只追求代价最小化。③ 韦伯的非理性说背后暗藏着对当时农民身份的标签化，认为只有资本主义式的改造才能将"传统"和"宁愿贫困"的农户转变为"现代"且"追求富足"。

为了进一步厘清和描述农户之间各种复杂的关系，学界将经济学模型与农户行为相结合，提出了广泛应用于该领域、多样化的农户行为经济模型。Barlowe 提出可以把农户的土地利用行为放在自然条件的可能性、

---

① 饶旭鹏：《农户经济理性问题的理论争论与整合》，《广西社会科学》2012 年第 7 期。
② 江永红、马中：《环境视野中的农民行为分析》，《江苏社会科学》2008 年第 2 期。
③ 韦伯：《新教伦理与资本主义精神》，广西师范大学出版社 2010 年版。

经济的可行性以及体制的可容性三重框架下解释。[①] 苏联经济学家 Chay-anov 则以 "俄罗斯农民是如何将时间在休闲生活与农业工作之间进行合理分配"[②] 的研究为基础,建立了用于分析苏联小农行为的模型。虽然 Chayanov 的模型由于受当时历史条件的限制而有许多不足,并不具备广泛性和普遍性,但这一模型仍然是具有开创性的(见图7−1)。

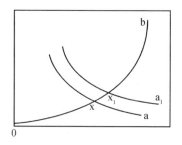

图7−1 Chayanov 劳动—消费均衡点[③]

在该理论的基础上,目前研究农民行为的模型大致可以分为两类:农民效用行为模型和农民生产行为模型。农民效用行为模型一般从传统的经济学理论视角出发,认为农民作为独立的经济主体,其行为目标是实现生产要素使用的效用最大化。效用受到家庭收入、生产效益以及对休闲需求等因素的影响。如何实现效用最大化是农民效用行为模型的构建和使用的关键。一般认为,生产要素使用效用最大化取决于外部经济社会环境所提供的现实条件,农民只能在一定的外部约束条件下确定自己的效用目标并选择实现目标的手段。其决策行为受到收入、劳动时间以及生产技术等条件的限制。农民生产行为模型则是从农户、村集体、政府、市场等多元主体出发,探讨农户主观与政府宏观调控、市场资源配置之间的博弈。基于农户、村集体、政府、市场之间的相互关系,运用经济学原理和统计学的测量方法,深入研究多元主体作用下的农民生产效益及相关的农户生产行为的响应。

① 雷利·巴洛维:《土地资源经济学——不动产经济学》,北京农业大学出版社1989年版。

② 陈和午:《农户模型的发展与应用:文献综述》,《农业技术经济》2004年第3期。

③ 张莉莉:《家庭经营的走向:单干还是合作——兼评恰亚诺夫〈农民经济组织〉》,《延安大学学报》(社会科学版)2011年第33卷第1期。

国内学者在借鉴西方理论的基础上开展实证研究较多。以丘陵山区农地边际化研究为例，认为解决丘陵山区农地边际化问题的途径在于农业技术和组织制度的创新，改善农业生产环境，发展合作经济组织，提高耕地的边际效用。在边际土地开发与环境保护方面，应该认识到边际土地的合理开发并不是破坏生态环境，而是要进一步完善和落实环境保护措施，提高土地的自然生产能力。在农民经济行为的研究方面，经济行为作为经济活动的一个系统，是经营活动的动机、目的及其实现方式，表现为生产的动机和目的、财富的分配、产品的交换和消费方式。从内在动机看，农民的经济行为是其农业经济活动的目的及其对财产、劳动和所有制的观念和态度的现实化。从外部因素考察，农民的经济行为是村社、政府、市场、自然环境与农民相互作用的结果。农民特定经济行为的调整和选择是农民的价值观念、文化素质及外部环境因素影响所导致的现实行为。农民的经济行为是农业发展的诸条件作用于农业经济状况的必要环节。自然、社会因素对农业发展的作用是间接的，它们往往先转化为农业经济活动的主体——农民的经济行为方式，再物化为农业状况。因此，农业经济状况可视为农业劳动者一定经济行为方式的结果。

二　农户行为响应的社会学探讨

农户行为响应并不是单纯的经济行为，并不完全以经济效益最大化为指导，中国基层社会的乡土性决定了农户行为响应往往带有很深的社会烙印。格兰诺维特[1]强调经济行动的"嵌入性"，主张在社会关系中分析经济行动。[2] 农民的经济行为并不总是受效率原则驱使，同时也受到政治、文化等社会性因素的影响，具有特定行为逻辑[3]。受中国传统小农经济制度和思想的影响，农民将土地视为自身和家庭一种最基本的社会福利和最

---

[1]　Granovetter Mark, "Economic action and social structure: The problem of embeddedness", *American Journal of Sociology*, Vol. 91, No. 3, 1985, pp. 481 – 510.

[2]　付伟:《乡土社会与产业扎根——脱贫攻坚背景下特色农业发展的社会学研究》,《北京工业大学学报》(社会科学版) 2019 年第 19 卷第 5 期。

[3]　胡亮、汪漪:《回归"嵌入性"——三重视角看农地流转困境》,《山西农业科学》2017年第 45 卷第 2 期。

可靠的生活保障，同时也是维系自己的情感、风俗、信仰的纽带，是自己的最后归宿。而当农民发现土地因政治、市场等因素无法再归己所有或是土地的长期投资无法获得足量收益时，为了得到可观的纯收益，农户倾向进行农地转让、退出或流转等短期经济行为从而获得短期高效经营性收入乃至财产性收入。

社会团结的横向维度

机械团结

旨在报偿对集体意识破坏的压制性法律	依靠集体意识的情感性融合
旨在修复对集体意识破坏的恢复性法律	依靠社会分工的功能性整合

社会制度　　　　　　　　　　　　　　　　社会整合

社会团结的纵向维度

有机团结

图 7 - 2　涂尔干"社会团结"理论示意①

在社会学的研究中，个体农户行为响应并不是孤立产生，而是一项与其他农户、村集体、政府、市场等多元主体以合作为基础，共同作用而成的农地利用方面的社会实践。社会学家涂尔干在其著作《社会分工论》一书中，明确阐释了社会分工是社会合作的物质基础，并且在农业这个发达程度相对滞后的领域结构中，机械团结是农业领域主要的合作类型（见图 7 - 2）。农村中的机械团结主要是建立在农村中的农户间相同性与相似性特质的基础上的一种社会联系，农户之间没有明显的等级划分和价值观差异，相似的生活方式和思考方式使得农户的行为在"民风"的长期作用下，存在潜移默化的自发性和集体性。费孝通先生在《乡土

①　王昕生：《社会的纽带——论涂尔干社会团结理论》，《长春师范大学学报》2020 年第 39 卷第 11 期。

中国》说到中国基层社会是"乡土性的"①。"乡土性"对应着自古以来人们对土地的依附和"不流动"和围绕土地关系②形成的熟人社会③。在这样"共同体化""社会化""乡土性"的社会结构中，农民之间不可分割的纽带决定了当其面对农地边际化时，其行为响应不再是一个孤立的个体所做出的经济行为。

三　农户行为响应的心理学探讨

在起初的农户行为相应分析的过程中，学者大多通过传统经济学理论对与农户利益相关的宏观供给与需求的价格变化进行单项分析，却都忽视了"人"这一主体，更少有从微观心理视角上对经济行为中的农户作深入的探讨。正是因为缺乏对于农户本身的关注，学界开始考虑农户在应对农地边际化过程中的心理因素，并将其与农户经济行为相结合。兴起于20世纪七八十年代的行为经济学以农户行为为研究对象，认为农户的行为除了受到利益的驱使外，还要受到个性心理、价值观和观念等多种心理因素的影响，在这些因素的影响下，农户在面对农地边际化的时候经常会有非理性的行为发生。④ 正如行为经济学的奠基者贝克尔所指出的，经济生活是理性与非理性的集合，现代经济学应该把农户的理性行为与非理性行为有机结合起来。⑤

在农民行为研究方面，农民作为理性的经济人，其行为是由行为动机、行为合理化以及行为的反思性调节所构成的一系列过程。农民的行为动机来源于家庭利益最大化的需要，但同时又受到其他非物质因素的影响，尤其是会受到复杂的社会关系的制约。该方面观点的特点在于将研究尺度缩小为农民或农民个人，将人作为改善农地边际化风险的主力，

① 赵旭东、张文潇:《乡土中国与转型社会——中国基层的社会结构及其变迁》,《武汉科技大学学报》（社会科学版）2017年第19卷第1期。

② 刘守英、王一鸽:《从乡土中国到城乡中国——中国转型的乡村变迁视角》,《管理世界》2018年第34卷第10期。

③ 李红艳、冉学平:《以"乡土"为媒:熟人社会内外的信息传播》,《现代传播》（中国传媒大学学报）2022年第44卷第1期。

④ Daniel Kahneman, Paul Slovic, Amos Tversky, "Judgement Under Uncertainty Heuristics & Biases", 1974.

⑤ 何大安:《行为经济人有限理性的实现程度》,《中国社会科学》2004年第4期。

进而研究相关对策措施。比如通过从农民层面分析可持续利用耕地的激励与约束机制，认为有效防止和缓解农地边际化的激励机制包括产权激励、价格激励、农地税收政策、财政补贴与援助；约束机制包括土地民事法律制度、农地经济制度、农地利用行政管理制度、规划约束机制。另外积极发挥村干部作用，提高农民对抛荒问题的认识，增强解决抛荒的紧迫感，因此积极鼓励种粮大户的农业生产积极性推动区域粮食生产的经济可持续性，是防止、治理耕地弃耕撂荒（季节性撂荒）的有效措施。另外也有学者从居民的粮食偏好角度出发，认为社会对绿色、有机无害农产品的偏好，会鼓励农民在边际土地上发展特色粮食，从而提高边际土地的经济产出。

第二节　时空行为理论的内涵与方法

在第一节中，介绍了农地边际化背景下的农户行为响应的传统研究领域。在这些传统研究领域中，农户的行为响应机理及对农地边际化的影响分析已经比较成熟，且取得了众多研究成果。然而，传统研究领域的农户行为分析还比较缺少时空动态分析，尤其是对农民个体的时空行为特征分析比较缺乏。本节的主要目的是梳理和总结农户时空行为特征研究的理论和方法，并探讨应用大数据来分析农民时空行为的优势与创新。

一　农户时空行为特征研究理论

时间地理学的核心理论就是：个人的地理位置和行为活动可以以连续时空路径的形式被追踪和可视化。时间地理学理论中时间和空间被结合在一个时空分析环境中，在该环境中事件和过程以连续轨迹的形式展开。这个简单的概念可以用一个简单的数据结构来代表人类活动。所有数据在一个特定的矢量坐标空间中（x，y，t，a），其中（x，y）表示二维空间坐标系，a 表示人类的具体活动，t 表示该活动的具体时间，且 t 在纵向表示第三个维度。时间地理学中的"时空路径"所描述的是一个行为个体在这个三维空间中从一个位置移动到另一个位置。

每个农民在时空活动和移动所面临的制约，可以通过将空间压缩为二维平面，用纵轴代表时间在图上加以表示。① 本研究将运用基于时间地理学的时空行为特征分析模型来研究不同类型农民在耕地边际化背景下的不同时空行为特征。农地边际化会对农民的生产、生活行为产生影响。在农地边际化背景下，不同类型的农地边际化农民（无弹性边际化农民、缺乏弹性边际化农民和有弹性边际化农民），在不同的时间和空间维度下，会有不同的生产、生活行为。本章将着力讨论和分析不同类型农地边际化农民的生产、生活时空行为特征（见图 7–3）。

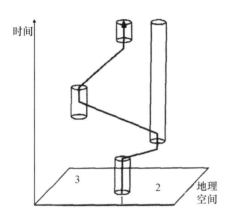

图 7–3　时空行为特征分析模型

二　农户时空行为特征研究方法

（一）农民行为轨迹空间面积测度

1. 标准差椭圆

标准差椭圆（Standard Deviation Ellipse，SDE）是地理统计方法中能够精确地揭示各类地理要素空间分布特征的一种方法。② 该方法最早由社会学家 Lefever 提出，主要用于揭示地理要素的空间关系，之后诸多领域将其作为一种地理空间描述性探索的方法广泛应用。这种方法同时适用

---

① 赵莹、柴彦威、陈洁、马修军：《时空行为数据的 GIS 分析方法》，《地理与地理信息科学》2009 年第 25 卷第 5 期。

② 王录仓、高静：《张掖灌区聚落与水土资源空间耦合关系研究》，《经济地理》2014 年第 34 卷第 2 期。

于在时间变化上进行描述性分析和空间分布变化的比较。[①] 本书以个体农民生产、生活行为为研究对象，运用标准差椭圆来测度农民行为空间尺度和活动范围。比如一个每天离家较远去工作的农民，他的标准差椭圆可能会比离家较近工作的农民的标准差椭圆要狭窄。通过对比标准差椭圆的大小也可以判断农民行为范围的大小。

如图 7-4 所示，在离散型点集的原始坐标系（XOY）下，当所有离散点到该方向的标准差距离 $\sigma_{y'}$ 公式（7-5）最小时，那么该方向与原坐标轴的 X 方向的夹角 θ 就是点集的定向方向。将坐标轴按 tanθ 进行旋转形成新的坐标系（X'O'Y'），新的坐标系的坐标原点为点集中所有点的平均中点（μ，ν）。μ 公式（7-1）和 ν 公式（7-2）的取值分别为点集中所有点的 x 坐标值和 y 坐标值的平均值。然后运用公式计算得到标准差椭圆的长轴 SDEx 公式（7-3）和短轴长度 SDEy 公式（7-4）。

$$\mu = \frac{\sum_{i=1}^{n} x_i}{n} \tag{7-1}$$

$$\nu = \frac{\sum_{i=1}^{n} y_i}{n} \tag{7-2}$$

$$SDE_x = \sqrt{\frac{\sum_{i=1}^{n} (x_i - \mu)^2}{n}} \tag{7-3}$$

$$SDE_y = \sqrt{\frac{\sum_{i=1}^{n} (y_i - \nu)^2}{n}} \tag{7-4}$$

$$\sigma_{y'} = \sqrt{\frac{\sum_{i=1}^{n} ((y_i - \nu)\cos\theta - (x_i - \mu)\sin\theta)^2}{n}} \tag{7-5}$$

2. 最小凸多边形

---

① 魏凌、张杨、李强、宋家宁：《基于标准差椭圆的我国国土生态空间分异研究》，《生态经济》2020 年第 36 卷第 7 期。

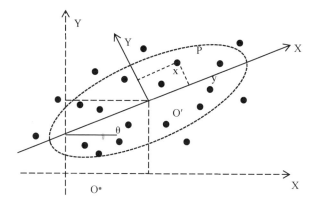

图 7 - 4　标准差椭圆示意

最小凸多边形（Minimum Convex Polygon，MCP），也称为凸包（Convex Hull），这个概念来源于计算几何（图形学），是在一个实数向量空间 V 中，对于给定集合 X，所有包含 X 的凸集的交集 S。最小凸多边形在空间生态学研究中具有广泛的应用，被认为是一种对家域的描述，最早在1994 年被应用于测量动物的栖息地面积。由最小凸多边形估计面积的应用有两种。第一个用途是评估发生程度的阈值。例如，国际自然保护联盟（IUCN，1994，2001）规定，如果一个物种的出现面积小于 100 平方千米，就将其列为极度濒危物种。第二个用途是推断范围内的趋势。例如，根据 IUCN（1994）的规定，如果有数据显示，一个物种在过去 10 年里的出现减少了 80% 以上，那么该物种就被列为极度濒危物种。

最小凸多边形是根据动物定位点的外围位点绘制的最小凸多边形，无须特定的统计分布类型，绘制简易方便，易于从坐标数据中计算，能比较直观地反映动物家域的区域。因此，对于农民行为空间范围的测度也同样适用，通过对农民行为进行采样，得到二维平面上的行为点集，即可通过最小凸多边形法估计出农民行为轨迹的空间面积。虽然在动物家域计算中，最小凸多边形的凸性约束使其外表面分辨率非常粗糙，会导致对物种分布范围的严重高估，但在农民行为空间面积的测算中，任何采样范围的分布都是有意义的。正是基于这些相似性和可行性，最小凸多边形已经被用于研究城市形态和人类活动，以及这些活动的时空特征。最小凸多边形的绘制如图 7 - 5 所示。

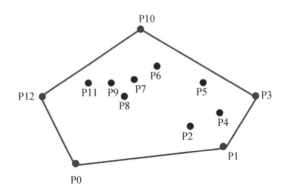

图 7 - 5 最小凸多边形①

3. 行为轨迹多边形

行为轨迹多边形（Spatial Trajectory Polygon，STP）。为了得到农民的活动范围，同样可以使用行为轨迹多边形法，它基于最优路径选择算法，是网络优化的基本科学方法之一，广泛应用于城市规划、轨道交通指挥、网络通信等许多网络优化问题。最短路径问题，通常指的是带权图上的最短路径问题。从网络模型的角度看，最短路径分析就是在指定网络中的两节点间找出一条阻碍强度最小的路径，在此基础上还引申出多点之间的最佳路线②。Dijkstra 算法就是解决这类最短距离问题的方法，它是一种不断对路段网络中的路段节点标号的方法，在节点上标记的值是从起始节点到这个被标号节点的最短路径的距离值，如图 7 - 6 所示。

在现实中，最短路径的求取往往伴随着多方面的最高效率问题，常见的包括时间最短、费用最少、等待时间最少等附加条件。使用 ArcGIS Network Analyst 模块进行最佳路径分析，可以根据不同的需求，进行相关设置，得到不同意义的最佳路径。利用这一基础原理，可以拓展出行为轨迹多边形法来绘制农民活动的空间范围，即以行为个体所到达的目的

① Zhijun Xie, Guangyan Huang, Roozbeh Zarei, Jing He, Yanchun Zhang, Hongwu Ye.，"Wireless sensor networks for heritage object deformation detection and tracking algorithm"，*Sensors（Basel，Switzerland）*，Vol. 14，No. 11，2014.

② 高曼莉、张迁、张汝捷、陈韬：《基于 GIS 的 120 应急救援系统的研究与应用》，《地理空间信息》2013 年第 11 卷第 5 期。

地的顺序为基础，通过 ArcGIS 软件的网络分析工具，基于当地路网模拟出一条最佳的行为轨迹，并以此轨迹线为基础拓宽 100 米形成行为轨迹面。

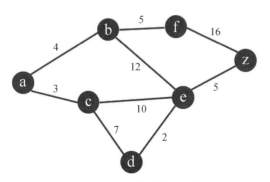

图 7-6　迪杰斯特拉算法①

三种测度方法的实证个例示意见图 7-7。

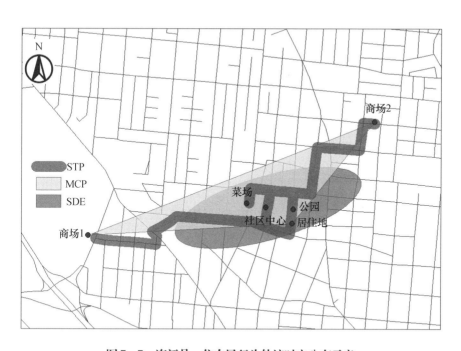

图 7-7　连江县一位农民行为轨迹时空分布示意

---

①　图片来源：https：//www.101computing.net。

（二）农民行为轨迹距离测度

（1）"居住处—活动地"总距离。以农民居住处为中心，以已有路网为基础，连接每一个农民的活动目的地。这些连线距离的总和就是"居住处—活动地"总距离。总距离除以连线条数，就是"居住处—活动地"平均距离。

（2）顺序移动总距离。通过访谈和调研，获得农民一天的行为轨迹，以每个活动目的地为节点，以已有路网为基础，测算顺序移动总距离。该轨迹和距离与农民的实际行为轨迹与距离并不一定相同，但是通过计算机测算最优的距离。

三 农户时空行为研究的优势与创新

农户的时空行为作为社会实践的一个尺度，是客观制约和主观选择下共同作用的结果，受到深刻的社会文化制约与农地演变的影响。借助时间地理学理论，可更加科学地开展农户研究。同样对于农地边际化研究而言，面对不同类型的农地边际化农民在不同的时间和空间维度下的生产、生活行为，传统静态、叙述性的研究方法难以精确地阐释农地边际化对农民的影响。可以肯定地说，通过时空间行为的研究与应用，能够弥补叙述性研究无法对农民的具体行为和范围进行可视化、无法准确地反映出农民个体的真实行为轨迹的弊端，通过三维空间探明耕地边际化背景下农民的活动范围和行为轨迹特征。

第三节 农地边际化背景下的
农户时空行为响应

基于第一节和第二节的理论探讨和方法设计，本节以福建省连江县作为研究区域，开展农地边际化背景下农民行为研究。并根据第三章对农地边际化的分类（无弹性边际化、有弹性边际化、缺乏弹性边际化），分别讨论不同农地边际化类型下，农民的不同行为特征。

一　农户时空行为响应研究的前提假设

（一）农地利用与农民行为之间的关系

探讨农地边际化与农民行为之间关系的前提是需要了解耕地与农民之间的关系。耕地与农民之间的关系复杂多样，大致可以归纳为以下三类。（1）经济关系。耕地是农民最重要、最基本的生产资料和生活资料。农民通过经营耕地获得粮食丰收，这是农民维持基本生存和获得相应经济收入的主要手段。对没有非农就业的农民来说，来自耕地的经济利益是最根本的利益。任何政策、制度的制定与执行，必须考虑到农民的经济利益。（2）社会关系。农民对耕地具有排他性的产权，因此耕地是农民的一种重要的社会保障。外出务工的农民如果失业了，仍然可以回到农村从事农业生产，不至于解决不了温饱问题。这是维持社会稳定，保证国家可持续发展的重要因素之一。另外，农民个体在老年丧失劳动能力时仍能从耕地中获得收益，比如将土地租赁给他人耕种等。这对保障农村地区老年人的社会福利起到了重要的作用。（3）生态关系。耕地除了具有自身的生态系统之外，它也是区域生态系统的一个重要组成部分。耕地及耕地上的农作物不仅给农民提供经济产出，还具有清净空气、保护土壤、美化环境等生态功能；对农民来讲，恬静的农村，远离现代工业的喧嚣、污染，本身就是一份不可估量的无形资产。[①] 耕地对于农民有着多重意义，农民作为"经济人"所追求自身利益最大化的含义是多方面的。这种最大化不仅仅是经济利益的最大化，而是综合利益的最大化，包括了社会利益和生态利益。因此，影响农户行为的因素是多方面的。

（二）农民时空行为研究的前提假设

农民行为是指农民为了满足自身的物质和文化的需要，并达到一定目标而表现出来的一系列的活动过程，主要可以分为生活行为和生产行为。本书选取三类农民作为研究对象。第一，无弹性边际化农民，指的是被征地农民，就是在耕地被建设占用过程中，那些失去耕地的农民。第二，缺乏弹性边际化农民。是指那些因为耕地质量有限而放弃或部分

---

① 毕继业、朱道林、王秀芬：《耕地保护中农户行为国内研究综述》，《中国土地科学》2010 年第 24 卷第 11 期。

放弃耕种的农民。第三，有弹性边际化农民，是指那些将耕地转为园地进行劳作的农民。另外，在引言中提到过，行为个体的活动范围受到三方面的限制。农民作为本书的研究对象，在一天内其活动范围也是有限的，不太可能涉及连江县全境。因此我们只选取了这三类农民都比较集中的凤城镇。凤城镇是连江县县政府所在地，耕地非农化面积较大，镇周围同时也有弃耕撂荒的现象以及耕地转为园地的现象，而且凤城镇面积相对其他乡镇较小，有利于空间分析和计算。

基于对福建省连江县农民的耕种调查，研究区域的农民基本都是以家庭为单位的小农耕种模式。另外，由于丘陵地貌的影响，耕种地块在空间分布上也比较分散。农民分散小规模经营生产的方式在粮食价格定价方面处于价格接受者地位，面临的市场结构类似于完全竞争市场。所以理性的农民将粮食产品一部分用于家庭人员的粮食消费和圈养牲畜的粮食消耗，以保证家庭的生活生产需要，另一部分也会通过市场进行买卖进而获得经济收益，以提高家庭的生活质量。因此，本章以"自给小农"假说和"理性小农"假说相结合作为研究的假说前提，在此假设前提下来分析研究福建省连江县农民的生产行为。从生产角度出发，连江县农民虽然面临与"理性小农"行为假说所需要的完备市场条件有差距的市场环境①，但是总体上农民生产行为正在逐渐摆脱"自给小农"假说中的行为方式，通过市场追逐利润逐渐成为农业生产和农民资源配置的主要目标。在耕地利用过程中，当出现边际化现象时，农民会在经过综合判断后第一时间做出响应，对原有的农地经营行为进行调整或改变。农民面对土地利用变化时所做出的响应措施会因为区域环境、经济发展、政策法规的不同而不同，也会随着时间的变化而转变。

二　不同类型农地边际化背景下的农户行为响应

（一）无弹性边际化与农民行为之间的相互影响

耕地经济生产能力彻底消失并退出粮食生产的过程为正向无弹性边际化。相反，由于土地复垦、整治等，原来的建设用地转为具有经济生

---

① 任旭峰、李晓平：《中国农户收入最大化与耕地保护行为研究》，《中国人口·资源与环境》2011 年第 21 卷第 11 期。

产能力耕地的过程被定义为负向无弹性边际化。在空间分析过程中，正向无弹性边际化以耕地转为建设用地表示，负向无弹性边际化以建设用地转为耕地表示。连江县县城周边大量优质耕地因工业化、城镇化的需要而被占用，使得耕地经济生产能力彻底消失从而退出农业生产，严重地影响到当地的粮食生产能力和粮食产量。福建省连江县农民在耕地无弹性边际化过程中具有如下特点。

农民市民化。耕地征用的过程即耕地非农化的过程，在此过程中，耕地转变用途，成为居住、工业、服务业等非农产业和交通运输等公共设施用地。耕地非农化的过程深刻地改变了当地农民的生产生活方式，大部分农民由农村走向城市，实现市民化。农民市民化的核心是户籍的改变，主要分为主动市民化和被动市民化。主动市民化为离开农村，而县城扩张背景下的当地失地农民市民化属于被动市民化。农民市民化过程中，农民从分散的自然村被聚集到县城，收入和支出发生了巨大的变化。需要农民支付的成本包括生活成本、智力成本、住房成本、不动产价格、集体资产沉没成本和机会成本，获得的收益包括显性收益和隐性收益，收益与成本的差值越大，则农民市民化实现更大的净收益。连江县 2004—2019 年城镇居民人均年净收益快速增长，而农村居民人均年净收益增长幅度则缓和很多，两者之间的差值不断增大，这表明农民市民化的收益逐年增大（城镇居民人均年净收益数值为城镇居民人均可支配收入与城镇居民人均生活消费支出的差值，农村居民人均年净收益为农村居民人均可支配收入与农村居民人均生活消费支出的差值。）。此外，无弹性边际化农民在失地的同时也得到了一定的经济补偿以抵消市民化中需要支付的成本。

农民非农化。中国城乡二元体制导致农民非农化和农民市民化不是同步完成的，而是一般先由农民转变为非农再变为市民，即非农化的这部分农民既失去土地又是农民，既脱离了农村的土地保障，又无法获得与市民同等的待遇。这一现象也是中国严重农民工问题和乡村土地资源问题的根源。在调查中发现，农民市民化的农民一般位于县城郊区，随着县城的扩展，在土地征用中失去土地，其户籍也随着城市扩展而并入城市，而农民非农化则是部分被征地后仍是农业户口的人员。这一部分农民虽然在征地中得到了相应的经济补偿，但是失去了土地带来的社会保障。为解决这一问题，连江县启动了被征地农民农村社会养老保险工作，引导符合参保条件的居民积极参保，让广大被征地农民充分享受这一利民政策，但是除此之外，非农化农民和市民在医疗、教育等多个领域的衔接还有待推进。近年来，中国积极推进户籍制度改革，《国务院关于进一步推进户籍制度改革的意见》（国发〔2014〕25 号）中明确提出了相关目标，福建省也推出推进户籍改革的意见，在此背景下，农民非农化和市民化这两者也将在不久的将来最终得以同步。

继续从事农业生产。除了向非农转化，也有部分无弹性边际化农民未实现非农化，而是继续从事农业生产。由于连江县征地补偿费用主要依据的是土地补偿费、安置补助费、地上附着物和青苗补偿费等①，而没有将土地的市场价值考虑进去，这导致失地农民获得的征地补偿款不足以解决其生计问题，而在目前连江县农村社会保障体系仍不完善的前提下，失地农民的社会保障问题难以解决。在调查中发现，有些村镇会通过重新分配给被征地农民承包地以保障失地农民的利益，部分农民也会通过租种他人（缺乏弹性边际化农民）闲置耕地或通过土地流转等方式重新获得农地，继续从事农业生产，从而实现了土地资源的转移和优化配置，也保障了失地农民的生计问题。

从时空行为特征来看，无弹性边际化农民已经不再从事农业活动，这与正向无弹性边际化的内涵有直接的联系。正向无弹性边际化是建设占用大量耕地，而对农民来说，他们的耕地往往是一次性被全部征收，因此这部分农民不再具有从事农业劳动生产的土地要素。在被调查的农民中，有人选择了去工厂上班，以获得工资的形式补贴家用，也有的不再从事任何以获得收入为目的的劳动活动。如表 7-1 所示，被调查的无弹性边际化农民经常去的地方有菜场、公园、工厂等地方。另外也有农民去网吧和 KTV 这些城市居民经常选择的休闲娱乐方式。居住点到活动地点的平均距离为 2504.51 米，这主要与被征地农民所从事的非农就业地点有关，这些工厂一般来说离农民居住的安置小区较远。顺序移动总距离的平均距离为 13265.19 米，一方面是因为农民从事非农就业地点

---

① 郭艳：《特色小镇建设中失地农民问题的应对之道——乡村振兴战略背景》，《社会科学家》2020 年第 8 期。

较远，另一方面被征地农民每天活动地点也相对较多。另外无论是 MCP、SDE 还是 STP，无弹性边际化农民的活动范围与其他两类农民相比都是最大的。其中 MCP 与 SDE 的面积较为接近，而 STP 的面积要远远小于前两者。这主要是因为 MCP 与 SDE 包括了很大一部分无弹性边际化农民日常生活中不会去的地方。STP 是以农民的行为轨迹为基础，通过扩展行为轨迹而得到的面积，因此这个数值理论上更接近农民真实的活动范围。

表 7 - 1　　　　　　　　　无弹性边际化农民行为分析

编号	活动地点	居住点到活动地点的距离（米）	居住点到活动地点的平均距离（米）	顺序移动总距离（米）	MCP（平方千米）	SDE（平方千米）	STP（平方千米）
1	菜场	1025.09	2185.91	16230.12	16.32	18.48	3.90
	社区中心	619.70					
	商场	6661.41					
	公园	437.45					
2	工厂	9823.70	3570.17	14173.23	19.98	21.98	4.89
	菜场	2118.08					
	公园	353.21					
	亲戚家	1985.68					
3	公园	554.49	1757.44	9392.23	18.56	22.27	5.47
	工厂	5218.46					
	网吧	1032.00					
	朋友家	288.61					
	KTV	1693.64					
平均数		2504.51	13265.19	18.29	20.91	4.75	

（二）缺乏弹性边际化与农民行为之间的影响

由于受到坡度、土壤、水源、温度等自然因素的制约，耕地的经济生产能力一直保持在较低水平，进而可能被弃耕撂荒或者退耕还林，退出粮食生产。缺乏弹性边际化农民所采取的区域内积极响应模式主要为农地流转；区域内消极响应模式包括缩小农地播种面积、减少生产成本投入和农地完全弃耕撂荒。当缺乏弹性边际化出现，耕地利用纯收益减少甚至趋近于零时，其投入农地中的劳动力和物质成本均无法得到货币形式的补偿。基于此，农民会转而选择外出务工以实现来年家庭总收入的增加。除了劳动力的转移，农民也会减少资本投入，即在农业生产过程中减少化肥、农药投入，最终直至耕地弃耕撂荒。此外，缺乏弹性边际化农民也会将农地在农民间进行流转，从而产生家庭农地经营面积的变化。具体表现如下。

耕地流转。缺乏弹性边际化的农民在基于经济性的考虑下不愿继续从事农业生产，则可以选择通过耕地流转来实现一定经济价值。粮食生产对土地规模具有很强的依赖性，耕地流转这一途径则在为缺乏弹性边际化农民提供一项积极响应途径的同时也为耕地规模经营提供了可能。在此情况下，缺乏弹性边际化农民能获得土地收益，而规模化经营本身也能提高农地利用效率，是一种双赢的模式。扩大耕地规模能显著增加农民收入，提高投入产出效率。农民粮食生产收入与农民家庭耕地意愿规模两者的变化方向相同，即当农民粮食生产收入高的时候，其农地意愿耕地规模也越大。通过耕地流转使缺乏弹性边际化农民退出粮食生产领域，而务农农民通过扩大粮食播种面积、增大经营规模来提高收入。在农民调查中发现，连江县的农业产业化程度较低，农民的小农意识强，存在普遍的分散种植和分散经营现象，而农业市场化与合作化程度也较低，当地企业和农民的利益联结不紧密，导致这部分缺乏弹性边际化农民耕种收益极小。在此背景下，为防止耕地撂荒，保证土地效益，连江县支持农民将闲置土地进行流转，并通过村镇干部和农民进行沟通，鼓励种粮大户通过土地流转扩大土地承包面积实现规模经营。耕地流转极大地保障了土地效益的实现，但是也有部分农民基于社会保障等因素的考虑不愿意将土地进行流转，转而采取区域内消极响应模式来应对农地缺乏弹性边际化。

减少生产成本投入。由于自然环境等因素的制约，农民发现即使增加投入成本以取得较高的产量，但由于生产成本提高和粮食价格的降低，农民并不能因为增产而获得相应的增收，反而在生产中可能出现投入越高农民损失越大的现象。在此情况下，农民权衡利弊后一般会在第二年的生产中减少生产成本的投入，即减少肥料、人力和资金的投入。此外，部分农民也会选择兼业的方式，即农民在进行非农行业就业的同时不放弃耕地，特别是在当地缺乏耕地流转氛围或条件的情况下，采取"农忙回家务农、农闲外出打工"的方式增加家庭收入。虽然兼业方式让耕地免予撂荒，但是，一般而言，农民兼业程度的高低直接影响其耕地保护的积极性，即当农民兼业程度较高时，其总收入对农业生产收益的依赖性较低，则其对耕地保护的积极性越低，相应地，对耕地的生产成本投入和保护性投入也越少。对耕地的重用轻养导致连江县土壤肥力衰退，土壤养分失衡的问题较为突出，直接影响耕地利用的经济效益。

减少粮食播种面积。粮食播种面积的减少主要包括种植结构变化和复种指数降低。当发生缺乏弹性边际化现象时，原正业作物由于收益或投入等原因沦为边际作物，农民变更粮食作物的类型，将新的作物类型替代原有的边际作物以确保农地收益和适应劳动力的变化。例如，当农民发现种植水稻所花费的人力投入较大且无利可图时，会选择改种大豆、薯类等粮食作物。这种农民响应的结果是直接导致农业种植结构的变化，各种粮食播种面积发生变动，其中边际化较为严重的作物播种面积下降较为显著，相对应地，非边际化作物的播种面积上升。此外，缺乏弹性边际化农民的耕地复种指数也显著下降。耕地制度是以农作物布局与农业熟制为主要内容的耕作体系。在耕作过程中，不同的前、后茬作物的搭配对所在耕地自身的养分平衡起很大的作用，也直接影响耕地的复种指数。科学的耕作制度能使得土地资源实现用养结合，从而保证土壤养分的相对平衡，有效地维持土壤肥力。而缺乏弹性边际化的农民无法在耕作制度上对土地资源进行养护和开发，复种指数也明显下降。在调查中发现，连江县官坂镇全镇除了莺头和白鹤两个村的一些农民仍种植双季稻，其他地区的农民由于外出打工导致种粮积极性降低，几乎都改种了单季稻，或将土地闲置下来。

耕地弃耕撂荒。当缺乏弹性边际化越来越严重、亏损量逐渐增加时，农民会基于务农不盈利或盈利太小远低于机会成本而主动降低农业经营规模，会理性地选择减少粮食播种面积，特别是那些农业生产条件较差、土壤肥力较低、交通不便、分布较零散的小块耕地最有可能先成为降低经营规模的对象，而当这一现象越来越严重时，最终会导致农地弃耕撂荒。特别是当农村劳动力逐渐向城市转移，部分农村无劳动力的家庭和无法兼业的农民对耕种农地失去信心，当这部分耕地又质量较差难以流转时，极易出现弃耕的现象。农地弃耕包括社会性弃耕、结构性弃耕和边缘性弃耕。其中，社会性弃耕主要是由于社会政策、制度和经济条件等因素的演变出现的弃耕现象，特别是在现有的城乡二元经济结构下户籍制度和就业机制导致的农地弃耕撂荒，即耕地对农民来说也发挥着社会保障的功能，进城务工的农民在耕地经济效益很低的情况下宁可弃耕撂荒也不愿放弃对土地的使用权；结构性弃耕主要包括农业生产力结构和农业经济关系结构导致的弃耕，主要是受地形地貌和资源条件的限制造成的；边缘性弃耕则为自然条件导致的弃耕，包括灾毁型弃耕和生态型弃耕。中国《土地管理法》规定禁止任何单位和个人闲置、荒芜耕地。[①] 由此可见，具有承包经营权的农民有义务对承包土地进行耕种和维护。在中国耕地资源紧缺的背景下，弃耕行为直接浪费了耕地资源，而从长期来看则将严重降低耕地农业生产能力，且在相当长时间内耕地质量难以恢复，从而直接影响到中国当前及将来的粮食生产能力。但是，随着城市化进展的不断加快，大批农民来到城市从事非农产业，耕地弃耕撂荒现象仍然存在。在农民调查中发现，连江县存在大量年轻人外出务工，在家的老人年纪大无法耕种所导致的耕地弃耕撂荒现象，连江县重要产粮区官坂镇 2009 年土地季节性撂荒率高达 85% 以上，此后由于土地流转的引入使这一现象有所缓解。此外，连江县还有不少 20 世纪 60 年代围垦的耕地，由于盐碱化严重无法耕种而大量撂荒。

从缺乏弹性边际化农民时空行为特征来看，缺乏弹性边际化农民并不会因为自然因素的限制而不再从事粮食生产。他们会有选择性地弃耕撂荒一部分自然条件不佳的耕地，但同时也会重点耕种一些自然条件较好的土地。他们所耕种的土地中，并不是所有的土地都属于农民自身。由于很多青壮年外出务工，能够从事粮食生产的劳动力比较稀缺。这就导致缺乏弹性边际化农民私下租种其他外出务工农民的优质土地来进行耕种。而那些自然条件较差的土地部分或者全部被弃耕撂荒。缺乏弹性

---

① 王思雨：《我国土地征收过程中突显的社会问题及其对策探究》，《经济研究导刊》2017年第 23 期。

边际化农民在活动范围和行为特征上也有一些特点。首先，他们活动地点较少，基本都集中在居住地附近。且每日的活动以从事粮食生产为主。从表7—2可以看出，缺乏弹性边际化农民的活动地点一般在2—3个，是三类边际化农民中最少的。另外，居住点到活动点的平均距离与顺序移动距离的平均距离都是三类农民中最短的。而且从调研的情况来看，没有从事非农就业的现象。一方面是因为这些从事粮食生产者本来年纪就比较大，并不是那么容易获得非农就业机会。另一方面，非农就业机会离缺乏弹性边际化农民的居住地点较远，交通上并不便利。从活动范围来看，缺乏弹性边际化农民的MCP、SDE与STP也是三类农民中最小的。通过调研我们发现，缺乏弹性边际化农民外出主要以步行为主，这是导致他们活动范围小于其他类型农民的主要原因之一。但是与其他两类农民不同的是，缺乏弹性边际化农民的STP面积与MCP、SDE的面积差距并没有那么大。这主要是因为缺乏弹性边际化农民的活动范围本来就比较小，即使用MCP与SDE来测算农民的活动范围，它们所包含的"无用"空间也是比较少的，比较接近STP。

表7-2 缺乏弹性边际化农民行为分析

编号	活动地点	居住点到活动地点的距离（米）	居住点到活动地点的平均距离（米）	顺序移动总距离（米）	MCP（平方千米）	SDE（平方千米）	STP（平方千米）
4	邻居家	429.64	821.84	6204.28	2.28	2.74	1.98
	田里	585.02					
	村委会	1450.86					
5	田里	943.71	907.27	3350.35	1.53	1.44	1.36
	邻居家	870.82					
6	田里	826.88	571.62	2393.17	1.20	1.12	0.86
	小卖部	316.36					
平均数			766.91	3982.60	1.67	1.76	1.40

（三）有弹性边际化对农民行为的影响

由于耕地粮食生产经济能力相对下降所带来的非粮食生产利用转型，

本书定义为正向有弹性边际化,反之为负向有弹性边际化。正向有弹性边际化以耕地转为园地、经济林地表示,负向有弹性边际化以园地、经济林地转为耕地表示。有弹性边际化农民所采取的是区域内积极的响应模式,通过变更耕地利用类型、改变耕地利用方式等行为来实现。具体表现为以下特点。

改变耕地利用方式。耕地利用方式的改变包括农民的播种方式、翻耕方式、杀虫方式、除草方式与收割方式等的改变。当耕地有弹性边际化现象出现时,农民会基于经济效益的考虑调整农地的播种方式、翻耕方式、杀虫方式、除草方式和收割方式,并引入新的农业科学技术来降低农业成本的投入。农民耕作方式也逐渐向机械化发展,原始的人工插秧、畜力翻耕、人工打药、人工除草和人工收割等较为粗放的耕作方式逐渐减少,而耕作方式的机械化与科学化也直接降低了农民的农业生产成本,提高农业纯收益。在农民调查中发现,目前连江县的农地利用方式主要仍以单个家庭为生产单元,农地分布较为零散,单个地块面积相对较小,农业设施老化,农业机械化水平仍比较低,这些问题导致当地农业生产效率较低。为改变农地利用方式,连江县政府采取了扩大农业科技推广与增加连台农业合作等方式,通过推广关键适用技术提高农民的生产能力。例如通过推广测土配方施肥,为农民量身定做适合所种植农作物的施肥量,通过水肥一体化及膜下滴灌技术较好地控制化肥施用量和灌溉水量,保护耕地,还推广了各种新农药与新肥料品种、超级稻、病虫害综合防治等技术。此外,在农民层面,部分农民采取代耕、租种等方法扩大自身的农业生产规模;也有农民共同投资购买生产效率更高的农业机械来取代传统的人力和畜力,从而大大降低了生产成本,将农地边际化的影响降到最低;连江县中低产田占总耕地面积的77.1%,直接耕地地力水平,为解决有弹性边际化问题,农民通过改善农田灌排条件对干旱型中低产田进行改良,通过增施钾肥和硼肥对缺素型中低产田进行改良,提高耕地综合生产能力;在冬闲时,种植绿肥紫云英,通过秸秆腐熟还田,提升土壤有机质含量,并结合化肥深施,提高化肥利用率,节省化肥成本;发展设施农业,通过设施栽培来提高产量。

变更耕地利用类型。除了耕地利用方式的改变,有弹性边际化的农民也逐渐采取变更耕地利用类型的方式应对耕地有弹性边际化的影响，主要表现为种植经济作物代替种植粮食作物。有弹性边际化土地原种植的作物为边际作物，如继续种植则收益较小或几乎无收益，而经济作物一般来说商品率高，经济价值也较高，农民在该地块种植适宜的经济作物能获得更高的投入产出率，也能解决有弹性边际化带来的影响。连江县地理位置优越，交通便捷，具有发展休闲农业和都市型农业的独特优势。为应对有弹性边际化问题，连江县农民根据其自然资源条件和交通状况发展出了不同的农地利用类型。例如连江县东部以官坂为中心的马透平原和鳌江沿岸地区农民大力发展设施农业，引进了国内外优良品种，种植了油桃等大量亚热带水果、精细蔬菜与反季节蔬菜；中部的长龙和丹阳等地区农民则大量种植茶叶，并发展乡村休闲农业；南部的敖江、琯头和江南等地区农民则利用距离福建较近的优势开展花卉种植，此外贵安、潘渡等地区农民也尝试种植珍稀食用菌来取得更高的农业收益。

　　从有弹性边际化农民的时空行为特征来看，他们的兼业现象比较明显，虽然他们不再从事粮食生产但是他们还是保持农业劳动，所种植的可能是蔬菜、水果、花卉或其他经济作物。除了从事农业劳动以外，他们也会兼职从事一些非农就业，以此来提高整个家庭的收入。另外，在有弹性边际化农民中，有出现雇用其他农民来从事农业种植的现象。比如有一户调研对象种植花卉，户主在自己种植花卉的同时也会雇用一些其他农民来种植、采摘和运输，甚至在凤城镇镇中心开办有自家的花店，将自家所种植的花卉批发出去。从调研对象来看，有弹性边际化农民日常的活动地点在 3 个左右，居住点到活动地点的平均距离为 3281.20 米，比无弹性边际化农民的要小，但是比缺乏弹性边际化农民的要大。顺序移动总距离的平均距离为 8902.00 米，比无弹性边际化农民的要小，但是比缺乏弹性边际化农民的要大。同样 MCP、SDE 和 STP 的情况相同。有弹性边际化的农民的最大特点就是有从事商业活动的现象，他们既有自己的土地可以用来种植经济效益较高的作物，同时居住的位置离本地区的商业中心也并不远，交通相对比较便利（见表 7 - 3）。

表 7 - 3   有弹性边际化农民行为分析

编号	活动地点	居住点到活动地点的距离（米）	居住点到活动地点的平均距离（米）	顺序移动总距离（米）	MCP（平方千米）	SDE（平方千米）	STP（平方千米）
7	花园	2212.00	3397.49	7331.36	6.71	8.05	2.12
	超市	1170.26					
	花店	6810.21					
8	超市	863.51	2346.39	8931.57	8.21	8.72	2.86
	果园	808.14					
	工厂	6338.29					
	朋友家	1375.62					
9	工厂	8471.36	4099.71	10443.06	5.34	5.91	1.80
	菜园	2934.32					
	公园	893.45					
平均数			3281.20	8902.00	6.75	7.56	2.26

三 不同类型农民行为的比较研究

不同类型的边际化农民在生产和生活方面也有各自的特点。如表7 - 4、表7 - 5 所示，无弹性边际化农民的土地被国家征收以后，大部分能够获得城市户口，正式成为城市居民，实现由农民向市民的转变。缺乏弹性边际化农民大多生活在离城市较远的偏僻地区，为了弥补缺乏弹性边际化所带来的经济损失，缺乏弹性边际化农民会选择从事非农生产以补贴家用。当然也有一部分缺乏弹性边际化农民通过承包其他农民的土地来进行粮食生产。有弹性边际化农民大多集中在城市郊区，他们会从事种植蔬菜、水果、花卉等方式来获得比较可观的经济收益。同时由于离城市比较近，部分有弹性边际化农民也会选择兼业的方式，在农闲的时候获得一定的非农收入。

表 7 - 4   不同边际化农民生活行为比较

类型	无弹性边际化农民	缺乏弹性边际化农民	有弹性边际化农民
背景	耕地无弹性边际化	耕地缺乏弹性边际化	耕地有弹性边际化

续表

类型	无弹性边际化农民	缺乏弹性边际化农民	有弹性边际化农民
身份特征	市民化	非农化	兼业化
主要收入来源	土地征用补偿费	从事非农生产	从事非粮食生产的其他农业生产
活动范围	最大	最小	中等
主要活动地点	小区、商场	耕地、工厂	园地、工厂
生产方式	工业、服务业	工业、农业	农业、商业

表 7 – 5　　　　　　　　　不同边际化农民生产行为比较

类型	无弹性边际化农民	缺乏弹性边际化农民	有弹性边际化农民
内容	基本不再从事农业生产。大部分能够获得城市户口，正式成为城市居民，实现由农民向市民的转变	会有选择性的弃耕摞荒一部分自然条件不佳的耕地，但同时也会重点耕种一些自然条件较好的土地	兼业现象比较明显，虽然他们不再从事粮食生产但是他们还是保持农业劳动，所种植的可能是蔬菜、水果、花卉或其他经济作物

　　从收入来源来看，缺乏弹性边际化农民的收入来源主要是征地补贴。缺乏弹性边际化农民获得一笔巨额的征地补偿款之后，很多人选择投资或者存银行，红利或者银行利息成为缺乏弹性边际化农民的收益。缺乏弹性边际化农民在从事少量农业生产的同时，非农就业已经成为他们最大的经济收入来源。有弹性边际化农民在收入来源方面比较多元化，他们不仅可以从事收益较高的农业生产，也可以从事非农劳动，甚至可以从事商业活动。从农民的生活行为方面来看，无弹性边际化农民的生活活动范围最大，主要集中在社区和商场。有弹性边际化农民的活动范围次之，主要集中在园地和工厂。缺乏弹性边际化农民的活动范围最小，主要集中在耕地和工厂。活动范围和活动地点的不同主要是由于他们从事生产的行业不同。无弹性边际化农民主要从事服务业和工业，缺乏弹性边际化农民主要从事工业和农业，有弹性边际化农民则主要从事农业和商业。

第 八 章

农地边际化的整治与规划

传统农地边际化整治是指在一定区域内，根据区域社会经济发展情况、人口流动情况以及空间规划情况，以提高粮食产量为目标，通过采取行政、经济和法律等手段，运用工程建设措施，提高边际农地集约利用率和产出率，改善农民生产、生活条件和生态环境的过程。

然而当前农地边际化的整治并不是单一的整治抛荒土地，而是从全域、全要素角度出发，对农地边际化开展综合整治。一方面，随着我国城镇化、工业化以及农业现代化不断加快，保护自然资源和生态环境的重要性日益凸显，农地边际化整治目标也趋于多样化，其目标不再单一聚焦于提高粮食产量，而是进一步将生态环境的保护和保育作为农地边际化整治的重要内容。因此，单一目标、单一要素、单一手段的农地边际化整治模式已经难以在现有城乡经济发展和农地利用的背景下有效解决农地边际化问题。这对农地边际化整治规划提出了新的要求和挑战。另一方面，农地边际化整治如何与其他各类规划进行衔接？如何在保证实现农地边际化整治目标的同时，不影响其他各类规划的目标实现？这些都是农地边际化整治规划需要考虑的问题和有待探讨的学术话题。这些问题的产生使得农地边际化整治的途径需要多样化。其中农地边际化整治规划具有统领性的作用。科学有效地编制农地边际化整治规划，可在较长的时间段内对区域农地边际化问题起到遏制甚至消除的作用。

依据前文所述农地边际化的产生背景与驱动因素，本章主要从海外农地边际化整治与制度设计、农村全域土地综合整治规划与农地边际化、国土空间生态修复规划与农地边际化三方面对农地边际化的整治及与相关规划的联系展开探讨。

Remediation of marginalization ofagricultural land is a process to improve the intensive utilization rate and output rate of agricultural land in a certain area, and improve the production conditions and living conditions of farmers as well as ecological environment by applying engineering construction measures. So it is necessary to understand the socio-economic development, population flow and spatial planning of the area when remedying marginalization of agricultural land. There are various means to remedy marginalization of agricultural land, including administrative means, economic means and legal means. And the final goal of this is to increase food production.

However, the goal of remedying marginalization of agricultural land in the new era is no longera single goal of remedying abandoned land, but a comprehensive remediation from the perspective of the whole region and the whole element. On the one hand, protecting natural resources and ecological environment becomes vital to sustainable development as China's urbanization, industrialization and agricultural modernization continue to accelerate. Obviously, the objectives of remediation of marginalization of agricultural land are diversified. It is not only to increase grain production, but also to take the protection and conservation of the ecological environment as an important part of remediation of marginalization of agricultural land. Therefore, due to the current urban-rural economic development and agricultural land use, the problem of marginalization of agricultural land can hardly be solved by setting one objective, or analyzing one element, or adopting only one method. This situation provokes new requirements and challenges for remediation of marginalization of agricultural land. On the other hand, how to link remediation of marginalization of agricultural land with other plannings? How to ensure the achievement of the goal of remediation of marginalization of agricultural land without affecting the goals of other plannings. These are the issues to be addressed and academic topics to be discussed in the planning of remediation of marginalization of agricultural land. Therefore, it is necessary to have diversified approaches for remediation of marginalization of agricultural land, and remediation planning also plays an overarching role in the process of overcoming agricultural land marginalization. Scientific and effective formulation of remediation planning of marginalization of agricultural land can curb or even eliminate marginalization of agricultural land in a long period.

According to the background and driving factors of marginalization of agricultural land, this chapter mainly discusses remediation of marginalization of agricultural land and its relationship with relevant plannings from three aspects: remediation and institutional design of the marginalization of overseas agricultural land, comprehensive land consolidation planning and agricultural land marginalization in rural areas, land space ecological restoration planning and agricultural land marginalization.

第一节　海外农地边际化整治与制度设计

20世纪50年代以来，农地资源相对紧缺的日本、荷兰和中国台湾地区①相继出现了严重的农地边际化问题。这些国家和地区在结合本地区工业化和城市化发展进程、农业人口转移实际的基础上，通过对边际农地的科学利用，不断提升农业生产效率和竞争力，为农地边际化治理做出了有益探索，并形成了特点鲜明的农地边际化治理模式和相对完善的边际土地整治体系。这些国家和地区通过对农地边际化进行综合整治，有效地预防和治理了农地边际化问题。本节通过总结海外农地边际化综合整治与制度设计经验，以期为农地边际化治理提供一定的思路。

一　日本农地边际化整治经验：农田工程建设

日本是亚洲第一个实现农业现代化的国家，然而随着日本经济发展与农村老龄化、少子化问题并行，日本出现了农地撂荒、农民人口锐减、农业生产停滞与农村衰退的困境。因此，日本政府通过农地改革，实施了一系列促进农地流转与规模经营的政策措施，以期实现恢复农村活力、恢复农业生产力以及稳定粮食供给。② 除了农地所有权制度不同，日本的农业特点与中国十分相似，其关于农地管理的改革对中国农地利用及改善地边际化问题具有较强的现实意义。

（一）日本农业农地利用模式：农田建设

日本农田建设较为典型的模式是茨城町农田建设项目。③ 该项目总投资133亿日元，涉及13个园区共675公顷，其中，中央承担投资的66.6%，县承担20%，市镇承担8.4%，农户承担5%。

茨城县位于日本关东，距离东京40公里，是东京都市圈的一部分。

---

① 陈春良：《日本、韩国与台湾地区农地整治的主要做法与政策启示》，《中国经济时报》2016年11月7日第5版。
② 高强、孔祥智：《日本农地制度改革背景、进程及手段的述评》，《现代日本经济》2013年第2期。
③ 方琳娜、李建民、陈子雄、张洋、尹昌斌：《日韩农田建设做法及对我国高标准农田建设启示》，《中国农业资源与区划》2020年第41卷第6期。

全县面积 61 万平方千米，总人口 228.1 万，地势以山地和关东平原为主。茨城县主要种植水稻、小麦、大豆和柑橘等，其农业生产和农作物种植面积居日本第二位。近十年，茨城县的水户市、茨城町的农民数量下降了 17%，其中 65 岁以上的农业人口占农业总人口的四成，农民老龄化问题突出。未开展农田建设前，区域内水田未建设的小地段约占80%，且农田排水不畅，农田两边的道路宽度不够，严重影响了机械作业，农民种地的积极性也因此不高。基于这样的自然条件，该区域扩大农户规模经营面积的局限性很大，由此改善农田基础设施和农田整块化十分迫切。

该农田建设项目主要有两步措施。第一步是计划于 2012—2015 年实施土地规划和调整，使土地集中整块化。主要流程包括收集农地信息、调查农民意愿；测量农地；开展土地评价，制定换地方案；相关农户 2/3以上出席决定换地计划；公布换地计划，对异议进行处理；对于不平等土地置换进行征收与支付清算金处理；换地期间确保生产稳定，换地后登记新的土地信息。① 第二步是计划于 2016—2025 年建设农田的道路和水利设施，以便大型机械操作，从而实现农业生产规模化。

（二）日本农地改革的主要做法

1. 用地规整，机械应用

由于日本农田细碎化和分散化严重，日本在实施农地改革时十分注重耕地的权属问题和地块的调整，其主要目的是通过调整地块促进农地流转，从而实现农业规模化经营。对于调整后的地块，日本会基于地块的地形条件实施田间整理工程和土壤改良，尽可能让地块成片，以便灌溉、排水和小型农田机械化耕作。日本 80% 以上地形是山地和丘陵，山丘区耕地面积比重和农业产出比重均占据四成以上，农业资源环境的约束性促使日本农业机械化发展不同于欧美等国的大型农场机械化道路。② 日本注重适用于地块狭小零散的中小型农业机械设备研发，并因

---

① 方琳娜、李建民、陈子雄、张洋、尹昌斌：《日韩农田建设做法及对我国高标准农田建设启示》，《中国农业资源与区划》2020 年第 41 卷第 6 期。

② 赵颖文、吕火明、李晓：《日本农业适度规模经营推行背景、应对举措及对中国启示》，《中国农业资源与区划》2019 年第 40 卷第 4 期。

地制宜地将农机和农艺有机结合起来，在创造新工艺、新机具上不断取得突破和进展。日本中小型农机的高速发展对于缓解本国农业劳动力过度流失、农村人口老龄化和妇女化等问题做出了重要贡献，通过研发和推广系列适合于老年人和妇女操作的小型化、轻便化、智能化农业机械，促使在农业深度兼业化引致青壮年劳动力严重缺失的背景下，依然能够稳定基本农业生产，并为农业适度规模经营提供了有力的技术支撑。①

2. 农田整治，水利优先

日本农田基础设施建设工程内容包括四个方面：一是建设水源工程、农田灌排设施、农用道路和农用地保护利用设施；二是进行土地整理合并、农田开垦、围海造田和围湖造田工程；三是进行农用地基本设施的灾后修复工程；四是农用地、农用设施和灌溉水等权利调整等。② 其中，日本农田水利基础设施建设是农业建设事业的重要组成部分。日本在农田水利基础设施建设和管理方面特点显著。在建设方面，农田水利基础设施建设具有政府给予大量资金投入和政策补贴的特点。在农田水利基础设施建设中，政府投入农田水利建设资金占各类公共事业资金投入首位。③ 政府以贷款的形式，将工程成本的30%给了工程实施的当地政府和受益者；此外，在农业生产者补贴中，政府给予小型农田水利基础设施建设的补贴高达80%左右。④ 为此，中央政府针对农田建设特别是农田水利基础设施建设专门设置"农林公库"，无须担保即可提供贷款支持，贷款还款年限为15年，年息为0.5%，有力的政府投入保证了农田建设工程的质量。在管理方面，表现为主体分明确，管理机制有效；河流分级管理，灌区参与式管理；重视水资源的节约和保护；法律法规体系健全，农田基础设施建设有法可依等。

---

① 张乃丽、欧家瑜：《日本工业反哺农业的经济学分析》，《现代日本经济》2018年第1期。

② 李树君：《日本农田基础设施建设工程类型、特点和保障措施》，《世界农业》2015年第11期。

③ 李晓东、焦雷、毕昕：《日本农田水利基础设施建设对中国的启示》，《世界农业》2017年第9期。

④ 王玉莲：《日本乡村建设经验对中国新农村建设的启示》，《世界农业》2012年第6期。

3. 组织合作，综合治理

日本农协经多年发展已成为日本国内组织基础最广泛、影响力最大的农民互助合作组织，形成了"中央—都道府县—市町村"三级组织架构，拥有指导、经济、信用、福利和共济五大事业部门，覆盖农村各个领域。[①] 从机构数量上看，截至 2016 年 10 月，日本共计拥有基层综合农协 654 个；从会员人数上看，截至 2015 年年末，日本农协共计拥有会员 1037 万人。[②] 中央层面的农协机构（全国农业协同组合联合会）主要承担农协中央层面的经济事业，负责农产品统一销售、农业生产耗材和农村生活物资统一采购和供应等事项；都道府县层面的农协机构对照中央层面分别承担指导、经济、信用、福利、共济事业；市町村层面的农协机构主要由地域农协组成，其职能只要包括指导事业、经济事业、信用事业、福利事业和共济事业，全面涵盖了与农业生产和农村生活相关的领域，参与人数多，覆盖范围大，社会影响力强。农业委员会作为一个全国性的组织体系，可以有效推行农地政策，确保农政业务的统一性和客观性。同时，它作为一个农业者自主协商组织，可以有效地促进农地集中，解决土地纠纷，并对政府进行监督（见图 8 - 1）。

（三）对中国的启示

1. 机械化缓解劳动力短缺

日本根据不同的实际需求采取了不同的农业机械化经营模式，从而较好地保证了农业机械化的效果。中国目前仍以小型机的家庭自用式经营模式为主，然而由于城镇化水平提高，农产品价格趋低，农户收入不高的现实国情以及严格的耕地保护制度而非农业保护政策，使得大量农村剩余劳动力涌向城市，造成农村劳动力大量流失，耕地大面积荒废[③]。因此需要在考虑中国现阶段实际国情的前提下，实施灵活的、多样化的农机经营模式。

[①]　肖俊华：《分散农户经营模式下农产品质量安全问题研究》，硕士学位论文，华南理工大学，2018 年。

[②]　刘松涛、王林萍：《新〈农协法〉颁布后日本农协全面改革探析》，《现代日本经济》2018 年第 1 期。

[③]　杨印生、陈旭：《日本农业机械化经验分析》，《现代日本经济》2018 年第 37 卷第 2 期。

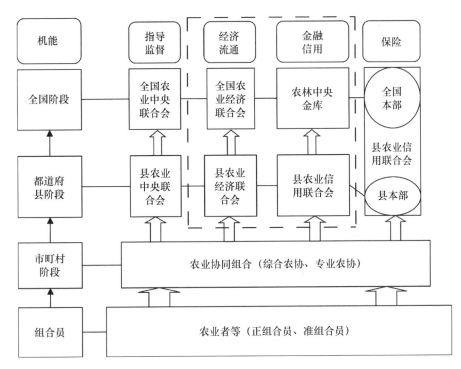

图 8-1　日本农协的组织结构示意①

　　一方面，可以在农村劳动力大量流失的地区发展适度的兼业型农业，即开展以老人和妇女为主要使用主体的轻型农业机械推广，增加农作物的耕种面积，减少耕地荒废；另一方面，改变目前中国高端农业机械产品不足、低端农机产品过剩、小型农机质量差的局面。对耕地面积小、实行家庭承包经营的农户，向其普及高质量、优性能的中小型、轻简化农业机械，以适应家庭自用的需要；但对于土地承包大户，则可优先发展实用型、大中型农业机械，以增加农机作业的经济效益与社会效益。

　　2. 水利建设协助农地治理

　　开展农田水利基础设施建设是增加农民收入、提高农民生活质量、促进农民脱贫致富，提高农业生产率的必要条件；是"补短板、扩内需、

---

　　①　侯宏伟、温铁军：《日本农协理性：合作属性与垄断属性的相辅相成》，《世界农业》2019 年第 7 期。

稳增长"的有力举措，更是农业供给侧结构性改革的重要着力点。然而，随着全球气候的变化，极端恶劣气候日益频发，中国现有的农田水利基础设施已不能满足农业生产，出现丰水区供水过量、缺水区供应严重不足等现象；由于农田水利基础设施结构不合理且规模不合理，导致其不能发挥应有的作用，从而极大地影响了当地农民的农业生产和生活，甚至进一步威胁国家粮食安全问题。① 中国农田水利基础设施建设普遍不足，即使各级政府在水利方面的投入逐年加大，但仍会出现投入不足和投入不均的现象。

日本具有完善的和适应国情的农田水利基础设施建设与管理体系。因此，日本土地改良政策的实施，以及在农田水利基础设施建设与管理方面的成功经验，对中国农田水利基础设施建设与管理的启示和借鉴意义重大。日本政府对于农田基础设施建设采取倾斜政策，为日本农业的快速稳定发展提供了资金保障，促使农业的优先发展。而中国对于部分大型灌区续建的配套和更新工程的改造，投入资金与实际需求相去甚远。首先，需通过积极增加政府投入，有效调动农田水利基础设施建设受益农户的投入积极性，积极吸纳社会资本用于农田水利基础设施建设。其次，政府应发挥引导作用，制定和采取与节水相应的优惠政策，给予用水农户必要的补贴。最后，国家可以实行专项优惠贷款，降低贷款担保权限，延长还款年限，加强财政补贴和金融机构信贷额来支持农田水利基础设施建设，促进农田水利的优先、良性发展。②

3. 农协保障农户利益

日本作为一个农业现代化十分发达的国家，其为农业设立的专门化组织——农业委员会是日本农业现代化进程中不可或缺的一部分。农业委员会作为一个日本全国性的组织体系，可以有效推行农地政策，确保农政业务的统一性和客观性。同时，它作为一个农业者自主协商组织，可以有效地促进农地集中，解决土地纠纷，并对政府进行监督。经过几

---

① 李树君：《日本农田基础设施建设工程类型、特点和保障措施》，《世界农业》2015 年第 11 期。

② 魏跃军：《我国农村基础设施建设现状与对策》，《北京林业大学学报》（社会科学版）2011 年第 10 卷第 2 期。

十年的不断发展和完善，其已经发展成为一个整合经济和社会功能的非政府组织。它不仅负责组织农业生产、购买生产和生活资料、销售农产品和其他经济活动，还负责向农民或相关组织发放各种政府补贴。日本农协在长期的发展历程中对日本农业的进步产生了巨大的推动作用。农协提高了农民收入。农协利用自身的垄断优势，通过对农业采购、生产、交换环节的统一调配，不仅压低了采购化肥、农药和农具的成本，也抬高了日本农业市场的农产品价格。①

反观中国，中国农户缺少专门的组织去为其发声，在缺少科学的指导情况下难以准确表达自身诉求的情况下而使得在资源和利益分配过程中，往往处于边缘化。当农户处于弱势阶段、自身的利益诉求无法得到满足时，农户群体将极大降低自身的耕种的积极性，转向城市户口、第二、第三产业以寻求更好的利益表达和获取的途径。因此，中国可有效借鉴日本为农业设立的专门化组织——农业委员会的经验，不断提高农业专业化组织的建设，拓宽农户利益表达和获取的途径以保障农户的合法权益。

二　荷兰农地边际化整治经验：精简集约

荷兰国土面积狭小②、农业资源贫乏，而且全年光照不足③。自然资源的"先天不足"倒逼荷兰注重技术创新，依托交通地理优势，采取大进大出的出口导向发展战略，减少大豆、棉花等土地密集型产业，积极发展畜牧业、设施农业、花卉园艺产业等劳动和资本密集型产业，探索出了以专业化、集约化、高新技术与现代化管理模式为特点的荷兰农业农地利用，是仅次于美国的世界第二大农业出口国。④ 荷兰的农地发展很大程度上是从农地整理开始的，在其多年的乡村发展实践中，将农地治

---

① 司有林：《浅议日本的农业组织形式及其借鉴意义》，《现代经济信息》2019 年第 8 期。

② 荷兰国土面积仅 4.15 万平方千米，约 1/5 土地由填海得来，全国海拔高于海平面 1m 以上的土地仅占 1/3，还有 1/3 低于海平面，土壤盐碱化问题突出，生活着 1700 万人口，人口密度比中国还高，属于典型的"人多地少"国家。

③ 荷兰全年平均光照时间只有 1600 小时，比中国少 1000 小时，对农作物生长有着显著影响。

④ 张斌、金书秦：《荷兰农业绿色转型经验与政策启示》，《中国农业资源与区划》2020 年第 41 卷第 5 期。

理与农业发展、景观营造、旅游等结合起来，成为重要的推动荷兰农业发展的重要力量。在农地整理的过程中，从最开始的追求效率和生产力提升，到乡村的基础设施建设，再到产业结构的调整和乡村生态环境的改善，可谓工作非常细致，有着精细化的管理目标。所以，从这个意义上来讲，荷兰的农地治理是一种精简集约型的模式。

（一）荷兰农地利用模式：精简集约

荷兰政府大力支持农户从传统农业模式向精准农业模式转型。荷兰有 80% 的农民已在荷兰政府提供的卫星支持下，使用全球定位系统捕捉农田信息，并对农田状况进行科学分析。① 此外，农民们也通过无人机等方式收集田间信息。在荷兰，几乎所有的田间防治都基于大数据分析。根据荷兰中央统计局的数据，2018 年，荷兰的蔬菜水果出口总额达到 177.74 亿欧元。荷兰农业的过人之处在于精准、高效的创新性技术。这种创新性技术的获得，主要归功于荷兰独具特色的"黄金三角"农业创新机制。这一机制从农户和企业的实际需求出发，通过政府的政策协调和鼓励，由专业研究机构进行有针对性的技术开发。政府、企业和研究机构之间形成了稳定、通畅的三角合作关系，极大地缩短了技术从研发向实际生产力转化的时间。例如，荷兰瓦赫宁根大学②每年会和企业、农户以及政府官员举行多次信息交流会，确保第一时间了解农户的需求，并在政府的支持下提供最佳的解决方案。同时大力推进科研与市场"联姻"、农民与高校科研人员互动，推动农业领域的产学研深度融合。

（二）荷兰农地改革措施

1. 充分发挥农业比较优势，发展精简集约型农业

荷兰的地势不适于粮食作物的种植，自 20 世纪 50 年代以来，荷兰大幅削减了缺乏比较优势的大田作物种植面积，变更为通过进口获取这些农产品。而从另一个视角来看，尽管不适于种植粮食作物，但荷兰境内

---

①　任彦：《荷兰农场用高新技术实现精准生产》，《人民日报》2020 年 2 月 18 日。

②　引例：荷兰瓦赫宁根大学及研究中心是世界上最大的农业研究机构。它坐落于农业科技版"硅谷"——"食谷"，那里是荷兰最大的农业科技初创企业和试验农场集群，被认为是荷兰农业成功的摇篮。

充沛的降水、平坦的地势等自然条件却十分有利于牧草等作物的生长，为此，荷兰对其农业产业结构进行了调整，大力发展畜牧业、园艺业等欧洲市场需求旺盛的产业。① 除了根据比较优势调整产业结构，荷兰农业的集约化程度和生产效率也在不断提高。随着农场规模的扩大，单位劳动产出不断提高。高度集约化的农业发展模式，不仅增加了农民的收入，也带来了荷兰农业的高产量和高效益。

2. 构建高效的农业产业链，打造产业集群

通过将节能温室、机器人、计算机信息技术和生物技术等高新技术植入农业产业领域，荷兰实现了现代化的农业生产经营方式，构建了"从农田到餐桌"的高效、完整的产业链，为荷兰农产品附加值的增加、农民收入水平的提高及农业国际竞争力的提升打下了坚实的基础。② 近年来，荷兰通过大力推进技术和产业创新，在高效的农业产业链基础上打造了产业集群。其中，"食品谷"和"绿港"都是荷兰深度融合农村第一、第二、第三产业，形成的产业集群代表。"食品谷"是一个汇集了国际食品企业、研发中心的产业集群区域，该区域既有食品产业企业，也有高端的研究机构③，是欧洲最具权威的农产品和食品营养研究和实业中心。"绿港"是一个政府主导的，涵盖园艺产业各个环节的综合性的园艺产业区，其中既包含与园艺相关的企业，也包含相关研究机构，形成了从园艺产品的育种到销售的完整产业链。通过高效的园艺产业链，"绿港"保障了荷兰园艺产业的国际竞争力。

3. 推行 OOV 模式，建立高度发达的农业知识创新体系

农业科研、教育和推广系统，三者结合在一起构成了荷兰的农业知识创新体系，简称 OOV 模式。④ 该体系的核心内容就是结合政府的各项政策，通过政府的力量研发、推广各种农业新技术，并通过提高农业从

---

① 赵霞、姜利娜：《荷兰发展现代化农业对促进中国农村一二三产业融合的启示》，《世界农业》2016 年第 11 期。

② 孔繁涛、朱孟帅、韩书庆、刘佳佳、秦波、张建华：《国内外农业信息化比较研究》，《世界农业》2016 年第 10 期。

③ 引例：荷兰瓦赫宁根大学及研究中心是世界上最大的农业研究机构。它坐落于农业科技版"硅谷"——"食谷"，那里是荷兰最大的农业科技初创企业和试验农场集群，被认为是荷兰农业成功的摇篮。

④ 即取荷兰语中科研 Onderzoek、教育 Onderwijs、推广 Voorlichting 3 个单词的首字母。

业人员和农民及相关主体的受教育水平，将新技术应用于实践，不断推动整个荷兰现代化农业的发展。① 在农业科研方面，由政府所属的农业试验站、私人企业、实验农场来承担主要解决农业发展中实际问题的责任②；在农业推广方面，通过从事这些研究的机构与相关推广部门通力合作，建立知识与技术的推广体系③。通过这个推广体系，农业最新技术成果就能够迅速传播到农民及合作社那里，农民及合作社就可以直接应用该知识与技术；在农业教育方面，通过设立各级农业教育机构④、开办多层次培训班等方式，及时向农民传播新知识与技术。该体系以农民为核心，网点覆盖全国各地，根据农户需要为农户提供农业生产信息，并且其知识信息都是开放的，可以让每个农户都得到实惠。

（三）对中国的启示

目前，在中国农村日渐衰落、农产品供给结构性失衡且缺乏国际竞争力、农业资源环境问题突出的严峻背景下，更应该借鉴与中国资源禀赋相似的发达国家的先进经验，深度融合农村第一、第二、第三产业，加大农业科技投入，转方式，调结构，充分发挥农业多功能性，提高农民收入，保障农业农村的可持续发展。

1. 三产有效融合，促进农户收益保障

从荷兰现代化农业发展的经验来看，保障农民利益是第一要务，无论是农业知识体系的创新、农民合作组织的建立、农业补贴政策的实施，或是农村第一、第二、第三产业融合的具体做法都体现了这一点。中国是农业大国，乡村人口约有 7 亿，在未来深化农村第一、第二、第三产业融合，推动现代化农业的过程中，更应该保护好乡村农民利益，不能以工商企业为主，要增加农民的市场势力。而要增加农民市场势力，一方面要建立以农民为核心的农业科技创新与推广体系，提高农民素质，增加农民劳动的边际价值，另一方面要培育壮大农民合作组织，

---

① 赵霞、姜利娜:《荷兰发展现代化农业对促进中国农村一二三产业融合的启示》，《世界农业》2016 年第 11 期。

② 尹彬:《荷兰农业知识创新体系的考察与借鉴》，《世界农业》2016 年第 6 期。

③ 顾卫兵、蒋丽丽、袁春新、邵元健、李智水、唐明霞:《日本、荷兰农业科技创新体系典型经验对南通市的启示》，《江苏农业科学》2017 年第 45 卷第 18 期。

④ 从初级、中等农业职业学校，到高等农业学院，再到正规的农业大学。

农民合作起来，进行专业分工才能够在一定程度上弥补小农的市场弱势地位。

2. 延长产业链，打造产业集群

荷兰农业发展非常注重产业链的整合和协作分工，在农业产业链的基础上，高度重视创意农业产业链经营，并将其作为"链战略行动计划"①的重要部分。荷兰政府以"链战略行动计划"为依托，逐渐加强对农业产业链的协作和整合。荷兰的农业生产将农作物的种植、收获、保鲜环节与农产品加工、运输储存环节以及农产品的销售融为一体，将生产、供给与销售，农业、工业和商业有机地结合起来，形成了利益共享和风险共担的一体化。将生产、供给与销售，农业、工业和商业有机地结合起来，形成了利益共享和风险共担的一体化。让产业链的每一个环节都实现了紧密联动，促进了资源最大限度地利用。荷兰通过投入了科技创新，同时融入了文化、制度等非技术因素，在各个环节上都增加农产品附加值，在深度融合农村第一、第二、第三产业延伸产业链的基础上形成产业集群的规模效应和范围效应，提升了荷兰农产品的国际竞争力。

反观中国，中国农业产业化发展过程中还有一些比较棘手的问题亟待解决，尤其明显的在于中国农业产业化整体水平相对较低，与欧美等发达国家还存在较大差距。具体分为以下三个方面②：首先，农业产业化市场发展过快，利益分配机制未能完全跟上市场发展的步伐，农民增收效果不明显。其次，政府在宏观上的农业管理体制不够完善，导致了农业产业化经营水平相对较低。最后，农户、企业、市场之间利益联结机制不完善，相当数量的企业与农户处于不稳定、不规范的联结状态。荷兰"链战略行动计划"的实施为荷兰农业产业链的发展和荷兰农业的现代化建设提供了思路，并促进了荷兰农业的发展，也为中国农业产业化发展提供了可取的经验。

---

① 付晓亮：《荷兰"链战略行动计划"的基本特征、可取经验及对中国农业产业化的启示》，《世界农业》2017 年第 11 期。

② 付晓亮：《荷兰"链战略行动计划"的基本特征、可取经验及对中国农业产业化的启示》，《世界农业》2017 年第 11 期。

3. 立足比较优势，推动农业技术创新和推广

荷兰之所以能在农业生产条件"先天不足"的状态下，走上高度发达的现代化农业之路，与其根据比较优势发展，推动农业技术创新有密切联系。荷兰农业知识创新体系的显著特点是其目标明确，即以应用性、体系性的科研、教育、推广体系为基础来进行实用性的农业知识、技术的生产与创新，最终将这些知识、技术转化为农民所需的生产力。[①] 明确简洁的目标体系，使得荷兰的农业知识创新"三位一体"式体系运转流畅、高效，取得了较好的实际效果。

相比较荷兰，中国的农业科技成果转化机制虽然运行了多年，但实际效果仍然不佳，转化的效率及效果均比较差。除了部分农业科技成果的市场化程度比较高，其他大量的基础性、应用性农业科技成果无法商品化，无法转化为实际生产力。中国长期以来是以小农经营为主体，土地碎片化严重，农业在城镇化发展中对就业人口的吸纳能力在不断下降。在此种情况下，要保持中国农业的可持续发展，在很大程度上需要中国农业知识创新体系在知识、技术生产、转化上的努力及其能力。在中国人多地少、水资源贫乏的资源环境条件约束下，研发农作物新品种、农业优良设施、农业节能减排等农业技术创新和推广对于保障农产品质量安全和产量安全等农地生产问题都具有重要意义。

三 中国台湾地区农地边际化整治经验：农地重划

中国台湾地区土地面积为 360 万公顷，其中林地略多于一半，农地约占 24.3%。由于 21 世纪以来，台湾地区劳动密集型工业发展迅速，对劳动力的需求激增，加之农家收入偏低，农民特别是青壮年离开农村进城务工经商，造成从事农业劳动的老年人、妇女以及兼业的所占比重越来越大。[②] 兼业农户和副业农户把农业视为自给和半自给的、附带性的生产，对土地生产率期望不高，因而缺乏学习农业科学及钻研农业技术的热情。他们对采用良种，合理施肥、改良土壤，提高资源利用率很

---

① 尹彬：《荷兰农业知识创新体系的考察与借鉴》，《世界农业》2016 年第 6 期。
② 萧承勇：《台湾地区的农地重划及其社会经济效益》，《农业工程学报》2001 年第 5 期。

少关心①；不但如此，而且会在比较利益和机会成本的诱导和推动下，削减对土地的物质投入及劳力投入，进行粗放经营或掠夺经营，造成地力衰竭，从而妨碍整个农业生产的发展。此外，因受到自然环境的制约，台湾地区不仅每户经营的农场面积小，而且地块分散，耕地丘块畸零狭小，土地细碎化严重。这些地块通常非常小，形状不规则，使得高效耕作尤其是农场机械化变得困难。此外，零散的土地往往没有明确或合法的界限，农民有时也会因此产生纠纷。简言之，农地的实体布局阻碍了资源更有效的利用，并限制了农场收入，从而提高了农地边际化的发生概率。台湾地区与大陆有着相同的文化传统，在快速城镇化过程中经历过与大陆相似的土地矛盾，继而对西方技术进行本土化发展，形成相对完善的土地整理机制，可以为大陆农村地区的土地整理提供一定启示。

（一）台湾地区农地利用模式：农地重划

由于农地割裂、细分，台湾地区农户持有农地面积平均仅 1.1 公顷左右。因规模过于细小，农业经营效率无法有效提高，为推动农业现代化，改善农场结构，必须通过农地重划，以达成调整农场结构，扩大经营规模，改善生产环境等现代化农业经营方式。② 农地重划是指将一定区域内零散、狭小等不利于农业高效发展的农地进行归并、整理，形成规整的地块③，同时也注重农林业的生产及居民的生活环境，配合公共设施的加强与更新，改善乡村地区的社会经济条件，以带动整体乡村地区的发展④。台湾地区农地重划包含三个层次⑤的内容：其一，对土地进行权利交换分合，以对地块进行集中，扩大耕作面积，方便耕作；其二，对重划区内的田块进行重新规划整理，使田块的规模、方向等最适合于农业生产，以改善生产条件；其三，对重划区进行道路、灌溉和排水设施的配套，以改

---

① 陈太先等：《台湾土地问题研究》，广东地图出版社 1995 年版。
② 刘文泽、王敬、施昱年、蔡宗翰、王凯汐、郭若男：《台湾农村土地整治的模式特点及其借鉴意义》，《台湾农业探索》2018 年第 2 期。
③ 黄道远、刘健、谭纵波、万涛：《台湾地区的土地整理模式及其对大陆农村地区的启示》，《国际城市规划》2017 年第 32 卷第 3 期。
④ 刘健哲、傅钰琇：《台湾省实施农地重划效益之评估》，中兴大学农业经济系，1995 年。
⑤ 刘文泽、王敬、施昱年、蔡宗翰、王凯汐、郭若男：《台湾农村土地整治的模式特点及其借鉴意义》，《台湾农业探索》2018 年第 2 期。

善田间的灌溉排水条件、拓宽道路，方便机械进入田间生产作业，提高机械化水平和生产效率。

农地重划之后农户获得更加规整、更具规模的土地（属于同一所有权人的多处农地将合并于一处）和更完善的基础设施，使农业规模化和机械化成为可能，有利于实现农业生产效率的大幅提升。农地重划的主要对象是"不符经济效益"的经济边际农地，过程包括配置完善"农水路"基础设施、"建立标准坵块"形成种植规模，"透过土地交换分合"权利变化的方式集中农户、统合农户的细碎化土地，以达到每一坵块均直接临路，同时可直接灌溉、直接排水、便于农机耕作及农事管理，以改善生产环境，扩大农场规模，增进农地利用，提高经营效率，促进农业建设发展①。台湾地区农地重划改革将共同经营和兴办合作农场等结合起来，使农业基础设施得以完善，耕地布局趋于合理，农业生产效益提高30%，全岛完成耕地重划37.8万公顷；促进了耕地的自发调节，适当地向农业专业经营者集中，保证了台湾地区农户的经营规模不因为该地区人口的增加而缩小，单个农业劳动者经营的土地规模也从1952年的0.57公顷上升至1996年的1.03公顷。②

（二）台湾地区农地改革措施

1. 费用共同分担，收益合理共享

农村土地整理应在费用负担与利益分配之间建立起直接且逻辑清晰的对应关系，在遵循一分付出一分收获的前提下，对土地价值更低的农村地区给予适当的资金和政策扶持。台湾地区的土地整理模式均采用费用共同分担机制，受益人根据收益比例大小承担相应的土地整理费用③。在"十年农地重划"期间，工程费全部由农户承担。但是，当局按工程费总额的50%，通过台湾土地银行给予农户贷款；其余的50%工程费，

---

① 刘瑞煌、陈意昌、张嵩林：《农地重划区生态保育工法之初步探讨》，《水土保持研究季刊》2001年第8卷第4期；陈意昌、张俊斌、林信辉等：《缓坡地重划可行性探讨》，《水土保持学报》2000年第32卷第3期。

② 张海峰、齐巍巍：《"日韩台模式"农地流转的内在逻辑及启示》，《农村金融研究》2010年第12期。

③ 黄道远、刘健、谭纵波、万涛：《台湾地区的土地整理模式及其对大陆农村地区的启示》，《国际城市规划》2017年第32卷第3期。

政府通过"保护自耕农基金"给予垫付，农户以分配的"余地"抵扣，即所谓的"划余地"方式。农地重划完成后，当局以公开招标出售"余地"的方式，收回垫资。1973 年以后，台湾当局为了争取农户对农地重划的支持，将当局负担工程费的比例提高到 2/3，农户负担工程费的比例降低至 1/3。农户所负担的 1/3 工程费，可以由农户申请"保护自耕农基金"垫付来解决。另外，凡属区域性的灌排设施及工程，其费用全部由政府的水利部门承担。

2. 完善农地流转机制，促进农地有效利用

中国台湾地区对农地流转的推动方法随着农地政策核心理念的转化而不断推陈出新，"调整休耕"、"小地主大佃农"和"农村再生计划"等一系列农业政策的推广，使抛荒闲置农地得以活化，农地经营得到有效促进。[1] 近年中国城镇化脚步不断加快，农村老龄化、青壮年外出务工或兼业现象非常突出，农村承包土地闲置或抛荒现象频出。因此，尝试探索土地承包权有偿退出机制，对已稳定转移至城镇居住就业、年老无法耕种或自愿退出承包地的农户，可以尝试配合农业用地质量等级，比照农业用地征地标准，赎回其承包地。尝试建立耕地质量等级分级标准，实行抛荒、闲置耕地质量等级评定，安排专项资金扶持质量等级低的抛荒、闲置耕地复垦改造，提高地块综合生产能力。鼓励新型经营主体承包经营抛荒、闲置耕地，在生产贷款、小型农机具等方面予以财政支持，对于承包经营中低等级抛荒、闲置耕地的经营主体，可以在租金方面予以一定支持。当前农村土地流转的主要类型为土地互换、出租、入股、合作等方式。在这些方式的基础上，可尝试不同情况下，多种形式结合补助以促进农地流转。对流转期限较长的农户给予奖励补贴，鼓励农户长期稳定流转土地经营权；对通过流转土地用于粮食等大宗农产品生产的经营主体，可以按照不同产品的市场价格和收益水平给予价格补助，确保其规模经营收益水平。

3. 农地重划后的土地分配

农地重划后的土地分配是台湾地区农地重划中最烦琐、最复杂、矛盾

---

① 李晗林、周江梅、曾玉荣：《台湾农地管理制度经验与启示》，《福建农业学报》2015 年第 30 卷第 8 期。

最集中的环节，涉及重划区内农户土地所有权的重新界定和登记，原租佃户的土地权益，以及区段地价的重新核定等方面。农地重划后的土地分配主要涉及以下四个方面的内容。第一，计算可分配和应分配的土地面积。即为重划后可分配的土地。根据每个农户的原土地面积，并考虑区段地价因素，将可分配的土地面积核算到每个农户，得出每个农户应分配的土地面积。第二，划定分配区。根据土地地貌地势条件、参与分配的农户原土地面积及区段地价水平，将重划后的可分配土地划为若干分配区，尽可能使每个农户应分配的土地都落在分配区内。第三，按照土地集中和"原位次原则"分配丘块。当出现同一土地所有者在同一分配区内有数个丘块的情况时，通过交换合并，将面积小的丘块向面积大的丘块集中。第四，台湾当局为了推进土地产权私有化，还将位于重划区内的共有产权土地经拆分量化到个人后，直接分配给农户。由于农地重划后丘块已经"化零为整"了，而且打破了原土地的界址，所以，很难做到使每个农户的应分配土地完全落到所有的丘块上或分配区内。在现实操作中，各种情况①都有可能出现，而且处理起来比较复杂。土地分配事关每个农户的切身利益，处理不好就会引起争议，甚至产生纠纷。为了解决上述问题，台湾当局确定了现金补偿的原则，即以现金补偿来平衡农户的利益。

（三）启示

1. 保护土地产权，重视以人为本

农村土地整理应充分重视对农民集体土地所有权的保护，并尊重每一个个体的切身权益，从而减少社会矛盾，促进和谐共荣。台湾地区的农地重划就是大陆的土地整理。台湾地区农地重划已经有40多年的历史，积累了完整而丰富的经验，其中我们认为最值得大陆借鉴的是农民直接参与农地重划这条经验。台湾地区农民参与农地重划的途径有重划区内农民推选产生协进会委员、征询农民关于农地重划的意愿、公告计划书、土地分配草图公听会、分配结果公告、负担10%的重划费用、参

---

① 有时落到丘块的土地面积小于应分配的土地面积，所产生的"零头"又未达到"最小丘块面积"；有时还会出现同一丘块有两个以上土地所有者的情况；有些原来属于同一所有者的连片土地，重划后因被农路和水路切割而分散到不同的分配区；有时还会因为农路和水路用地过多，或者是因为共有产权土地经过拆分量化到个人，有的农户应分配的土地又未达到"最小丘块面积"，而无法落在各分配区内。

与管理维护等。① 台湾地区搞了多年市场经济，民众参与各项决策的程度是很高的。大陆要完善市场经济体制，必须提高民众的参与意识，在土地规划、土地整理等涉及最广大农民利益的工作中，更是应该吸收民众参与。

2. 合理利益分配，提高综合效益

台湾地区农村土地整治具有合理的资金和利益分配体系、机制支撑。农地重划除台湾行政当局给予拨款、提供低息贷款外，部分费用由土地所有权人按照重划后土地的受益比例共同承担，但这是在土地所有权人可支付范围之内，如工程费中行政当局通过"保护自耕农基金"给予垫付，农户以分配的"余地"抵扣（即"划余地"方式），农地重划完成后，行政当局以公开招标出售"余地"的方式收回垫资。②

在利益分配机制方面，土地增值收益由当地行政部门和土地所有权人共享，以"涨价归公"作为农村社区土地重划的原则，同时相关规定明确要求保障农民在农地重划中的主导地位，维护农民的意愿。由"重划委员会"与"重划协进会"共同做好重划区选定、重划负担计算和分配、抵费地出售及盈余款使用、土地再分配等各项重划工作③，做好利益分配保障。台湾地区农村土地整治是将经济效益、社会效益、生态效益融合在一体，不仅解决土地细碎化问题、配建农业基础设施，改善农业产业结构，注重经济效益，而且厘清产权，重视民间组织机构的力量，引导公众参与，尊重农民意愿，让土地所有权人进行利益分配合理。

3. 系统培训农民、提高农户自治能力

台湾地区注重对农村社区自主编制土地整治计划和当地农民、农民自治团体的培训及教育，推动"由下而上、计划导向、小区自治、软硬兼施"，让农民和当地自治团体自主参与，提升对于村庄建设的责任感④。在台湾地区"农村再生计划"中，开展"农村再生培根计划"，对本地农

---

① 许坚、杨枫：《台湾的农地政策及启示》，《中国国土资源经济》2004 年第 11 期。

② 刘宪法：《台湾农地重划制度及其对中国大陆的启示》，《中国农村经济》2011 年第 11 期。

③ 胡红梅、张远索、张占录：《台湾农村社区土地重划利益机制分析与借鉴》，《台湾农业探索》2014 年第 1 期。

④ 《培根计划简介》，https：//empower.swcb.gov.te/Home/Introduction。

民、农民自治团体（社区发展协会）进行培训，由农村社区代表或是团体提出发展规划和实施目标、拟订计划书，不仅培养了农民的素质教育，还提升了农民的责任感。与台湾地区一样，大陆在农业农村现代化进程中面临着农业后继乏人的窘境。

随着农村人口向城镇的惯性转移以及务农劳动力老龄化趋势加剧，大陆主业农户数量不断减少。与此同时，年轻人"厌农""轻农"意识持续蔓延，农业人力资本短缺问题越来越受到关注。鉴于此，应积极借鉴日本做法，把发展农业教育、大力培养职业农民作为乡村人才振兴和扭转农业农村经济地位衰退的根本措施。积极创造有利于农业人才成长的良好环境，拓宽农业人才引进渠道。加强营造积极的社会氛围，提升社会大众对农业的兴趣，引导社会大众正确认识新型职业农民的定位，鼓励吸引新务农人员进入农业，分类引导那些"想种地""能种地"且立志于从事农业的返乡农民工、大中专毕业生、城市各类人才以及退休返乡人员等参与到职业农民的专业队伍建设中来。

第二节 农村全域土地综合整治规划与农地边际化

农村全域土地综合整治的核心内容包括农村建设用地整治与农村农用地整治。农村全域土地综合整治的特点是基于全域、全要素的理念，通盘考虑整治区域内容土地利用结构问题。农村全域土地综合整治规划，对降低农地边际化风险，治理农地边际化问题起到了至关重要的作用。本节具体从农村建设用地整理与农地边际化治理、农村农用地整理与农地边际化治理这两方面进行阐述。

一 农村全域土地综合整治规划概念

2019 年 12 月，自然资源部开始组织开展农村全域土地综合整治试点工作，明确指出农村全域土地综合整治要以科学合理规划为前提，以乡镇为基本实施单元，整体推进农用地整理、建设用地整理和乡村生态保护修复，优化生产、生活、生态空间格局，促进耕地保护和土地集约节约利用，改善农村人居环境，助推乡村全面振兴。农村全域土地综合整治旨在通过全域规划、整体设计、综合治理，整体推进农用地整治、农村建设用地整治、乡村生态保护修复和历史文化保护，优化生产、生活、生态空间格局。[①] 实施农村全域土地综合整治，将有效破解当前乡村耕地碎片化、空间布局无序、土地资源利用低效化、生态质量退化、土地整治要素手段单一化的现状，促进耕地保护和集约节约利用，改善生态环境，助推乡村全面振兴。

从内涵来看，农村全域土地综合整治是指综合运用行政、经济、法律、工程技术等手段，以提升耕地数量质量、优化空间开发格局和建设美化生态环境为目标，对"山水林田湖草"进行全要素综合整治，对农村生产、生活、生态空间进行全域优化布局[②]，连片提质建设高标准农田，集中盘活存量建设用地，统一治理修复农村人居环境，从而调适乡村人地关系，满足乡村内生发展需求，最终实现人与自然可持续发展的活动农村全域土地综合整治是在吸收传统土地整治核心内涵的基础上的集成与创新，其目标任务从粮食安全拓展到城乡融合与生态安全，整治类型从农用地整治、"空心村"整治和工矿用地整治延伸为农用地整理、建设用地整理及乡村生态保护修复，工程类型集土地工程、基建工程、环境工程和生态工程为一体，工作重心从保障农业生产逐步转移到服务于生态文明建设上来。从总体来看，农村全域土地综合整治将数量、质量、生态"三位一体"的理念融入其中，逐步走向综合化、绿色化和生态化。

二　农村建设用地整治与农地边际化治理

（一）农村建设用地与农业用地的冲突

农村建设用地包括农村居民点、农村基础设施用地以及集体经营性建设用地等。[③] 农村建设用地利用与农地利用长期存在矛盾和冲突，这是

---

① 吴家龙、苏梦园、苏少青、邓婷：《浙江生态坡地村镇建设探析及对广东的启示》，《农业与技术》2020 年第 40 卷第 22 期。

② 刘鹏飞：《河南省全域国土综合整治与生态修复试点工作座谈会在长垣召开》，《资源导刊》2019 年第 9 期。

③ 刘淳承：《山东省东平县大中型水库移民安置村土地利用问题调查研究》，硕士学位论文，曲阜师范大学，2019 年。

农地边际化产生的一个主要诱因。

1. 村庄外延式扩张，影响农地边际化

随着中国经济城镇化和工业化的快速推进，农村人口向城镇转移，农业生产方式和农民生活方式发生重大改变，与此相对应，乡村聚落形态也在发生巨大变化。据相关研究表明，村落空间增长方式有三种，即沿村庄边缘比邻式扩张、围绕村庄分散式扩张以及村庄内部填充式增长。[①] 村庄增长以外延式扩张为主，其中又以沿村庄边缘比邻式扩张为主。村庄外围分散式扩张主要分布在临近高等级公路两侧以及城镇周边，村落呈向城镇和主要干道集中的趋势。

村民及村集体的多元化发展需求推动了村庄外延性扩张，促进要素流动的便利性和外来产业、资金的流入，外来产业资金的流入冲击原有的农业产业供应，促使农业领域的土地与人口要素向第二、第三产业让步。外来产业的引入需要占用空间、村庄原有的私人空间因需求变化同样需要在原有基础上占用空间，为吸引外资而进一步优化本地的交通等公共设施同样需要空间。因此，在原有村庄空间无法满足多种占地需求时，村庄选择向外扩张。

然而，村庄外延式扩张所占土地主要以耕地为主，且在外延式扩张中，由于缺乏统一规划，导致农地细碎化程度增加。在外延性扩张过程中，主要带来的是耕地的占用，产业链的引进，以及农户兼业化。耕地在村庄外延式扩张过程中被占用意味着农户能够使用的农地数量和质量不断减少，同时农地细碎化程度的增加导致农地规模化集约程度进一步减低，原有农业投入成本为弥补因农地质量下降及集约化程度下降农产品产出而不断上升，极大增加了农户的农业经济风险，降低了其农业积极性，使得农地的耕种因农地成本增加而逐渐边际化。而产业链的引进意味着拥有更多就业机会的农户会在农业收益和非农收益的对比考量下，对于自身劳动力和资金的投入不再局限于农业生产，农村逐渐出现农户兼业化或农户农业脱产化。农户的兼业化、农业脱产化意味农户对农地的使用和投入减少。农地劳动力和资金的净流出反映出农地农业收益在

---

① 李小荣：《乡村聚落及村庄内部空间结构演变研究》，硕士学位论文，西北大学，2016年。

于农户家庭收入占比的重要性逐渐下降，在家庭发展战略意义上出现边际化现象。

2. 农村居民点闲置，诱发农地边际化

随着经济的发展，越来越多的农村开始走向城镇化，大部分居民外出务工，农村人口持续减少，长期的人户分离使得村中就留下了大量的空置房地。大量空置房地的存在就造成了土地的严重浪费，而这种浪费对农村用地造成了更大的影响。① 居民点闲置不仅表现为宅基地的空置，同时也以旧厂、旧宅、废弃宅基地、空心村、抛荒地、废弃耕地等土地闲置现象出现在广大农村，此类现象十分直观地反映出中国农村土地资源浪费极为严重。根据《中国农村发展报告（2017）》的数据，中国农村居民点闲置土地的面积高达 200 万公顷，宅基地废弃空置近 760 万公顷，撂荒耕地近 200 万公顷。② 在中国实施严格耕地保护与农村土地用途管控政策下，乡村振兴中农业的现代化转型不可能以大量开垦、复垦耕地方式获得农户现代化农业发展所需的足量耕地资源，而需通过盘活农村存量土地满足乡村振兴的建设用地需求。能否合理利用农村闲置居民点中的闲置用地，必然会对乡村振兴发展、村容村貌、居住环境、农民收入等产生重要影响。

在农村居民点闲置过程中，最主要的因素是农村劳动力为寻求更好的发展而外出务工，从而减少了农村农地、宅基地以及其他经营性建设用地的使用，导致农村土地因劳动力的流出、资金的转移而出现生产边际和经济边际。随着城乡一体化与乡村振兴战略的推动，原有城乡土地要素的流转限制被逐渐打破，农村土地可以通过流转的形式进行有效的土地再利用。农村农地的有效流转政策极大地缓解了农村农地的闲置问题，盘活了农村闲置土地资源。然而，为在盘活农地资源地过程中获取更加丰厚的收益，农户及村集体更加倾向于将原有的闲置农地资源变更为其他土地利用类型进行农村土地流转。这意味着农村农地在本身劳动力处于净流出、资金不断向外转移的状况下，其土地要素也会通过城乡

---

① 屠扬、韩永峰、苗爱军：《我国农村建设用地整理与发展模式探讨》，《农业经济》2012 年第 5 期。

② 杨秀琴：《乡村振兴中农村闲置用地的处置路径》，《山西农经》2019 年第 24 期。

土地市场而不断被农村内部占用或是向外流出。农村农地的土地要素不断流失进一步降低了农地在农户、村集体中的发展规划中的战略地位，从而导致农地因未来经济发展预期低于其他土地利用类型而逐渐出现边际化现象。

3. 农村环境建设不足，污染严重，导致农地边际化

由于农村的经济条件和社会条件有限，许多环境设施和结构都不完整，没有规范统一的管理，加剧了乡镇环境和自然环境的恶化程度。[①] 根据生态环境部发布的数据显示，2020 年中国农村地区产生了将近 300 亿吨污水，而全国仅有 20% 左右的农村地区建有污水处理设施，那些未经处理的污水汇入河流、渗入地下、流向农田，最终引发农村水源污染、农产品重金属超标等一系列问题。排污系统的极度缺乏，从而产生乱排乱放的现象。该现象导致农地土壤污染严重，从而严重影响了农作物的生长和培育。

此外，农村环境基础设施还存在建设相对单一，功能布局不科学等问题。这使得农业环境基础设施在存量和增量上均与新时期农业发展不相适应。[②] 首先，单一的农业环境基础设施无法满足农业日益增加的多样化需求，且抵御自然灾害的能力存在较大局限性。例如在暴雨洪涝灾害下，农村许多河道淤积，防洪排涝能力减弱，保障能力明显下降。特别是农村灌溉沟渠的堵塞、污染问题较为突出，影响了农田灌溉用水。[③] 其次，农业环境基础设施的功能布局的不科学性也使得设施功能效益无法有效辐射到区域内的每一个有需求的农户。在功能辐射边际及辐射区外的农户无法有效利用现有的农村环境基础设施来解决自身所遇到的农地环境污染破坏问题，大大降低了其抵抗环境风险的能力，增加了其耕种成本。农业生产受到环境污染的严重影响，环境治理成本提高，从而使农业生产的成本提高，利润降低，导致农村劳动力纷纷向第二、第三产

---

① 屠扬、韩永峰、苗爱军：《我国农村建设用地整理与发展模式探讨》，《农业经济》2012年第 5 期。

② 冯兵旺：《河北省贫困地区农业基础设施建设现状与发展对策研究》，《产业与科技论坛》2011 年第 10 卷第 6 期。

③ 周娟：《南宁市农村基础设施建设现状及对策研究》，《中共南宁市委党校学报》2011 年第 13 卷第 4 期。

业转移，造成弃耕撂荒的现象，农地边际化也日益明显。

（二）农村建设用地整治协助农地边际化治理

通过农村建设用地的整理，不仅可以落实区域发展规划的战略布局，还能实现研究地区农用地资源特别是耕地资源布局集中连片，为农业开展规模化、产业化经营，建立高值农业生产模式奠定基础。[①] 随着耕地的高质量发展，农业经营产生规模效应，利润空间大大提升，农地的边际效应也会随之减弱。

1. 农村生活建设用地整治协助农地边际化治理

随着社会经济的发展，农村生活建设用地利用在经济社会因素、个人发展因素、人地因素、生态理念的推动下发生快速转变，一方面，农村劳动力为寻求更好的个人发展前景，从农村劳动力市场析出，转向城市劳动力市场。农村人口迁移导致农村居民点空心化、土地闲置；另一方面，城市扩张不断挤占农村耕地资源。因此，农村生活建设用地变化通过劳动力要素及土地要素的流动已然对农户农地利用产生了较大的影响。基于此，徐枫、王占岐等学者提出通过在生态理念的指导下，利用生态用地对农村生活建设用地进行有效整理，满足农村生态环境保护与修复需要，帮助吸收、固化生活"三废"。从而让各类负面资源在农村生态系统内得到缓解甚至消失，并为生态资本累积提供有效载体。

这种以生态环境修复为基础的农村生活建设用地整治模式使得农村土地利用兼顾经济与生态效益。首先，通过农村生活建设用地整治，将原有因农村生活建设用地使用不合理而造成的耕地占用问题得到了有效的缓解。其次，为因农户外迁而形成的撂荒耕地得到了再利用的可能。这将进一步盘活农村闲置的耕地资源，避免其沦为生产边际和经济边际。此外，通过生态化的农村生活建设用地整治，引导不适宜农地复垦的居民点进行生态型再利用，矫正农村土地资源配置扭曲，提高农村土地利用综合效益，满足农户可持续发展的需求（见图8-2）。

---

① 周华等：《农村建设用地整理时空布局与模式选择的决策方法》，《农业工程学报》2012年第28卷增刊第1期。

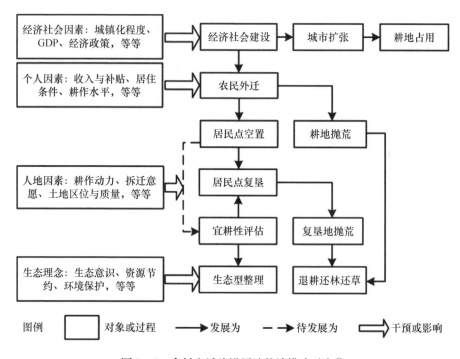

图 8 - 2　农村生活建设用地整治模式示意①

2. 农村生产建设用地整治协助农地边际化治理

"十二五"期间，中国斥资约 6000 亿元进行土地整治，在此过程中，整治了散乱、废弃、闲置和低效利用的农村建设用地 450 万亩，优化了农村生产建设用地布局。首先，通过农村生产建设用地整治，将与农村、农业、农户发展适配度低的建设用地进行拆旧复垦，并基于农村生产建设用地拆旧复垦模式，逐步打破了指标交易的项目区限制，扩宽了交易市场，提高了收益价值；其次，该模式通过调整指标收益分配比例、设置最低保护价等做法，将大部分收益直接返还给农民和农村。此外，中国以农村建设用地为主要内容之一的土地整治在此过程中，建设了高标

①　徐枫、王占岐、张红伟：《引入生态理念的农村居民点再利用研究》，《资源科学》2017年第 39 卷第 7 期。

准基本农田 4 亿亩，补充耕地 2400 万亩。① 极大地盘活了农村宅基地资源，增加了耕地用量。

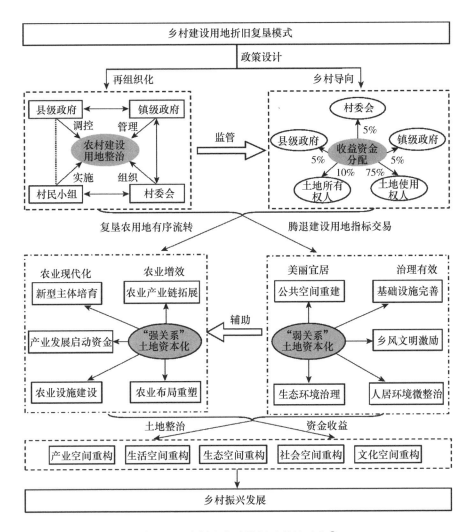

图 8 – 3　农村生产建设用地整治示意②

---

① 《我国将斥资六千亿建 4 亿亩高标准基本农田》，2012 年 4 月 24 日，中新网（https：//www.chinanews.com.cn/house/2012/04 – 24/3843198.shtml）。

② 杨忍、张菁、徐茜、罗秀丽：《城乡融合视角下农村闲置建设用地拆旧复垦的资本化效应——以广东省为例》，《地理科学进展》2021 年第 40 卷第 1 期。

首先，在农村生产建设用地整治过程中，农户、村集体能够有效对处于边际使用的生产建设用地进行拆旧、复垦、流转。其中所获得的经济收益在满足其主体发展需求的同时，给予了农户、村集体足够的资金用于农业现代化转型、农地生产基础设施建设和生态环境修复。其次，农村生产建设用地布局的优化整理，极大地弥补了原先生产建设用地规划对农地的占有及生态环境的破坏，为新增高质量农地、塑造优良生态环境提供了更多的可能性。经济收益的增加、土地利用布局的优化、生态环境的改善将对农户的农业生产和农地利用带来更多的活力和激励，同时通过农地生产建设用地整治，大大降低了农地生产建设用地带给农地利用的负外部性，从而降低了农户用于抵御农地负外部性所投入的经济成本，缓解了农地边际化的风险（见图 8 - 3）。

三 农用地整理与农地边际化治理

（一）农地利用特征与农地边际化形成

农用地一般包括耕地、园地、林地、牧草地、养殖水面、坑塘水面、农田水利设施用地，以及田间道路和其他一切农业生产性建筑物占用的土地等。[①] 农地面积的缩小、土地利用效率不高、土壤污染严重、生态环境恶化都会直接影响到农业的生产经营与发展，致使其成本提高，利润下降，农地也滑入边际利用。同时，伴随着经济的快速发展，城市化、工业化水平的迅速提高，农用地的结构和功能也逐步发生了变化，一些结构性冲突和功能性问题是导致农地边际化问题的重要因素。

1. 农地粗放利用问题突出，导致农地边际化

农地粗放利用模式是传统农业经济发展模式的一种，物质单向流动的线性开环式（资源—产品—污染），具有高开采、低利用、高排放的特点。农地粗放利用问题具体表现为耕地和农作物播种面积减少、农地复种指数降低、集约度下降等农地粗放经营的现象。[②] 由于在现有的农地利

---

① 郭文才：《广州市增城区失地农民社会保障问题研究》，硕士学位论文，仲恺农业工程学院，2016 年。

② 李艳彬：《基于农户视角的农地利用变化及其效应分析》，硕士学位论文，华中师范大学，2013 年。

用模式下，农户在农地的投入与产出无法满足其生存发展的需要，即仅靠农作物收成无法满足。因此多数农户选择了外出务工，有的甚至举家外出。农地便以租让、转让的形式交予其他人耕种或者干脆不种，因此获得农地的人家则进行着一户种着多户的地的形式，该形式大多粗放经营，广种薄收，造成了农地的低效利用乃至撂荒，严重威胁了农地资源的可持续发展。

一方面，保持有效耕种的农村农户在利益最大化的驱动下，为保证农产品产量与农业经济收益最大化，在规模化的农地上使用大量的农药和化肥，盲目性地挖掘农地的最大生产价值和保持农地高产，这种农地粗放利用的生产方式不仅在生产、加工的过程中给农地的生态环境造成了巨大的损害，同时使得农地的耕种成本不断上升。另一方面，由于农地粗放利用边际收益远远低于其他土地利用用途集约边际收益而导致农地土地利用被其他用途排挤、滑入边际利用，在农户耕种心理预期的作用下，农户会减少自身在耕地里的精力成本，从而将原本投置于农用地的土地、资金、劳动力等生产要素转向其他土地用途。

2. 农地污染严重，增加农地边际化风险

农村农地污染主要是以乡镇企业三废和农业面源污染为主要特征的农业污染。农业污染的途径主要是农户为保持农地农作物地高产，对农地规模化、大面积使用化肥、农药、地膜，但是规模数量地农药化学品的使用不仅一定程度上毁坏了农地的自然肥力，同时也极大地增加了农户地耕种成本。根据中共中央、国务院近日印发的《关于深入打好污染防治攻坚战的意见》指出，2020 年全国三大粮食作物化肥、农药利用率分别高达40.2%、40.6%，严重造成了土壤重金属污染。此外，据相关研究报告显示，目前中国粮食主产区耕地土壤重金属点位超标率为21.49%，其中轻度、中度和重度污染比重分别为 13.97%、2.50% 和5.02%。

农地污染问题的衍生对农地产生了较为明显的负外部效应，使得耕地质量和数量进一步减少，进而导致农户为保持原有农地产量，弥补因农地质量下降而带来的经济损失转向选择大面积的农药化肥投入以保证农地收益。为了维持农产品的高产，传统农业必须投入更多的化肥、除草剂抑制杂草，用农药抑制病虫害。由此形成了农地生产与生态保护之间的恶行循环。大量的化肥农药在保障农地产量的同时，也会导致土壤板结、地力下降、土壤重金属严重超标，从而危害作物正常生长发育并造成农作物减产，进而影响到农业环境。① 这一恶行循环也进一步增加了农户耕种成本，增加了农地边际化的程度。

3. 农地生态环境恶化，增加农地边际化的可能性

据生态环境部数据显示，截至 2019 年年底，全国耕地质量平均等级为 4.76 等。② 其中，一至三等、四至六等和七至十等耕地面积分别占耕地总面积的 31.24%、46.81% 和 21.95%。③ 由此可见，中国优质耕地资源数量较为有限，人地关系较为紧张。从农地生态环境来看，农村农地逐渐出现因农地的粗放利用和生态环境的破坏而形成的水土流失、土地沙化、荒漠化等生态环境的恶化问题。据《2020 中国生态环境状况公报》数据显示，在水土流失方面，2019 年，全国水土流失面积 271.08 万平方千米，其中，水力侵蚀面积 113.47 万平方千米，风力侵蚀面积 157.61 万平方千米。④ 根据第五次全国荒漠化和沙化监测结果，全国荒漠化土地面积 261.16 万平方千米，沙化土地面积 172.12 万平方千米。⑤ 根据岩溶地区第三次石漠化监测结果，全国岩溶地区现有石漠化土地面积 10.07 万平方千米。⑥

由此可见，中国土地水土流失、土地荒漠化、石漠化等生态环境问题十分严峻。⑦ 在土地水土流失、荒漠化、石漠化等生态环境问题作用下，农地资源的数量与质量受到极大的冲击，其农产品生产数量与投入效益比下降明显，农户第一产业经济收益受到直接的影响。在面对这些生态环境问题时，农户个体的抗风险能力远远不足，已有的环境基础设

---

① 冯荔、王永成、郭忠富、陈玢：《秋季覆膜玉米应用生物环境降解地膜试验示范》，《宁夏农林科技》2013 年第 54 卷第 6 期。

② 李亚楠：《中国生态文明制度的历史演进研究》，硕士学位论文，上海师范大学，2021 年。

③ 王一洁：《地方政府绿色治理模式的构建研究》，硕士学位论文，西南财经大学，2019 年。

④ 常新悦：《习近平全面深化改革重要思想的人民性诉求研究》，硕士学位论文，华北电力大学，2021 年。

⑤ 朱胜男：《改革开放以来我国环境政策变迁研究》，硕士学位论文，曲阜师范大学，2021 年。

⑥ 刘伟、王昊琼、但新球、刘世好、曹虹：《藤本植物在石漠化治理中的应用》，《安徽农业科学》2019 年第 47 卷第 13 期。

⑦ 唐永甜、袁翔珠：《论西南石灰岩地区少数民族保护土地资源习惯法》，《生态经济》（学术版）2010 年第 2 期。

施作用有限，农户只能依托于政府集资、政策施行等宏观调控手段予以缓解。然而，政府宏观调控措施往往存在周期性、滞后性与农户个体意愿无法顾及等诸多局限。因此，仅凭农户个体或政府调控难以满足农户自身在农地利用方面及时性与个体性的需求。基于此，农户在规避生态风险与自身利益最大化的作用下，会逐渐减少自身在农地劳动力、资本等要素的投入，减少农地的利用率乃至将其边际化以避免已有经济损失的扩大与未来风险成本的出现。

（二）农村农用地整治协助农地边际化治理

农用地整治是中国目前土地整理工作的重点内容，具体是指在以农用地（主要指耕地）为主的区域，采取土地平整、建设灌溉排水、道路、农田防护与生态环境保护等农业基础设施工程，增加有效耕地数量、提高耕地质量，改善农田生态环境，促进农田适度规模经营和发展现代农业的土地利用活动。[①] 农用地整治主要包含两类：一是优化布局；二是提质改造。

1. 农地利用优化布局协助农地边际化治理

在现有的自然条件约束与人文经济发展的背景下，农村内部形成了以主耕、兼农、弃耕为代表的三种农地利用类型，以及不同级别综合生产能力和适宜种植性的农地质量级别。农地利用与农地质量的显著差异、农村农地与建设用地的不规则交错布局极大地破坏了原有用地规划的用地整体性和系统性，增加了农村用地破碎化，影响了农户个体农业产业产出效益，进而影响了区域产业的生产效率与经济功能。从近年来的研究和具体实践中发现，以农地为核心重新调整土地利用布局对于解决当前难题有着较为显著的成效。即以耕地资源禀赋为基础、农业增收增效为目的，通过聚焦农地差异化保护、农地空间布局与调控、精细化经营的方式，稳步优化调控农业产业空间布局，提高耕地质量与利用效率，助推边际农地的农业产业向空间高质量发展转型。

在国家农业现代化，农村、农业、农户、农地高质量发展理念的指导下，诸多地区相继展开了以农地布局优化为主要措施的农地边际化治

---

① 卞凤鸣：《挖掘农用地整理潜力　提高土地利用效率——吉林省农用地整理潜力调查与评价研究》，《吉林农业》2015 年第 24 期。

理措施。以浙江杭州市为例：2019 年，杭州市萧山区共获批 20 个农村土地利用格局优化项目，其中有 5 个省级项目、15 个市级项目；项目共涉及耕地质量提升 4082 亩，垦造耕 1768 亩，建设用地复垦 338 亩，旱地改水田 254 亩，高标准农田建设 908 亩。以 20 个农村土地利用格局优化项目为主要内容之一的省级农地整治工程在资料收集和实地调研的基础上，对确需永久基本农田布局调优的村进行布局优化方案省级会审，进而进行布局调优。如把永久基本农田周边的零星建设用地复垦整治成耕地，把建设用地腾挪出去，从而使农村土地零散的永久基本农田连片度更高，布局更优化。基于此，区域内的耕地能够精确分类并集中连片，极大降低了农地管理成本，从而农业生产成本也随之降低；同时，也易产生规模效应，提升农业的生产效率，增加农业利润。农业成本降低，利润提高，降低了农地边际化的风险。

2. 农地提质改造协助农地边际化治理

在日常的生产实践过程中，为达到地区设定的"高产"的标准，同时希望通过农产品具有"短周期、快生长、高产量"的特征以赚取客观的农地利润，长时间、多周期的农药、化肥规模化投入，也会导致农地本身自然肥力的下降，严重影响了农地产出和农民收入。相关研究表明[1]，农地提质改造工程对于解决当前难题有着较为显著的成效。即以提高农地质量为主要目标，通过复垦废弃土地；旱地改水浇地、坡耕地改梯田、低等别耕地质量提升等治理措施，有效改善农地生态环境，在维持生态平衡的基础上保障农地质量。通过农地提质改造，能够有效推动农地向高质量方向发展，从而降低农业的生产经营成本，提高农户农业生产利润，从而减少农地弃耕撂荒现象，缓解农地边际化程度。

在农地生产、交易、销售、消费的整个农产品流通系统之中，农地农产品的"高质量、高产"是保障地区粮食安全、区域间农产品互通有无的基石。其中，农地质量在农地生产过程中发挥着举足轻重的作用。为此，国家国务院、农业部先后发文，要求地方采取措施进行农地提质改造。在国家宏观调控与地区实际探索相结合的情况下，诸多地区相继

---

[1] 陆璐：《沈阳市耕地提质改造工作存在的问题及对策》，《中国国土资源经济》2019 年第 32 卷第 10 期。

展开了以农地提质为主要措施的农地边际化治理措施。以沈阳市耕地提质改造项目为例：该项目自 2015 年批复至 2019 年竣工验收，共计有 15个。项目区共涉及 7 个区（县）20 个行政村（街道）。内容主要包括：土地翻耕、土地平整等土地整理工程；新建机井、灌排设施等农田水利水电工程；修筑砂石路、水泥路等道路工程。该农地提质改造项目建设总规模 4007.702 公顷，其中等别提升面积总计 2884.402 公顷，占项目建设总规模的 71.97%；旱改水面积总计 896.708 公顷，占项目建设总规模的 22.37%。其中，苏家屯区耕地等别提升高达为 869.504 公顷；新民市公主屯镇旱改水近为 270.447 公顷。通过此项目有力地说明了通过农地提质改造，能够有效推动农地向高质量方向发展，从而降低农业的生产经营的成本，提高农户农地更高效地利用，从而减少农地弃耕撂荒现象，缓解农地边际化程度（见表 8 - 1）。

表 8 - 1　　　　　　　　沈阳市耕地提质改造项目汇总①　　　　　单位：公顷

序号	项目名称	项目建设内容	建设规模	提升面积	旱改水面积	改造前耕地等别	改造后耕地等别
1	浑南区李相街道王士兰村等三个村耕地质量等别提升项目	机井、消力池、涵、砂石路、水泥路、设备潜水泵等	521.822	501.839		11	10
2	康平县柳树乡耕地质量提升土地整治项目	机井、混凝土路、潜水泵、柴油机、发电机等	374.210	347.347		12、11	11、10
3	于洪区平罗街道青堆子村、北三台子村耕地质量等别提升项目	机井、潜水泵、井盖、电力配套工程等	640.308	640.308		11	10

①　陆璐：《沈阳市耕地提质改造工作存在的问题及对策》，《中国国土资源经济》2019 年第 32 卷第 10 期。

序号	项目名称	项目建设内容	建设规模	提升面积	旱改水面积	改造前耕地等别	改造后耕地等别
4	新民市公主屯镇下洼子村耕地质量等别提升项目	机井、管涵、农桥、排水沟、砂石路、水泥、潜水泵、柴油发电机等	219.620	213.377		11	10
5	新民市卢屯乡刘花屯村耕地质量等别提升项目	机井、排水沟、砂石路、潜水泵、柴油发电机等	60.949	59.252		12	11
6	新民市罗家房镇房申村、新兴村耕地质量等别提升项目	机井、潜水泵、柴油发电机、补修道路等	189.630	161.613		10	9
7	康平县康平监狱旱田改水田土地整治项目	农用井、衬砌干渠、毛渠、清淤排水沟、田间道路、潜水泵、潜水泵电线等	64.222		59.944	10	10
8	沈北新区石佛寺街道旱改水项目	机井、蓄水池、支渠衬砌等	31.110		30.660	9	9
9	苏家屯区旱田改水田及耕地质量等别提升项目	土地翻耕、土地平整、修筑田埂、机井、渠道、排水沟、蓄水池、泵站、水泥路、砂石路等	1172.434	869.504	257.843	12、11、10	11、10、9

序号	项目名称	项目建设内容	建设规模	提升面积	旱改水面积	改造前耕地等别	改造后耕地等别
10	铁西区长滩镇土西村等三个村旱改水项目	土地平整、翻耕、机井、衬砌干渠、毛渠、排水沟、农桥、砂石路等	69.849		32.790	9	9
11	于洪区高台子村旱田改水田及耕地质量等别提升项目	机井、土地翻耕、新建渠道、蓄水池等	183.430		172.830	10	10
12	于洪区三台子村旱田改水田及耕地质量等别提升项目	机井、土地翻耕、新建渠道等	103.700		62.130	10	10
13	新民市公主屯镇乡村综合体示范项目（旱改水一期工程）	薄膜清理、表土剥离、表土回填、土层置换、客土垫地、田埂修筑、新修机井、渠道、排水沟、农桥、整修田间道等	298.255	25.434	270.447	11	10
14	新民市罗家房镇新兴村旱改水及耕地质量等别提升项目	机井、离心泵、柴油机发电机、衬砌等	5.361	5.361	5.361	10	9

序号	项目名称	项目建设内容	建设规模	提升面积	旱改水面积	改造前耕地等别	改造后耕地等别
15	新民市三道岗子镇小车连泡村旱改水及耕地质量等别提升项目	机井、离心泵、柴油机发电机、衬砌、排水沟、补修田间道等	72.803	60.368	4.702	11	10

3. 农地生态修复协助农地边际化治理

当前，国家高度重视生态保护修复和生态文明建设，生态修复不仅是保障农地与农产品质量过程需要重点考虑的问题，同时也是农地边际化需要关注的焦点。随着党的十九大以来国家层面出台的第一个生态保护和修复领域综合性规划——《全国重要生态系统保护和修复重大工程总体规划（2021—2035 年）》于 2020 年 6 月 11 日颁布，如何通过生态保护修复治理农地边际化问题已成为专家学者研究的焦点和社会广泛关注的热点。农地生态修复是指通过人为活动介入农地生态演替，保护并改善已受损生态系统的功能，促使农地生态系统本身固有的生产再生能力得以最大限度地发挥，促进农作物的持续生长发育和演替，建立和维系良性发展的生态系统。具体而言，即在现有农业生产条件和技术的基础上，按照区域因地制宜的原则，运用"坡改梯"与采取复合农林业等生态修复技术，结合地区文化特色，对农地进行生态修复和功能分区建设，从而改善土农地生态环境、优化农地生态系统，进而提高农地可持续利用能力，推动边际农地向高质量、绿色发展。

2020 年，陕西省西安市首个农用地整理项目——西贺生态修复 EPC 项目（农业休闲生态园）农地生态修复协助农地边际化治理的典型案例引起社会关注。该项目即在现有农业生产条件和技术的基础上，按照区域因地制宜的原则，运用复合农林业等生态修复技术，结合地区文化特色，对农地进行生态修复和功能分区建设。其主要划分三大功能区进行建设①：功能

---

① 陕西日报：《西咸新区沣东新城首个农用地整理项目开工建设》，http：//sannong. cnwest. com/snyw/a/2020/12/17/19372682. html。

区一是项目恢复农田使用功能建设，包括土地平整、田间修筑、地力保持、改善灌溉、农田防护与生态环境保持工程；功能区二是农业休闲生态园，分别为农业耕作区①、特色农业区②、绿色蔬菜区③、"百果园"④；功能区三是相关配套设施。西贺生态修复 EPC 项目通过生态修复和农地功能分区建设，打造文化、休闲、农业、观赏多功能为一体的农业休闲生态园，不仅为边际农地的利用提供多种可能，同时也为农户利用农地资源提供了更多元化的收入方式。此外，该项目也为城乡居民提供了一个感受生态文明的休闲场所（见图 8-4）。

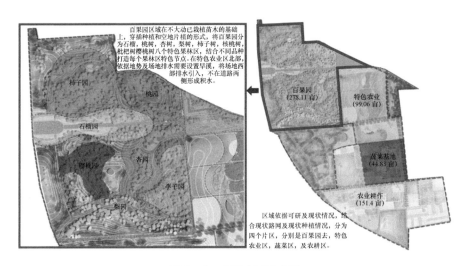

图 8-4　功能分区示意⑤

第三节　国土空间生态修复规划与农地边际化

国土空间生态修复指利用生态学原理，对领土、领海、领空和专属

① 主要种植彩色小麦、玉米等作物。
② 主要种植油菜花、芝麻、油葵等作物。
③ 主要种植草莓、西红柿、黄瓜、白菜等作物。
④ 主要包含柿子园、杏树园、李子园、桃树园、樱桃园、苹果园、核桃园、石榴园、枇杷园等果园林。
⑤《中铁十四局首个现代都市农用地整理项目开工建设——西贺生态修复 EPC 项目（农业休闲生态园）》，https://mp.weixin.qq.com/s/PiJ04YENNy7luNYLTSHoFw。

经济区进行格局优化、生态系统干预和功能重构，促进生态系统恢复和整体平衡，实施自然资源与生态环境健康管理，达到人与自然和谐共生的活动全过程。[①] 国土空间生态修复的目标是生态系统整体平衡，而不是针对环境要素进行的技术主义治理。因此，国土空间生态修复具有系统性、整体性、综合性、地域性、尺度性等基本性质。生态环境的变化对农地利用变化会产生不确定性的重要影响。农地耕种环境的恶化是农地边际化问题出现的重要诱因。而国土空间生态修复工作的推进对农地边际化的治理具有重要意义。因此，本节将从"国土空间生态修复规划概念、类型""生态环境变化与农地边际化的形成""生态环境修复与农地边际化治理"三个方面进行阐述。

一　国土空间生态修复规划概念、类型

伴随科学技术的发展和社会生产力的提高，物质财富得到极大满足与提升，然而成本外溢和无限扩大化的生产方式以及对自然资源和生态要素不合理、超限度的开发利用激化了经济增长与环境保护之间的矛盾，全球气候变化、海洋环境污染、淡水资源匮乏、生物多样性锐减等生态环境问题突出。为应对生态环境危机，国内外各界力量纷纷采取行动，从理论上和实践上积极探索人类社会可持续发展的出路。国际上，"人类世""行星边界"等理念兴起，探索出生态休耕、生物多样性补贴、建立生态账户等维持生态系统正常秩序的创新举措；20世纪90年代末21世纪初，中国开展了天然林保护工程、退耕还林还草工程、京津风沙源治理工程、野生动植物保护及自然保护区建设工程等，积极探索人与自然和谐共生的生态建设和保护措施。

限于时代背景及理论认知不足、技术水平落后等因素，传统的国土空间生态修复存在以下问题和局限性：第一，多在某一特定的小尺度范围内对某单一要素进行保护修复，少有从地方、区域到国家层面多尺度的生态修复规划或工程项目；第二，将生态修复工程分割为若干相关度

---

① 蓝冰：《国土空间生态修复路径及其智慧平台的实现》，《冶金管理》2020年第3期。

不高的子项目，引发生态系统破碎化和孤岛现象①；第三，以工程建设为主要手段，追求某特定类型修复目标的实现，点状治理和部门分治的缺陷致使生态修复整体效果未达预期；第四，多采取"治疾病"的末端治理方式，生态修复短期效果显著但长期成效弱化。2018 年 3 月，十三届全国人大一次会议审议并批准了国务院机构改革方案，获批成立的自然资源部履行全民所有自然资源所有者职责②，统一行使国土空间用途管制和生态保护修复职责，着力解决自然资源所有者不到位、空间规划重叠等问题③，实现山水林田湖草"整体保护、系统修复、综合治理"。自然资源部的成立有利于中国自然资源一体化管理和生态环境系统性修复，是中国推进生态文明建设中的关键一步。

　　2019 年 5 月，中共中央、国务院发布《关于建立国土空间规划体系并监督实施的若干意见》，提出科学有序统筹布局生态、农业、城镇等功能空间④，划定生态保护红线、永久基本农田、城镇开发边界等空间管控边界以及各类海域保护线，以"五类三级"构架明确开展专项性规划⑤。其中，生态空间和生态保护红线是"三区三线"中"生态先行"理念的载体，生态修复专项规划是国土空间规划体系架构中的重要一环。在理论引导、实践支撑、机构优化等多重因素的叠加效应下，国土空间生态修复被赋予新的内涵，它是指为实现国土空间格局优化、生态系统健康稳定和生态功能提升的目标，按照山水林田湖草是一个生命共同体的原理⑥，对生态系统严重受损退化、生态功能失调和生态产品供给能力下降的国土空间生态系统进行生态恢复、生态整治、生态重建、生态康复的过程和活动⑦。

----

　　①　何子张、施艳琦、林云萍、王温鑫：《面向规划统筹的厦门国土空间生态修复规划探索》，《规划师》2020 年第 36 卷第 17 期。

　　②　彭开丽、胡伟艳：《大部制改革背景下土地资源管理专业发展的机遇与挑战——来自华中农业大学的实践与探索》，《高等农业教育》2019 年第 2 期。

　　③　赵腊平：《探寻新形势下地质工作转型之路》，《国土资源》2019 年第 8 期。

　　④　冯姗姗、罗萍嘉：《面向空间规划体系变革的资源型城市生态转型规划策略研究——以徐州市为例》，《上海城市规划》2020 年第 1 期。

　　⑤　《关于建立国土空间规划体系并监督实施的若干意见》，《中国测绘》2019 年第 6 期。

　　⑥　郭旭东：《海南国土空间生态修复工作的认识与思考》，《海南日报》2020 年 10 月 23 日第 A08 版。

　　⑦　张红：《国土空间生态修复研究现状与展望》，《上海房地》2021 年第 4 期。

国土空间生态修复是新时代背景下对传统生态修复的继承、发展、变革与更新，体现在生态修复范围的全域化、要素的综合化、部门管理的规范化、产权的明晰化、参与主体的多元化以及成果的价值转化等方面。国土空间是一个复杂的地理社会空间，包括城市空间、农业空间、生态空间和其他空间，运行于国土空间规划体系框架内的国土空间生态修复亦具有系统性、整体性和综合性的特征，地域范围和尺度更大，涵盖了景观、区域乃至国家等多个层级，对山水林田湖草等要素进行整体保护、系统修复和综合治理，统一于自然资源部的管理和协调之下，并在此过程中推动土地产权和自然资源产权权属更加清晰，融汇更多的市场力量和社会资本投入生态修复事业，最终有利于国土空间生态修复成果的价值显化与转化。

二　生态环境变化与农地边际化的形成

（一）气候条件恶化，提高了农地边际化发生的可能性

全球气候变化是指由于人类活动向大气排放了过量的二氧化碳等温室气体，导致大气中的温室气体浓度过高，从而在全球平均气温基础上产生了以增温为主要特征的全球范围的气候变化现象。[1] 2019 年 8 月 8 日，IPCC（联合国政府间气候变化专门委员会）发布了《气候变化与土地特别报告》。[2] 该报告指出，全球变暖引发了厄尔尼诺、拉尼娜等诸多气候现象，给地区带来了洪涝、干旱、台风、海啸等恶劣气候灾害，导致农作物生长所需的气温、降水、光照等气候条件不断发生恶化。气候条件的恶化极大影响了原有的种植结构、农作物产量与品质，导致粮食生产的不确定性，同时也改变了农地生态环境的内部结构。然而，农业生产对气候的要求较高，以全球气候变暖为主要待变的气候变化进一步扩大了农业生产活动的不稳定性，从而导致农产品的产量和品质都遭受到不同水平的损害。其主要表现在以下几点。

---

① 赵俊芳、郭建平、张艳红、徐精文：《气候变化对农业影响研究综述》，《中国农业气象》2010 年第 31 卷第 2 期。

② 杨源瑞：《基于目的论的英国〈卫报〉环境新闻翻译实践报告》，硕士学位论文，广东外语外贸大学，2020 年。

一是气候变暖导致病虫害发生规律性变化。气候变暖后，害虫越冬界北移，害虫易成活，繁殖加快，虫害发生的范围扩大，发生、迁入、危害时间等都在变暖的条件下有不同的改变。[①] 病虫害的增加使得农户耕种的农作物产量锐减，迫使其增加农药化肥的施用量，以保障农地投入产出。这不仅增加了农户本身的农业投入和生产成本，同时也使得农户面临因过度使用化肥农药而导致农地质量降低等潜在种植风险。二是气候变暖导致洪涝、干旱、冰雹、冻害极端灾害性天气多发、频发、重发。当气候条件较为恶劣或是出现极端恶劣天气时，耕地产出效率较低甚至减产歉收、农业基础设施受到严重损毁，从而导致农民耕种积极性较低，且农户会为减少和避免极端天气所带来的农业经济风险，从而减少农地的使用，降低自身在农地上的精力和生产要素投入，进而导致发生农地边际化的可能性提高。

（二）水文条件越差，农地边际化的可能性越高

农作物与水通过土壤建立水分交换关系，水资源和灌溉情况影响作物产量高低和耕地质量好坏，特别是在干旱、沼泽化和盐碱化地区，水文条件对作物生产更是起决定作用。然而，中国水资源本身受自然条件、农业耕种技术的限制，导致其时空分布不均且在农业生产领域消耗量巨大，据国家水资源报告显示，2020 年中国地表水资源量为 30407.0 亿立方米，地下水资源量为 8553.5 亿立方米，地下水与地表水资源不重复量为 1198.2 亿立方米；但农业用水高达 3612.4 亿立方米，占用水总量的62.1%；2020 年，农业耗水量高达 2354.6 亿立方米，占耗水总量的74.9%。[②] 在有限的水资源条件下，受洪涝、干旱等气候变化与水资源污染的影响，导致农业水资源的补充途径——降水、地表径流[③]与地下水的稳定性受到冲击。降水失衡、水体污染、地下水位下降等水文条件恶化，极大地影响农户正常的农业耕种，导致其农地利用的期望值大大降低，

---

① 王旭：《浅谈气象条件变化对农业生产的影响》，《中国农业信息》2014 年第 21 期。

② 中华人民共和国水利部：《2020 年中国水资源公报》，http：//www. mwr. gov. cn/sj/tjgb/szygb/202107/P020210709520531507377. pdf。

③ 2020 年 1—12 月，3641 个国家地表水考核断面中，长江、黄河、珠江、松花江、淮河、海河、辽河七大流域及西北诸河、西南诸河和浙闽片河流，劣 V 类断面比例为 0.9%，主要污染指标为化学需氧量、高锰酸盐指数和总磷。

从而使得农地利用趋于边际化。其具体表现如下。

一是降水失衡。由于近年来全球气候条件的变化，中国极端天气气候事件的发生频率呈增加趋势，强度也有增大趋势[①]，强降雨、洪涝、暴雪、高温、干旱等极端天气气候事件频繁出现，导致原有的"夏多东少、南多北少"的降水时空格局受到冲击，原有的降水平衡被打破，从而逐渐引发了区域性的农业气象灾害，使得农业歉收减产，农户收益受到影响。二是水体污染。由于农村本身废水处理系统不完善，且由外引入或自发形成的乡镇企业产生了大量工业废水及农村生活产生的生活废水需要处理，这些废水在缺乏监管的情况下，绝大多数直接排入河渠之中。那些未经处理的污水汇入河流、渗入地下、流向农田，最终引发农村水源污染，恶化了农地的生态水文条件。农地生态水文条件的恶化，导致农地农产品原有的生长环境受到侵害，生产所需的水源质量无法再满足农产品的生长需要。三是地下水位下降。为了继续保持农地的生长，农户不得不花费重金，打造深井，以抽取未被污染过的水源来进行灌溉，这不仅极大地增加了农户的生产成本，同时，过多抽取地下水而无法使用地表径流进行灌溉，会导致地下水位下降等一系列问题。如此高昂的因水文条件变化而产生的额外的耕种成本以及不可预知的耕种风险，极大地降低了农户的生产积极性，提高了农地的边际化风险（见图 8 - 5）。

（三）自然灾害侵袭，增加农地边际化的风险

农业生产具有很强的周期性、节律性和地域性，农作物对于生长环境的稳定性要求很高。然而，自然灾害的出现和侵袭，很容易打破农作物的生长环境的稳定性，使得农作物的生长周期和节律被中断和停止，进而导致农地农作物产量大幅度降低，农户减产歉收。中国是农业自然灾害频发的国家之一。农业的发展离不开自然环境，而自然环境复杂多变，中国幅员辽阔，地形地貌多样，自然灾害种类多样，与自然环境变化紧密相连的农业经济也因各种自然灾害而上下浮动，无法稳定增长。

---

① 罗琼、王昆、许靖波、陈光辉：《农业生态环境与粮食生产可持续发展的探讨——以岳阳市为例》，《湖南农业科学》2014 年第 1 期。

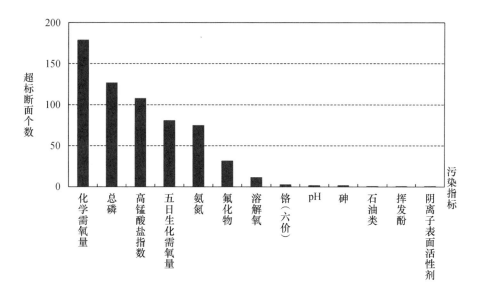

图 8 - 5 2021 年全国地表水污染指标统计①

根据国家统计局数据显示：1978—2016 年，平均每年农作物受灾面积达 4275 万公顷，最低年份为 2177 万公顷，最高年份达 5547 万公顷。2020 年，中国气候年景偏差，主汛期南方地区遭遇 1998 年以来最重汛情，自然灾害以洪涝、地质灾害、风雹、台风灾害为主②，地震、干旱、低温冷冻、雪灾、森林草原火灾等灾害也有不同程度发生，已然造成中国农作物受灾面积超过 19957 千公顷③。

由于各种自然灾害频发，导致农地生态系统遭到破坏。在自然灾害的侵袭下，耕地造成极大的破坏，形成灾毁耕地，给农民的农业生产带来很多不利的影响。一是洪涝、台风等灾害会在短期内危害农业生产或阻碍经济活动，这类自然灾害将对农村家庭生计带来严重的冲击。受洪

---

① 中华人民共和国生态环境部：《生态环境部通报 2021 年 12 月和 1—12 月全国地表水、环境空气质量状况》，http：//www. mee. gov. cn/ywdt/xwfb/202201/t20220131_968703. shtml；中华人民共和国生态环境部：《2021 年全国地表水水质报告》，http：//www. mee. gov. cn/hjzl/shj/。

② 周维军：《基于公路灾毁信息采集系统的水毁公路易发性分析》，硕士学位论文，南昌大学，2021 年。

③ 中华人民共和国应急管理部：《2020 年全国自然灾害基本情况》，https：//www. ndrc. gov. cn/fggz/jjyxtj/yjgl/202101/t20210127_1265960. html？code = &state = 123。

涝、台风灾害形成的灾毁耕地短期内无法进行耕种，需要进行复垦才能重新投入农业生产，直接导致了农地生产和经济边际化。再加上有些农户抗风险能力较为薄弱，能够获得的收益几乎为零，且灾后恢复能力较差，使得农户在灾后选择继续耕种农地时，需要承受较大的心理压力，大大增加了农地边际化的风险。二是干旱、土地荒漠化、盐渍化等长期灾害冲击，具有持续时间长、影响范围广等特征。① 这些长期灾害逐渐造成农户耕种农作物产量损失日益增加、务农收入逐年下降。对以务农收入作为主要经济来源的主农和兼农家庭而言，这将造成沉重的经济负担、影响其家庭生计。这就导致农户在考量自身与家庭负担的前提下，较为倾向于弃耕务农以维持家庭的正常生活支出，同时帮助家庭减少长期自然灾害冲击导致的农作物歉收和失去收入来源带来的风险。②

三 生态环境修复与农地边际化治理

根据国土空间生态修复对象和工程措施的差异，本小节主要选择了国土空间生态修复工程中的"水环境和湿地生态修复工程""退化污染废弃地生态修复工程""生物多样性和景观生态修复工程""山水林田湖草生态修复工程"进行具体阐述，并结合上述气候、土壤、水文、自然灾害等生态环境变化对农地边际化的影响，探讨了这四项工程规划与农地边际化治理的关系。

（一）水环境和湿地生态修复工程协助农地边际化治理

水环境的污染和气候的变化已成为影响农地边际化的主要驱动因素之一。因此，通过水环境的再调整以及湿地生态修复进行生态小环境气候协调成为当下颇具成效的解决措施。水环境和湿地生态修复工程即是以陆地水生生态系统为整体对象，通过流域生态修复工程、水环境生态修复工程、湿地生态修复工程等具体工程，对农地生态系统进行有效调

---

① 盛亦男、杨旭宇：《自然灾害冲击、政府赈灾重建与农村劳动力流动》，《人口研究》2021 年第 45 卷第 6 期。

② Warner K. and Afifi T. , "Where the Rain Falls：Evidence from 8 Countrieson. How Vulnerable House holds Use Migration to Manage the Risk of Rainfall Variability and Food Insecurity", *Climate and Development 1*, 2014, pp. 1 – 17.

节，进而缓解和降低因生态环境成本所引发的农地边际化问题。因此，通过水环境和湿地生态修复工程，全面提升陆地水生生态系统功能，保障重要河湖湿地及河口生态水位，保护修复湿地与河湖生态系统，建立湿地保护制度，以增加水量，提升水质，为农业生产提供更好的环境与条件，从而提高农业产量与质量，提升农业效益与利润，防止农地滑入边际利用。

根据 2018 年"长三角地区生态化土地整治工程模式"课题的部分调研成果可知：在水环境和湿地生态修复工程措施落实前，该地区河流港汊[1]因长期受到流域内生活污水和养殖废水的水源污染，造成莲柄港引入人工湿地的水中有机污染物含量超标，导致该区域农业灌溉水源受到有机污染、农地生产效益不佳、农地边际化程度逐渐提高。为有效缓解该地区农地因水环境不佳而导致的农地边际化问题，调研组与相关部门根据示范区农地污染调查结果，结合研究区地质、水文和农业种植制度，采用水环境和湿地生态修复工程治理农地灌溉水污染。具体而言，即是在因地制宜、经济效益、生物多样性和景观协调等原则的指导下，妥善选择湿地植物，依托现有地形环境，对人工湿地采用三级植物处理工艺[2]；由此，通过挺水植物区、挺水与浮叶植物区和沉水植物区的优化配置，构建了一个具有生物多样性、水质净化能力和景观效果的人工湿地生态系统以用于农地生态环境治理[3]（见图 8-6）。

（二）退化污染废弃地生态修复工程协助农地边际化治理

农田污染物沉积和地力衰退等生态变化，具有潜伏性、隐蔽性、长期性和恢复缓慢和难度大等特点，在早期常常容易被忽视，任其发展，定会造成农地边际化的现象，也必然会给农业系统留下深层次隐患[4]，甚至可能造成长期和大范围的危害。截至目前，中国至少有 1000 万公顷因

---

① 该河流港汊位于所选"长三角地区生态化土地整治工程模式"课题案例区：上海市白牛乡贤片区莲柄港。

② 第一级：以芦苇、香蒲、荷花等挺水植物作为污水处理的主要植物；第二级：以浮叶植物构成完整的生态群落，第三级：采用沉水植物净化处理，进一步提高出水水质。

③ 许秀云、李昂、陈玉娣：《郯城县人工湿地工程建设经验与建议》，《山东水利》2013 年第 5 期。

④ 王楠、王洪君、金涛、梁烜赫、陈宝玉：《我国农村土地整理问题研究综述》，《安徽农业科学》2012 年第 40 卷第 33 期。

图 8 – 6　人工湿地与农地治理示意①

生产建设活动和自然灾害损毁的土地尚待复垦，且每年新增废弃地超过
25 万公顷（中华人民共和国环境保护部，2017）。针对此类问题，农业部
于 2017 年印发《农业资源与生态环境保护工程规划（2016—2020 年）》，
提出以江西、湖北、湖南、广东、广西、四川、贵州、云南等污染耕地
集中和典型区域为重点，建设 500 个受污染耕地治理与修复试点示范区，
每个示范区 1 万亩，示范面积 500 万亩。② 因此，退化污染废弃地生态修
复工程即可作为解决此问题的有效途径。

　　与一般的农用地相比，退化污染废弃地有机质含量都比较低，土壤
结构比较差，土壤微生态破坏也比较严重。因此，退化污染废弃地生态
修复工程生态修复的核心，是要对土壤进行培肥改良。要以有机质输入
为主化肥输入为辅促进养分积累，以根系调节为主农艺措施为辅促进结
构优化，以自我恢复为主外源添加为辅加速微生态重建。③ 这些措施采
用适当的土地整理施工工艺，并应用物理、化学或生态措施，对损毁废

　　① 《国土空间生态修复｜农田湿地灌溉污染生态修复案例》，https：//baijiahao. baidu. com/
s? id = 1671247624276966645&wfr = spider&for = pc。

　　② 《农业部关于印发〈农业资源与生态环境保护工程规划（2016—2020 年）〉的通知》，
《中华人民共和国农业部公报》2017 年第 1 期。

　　③ 常换换、苏友波、张建生、林春、字春光、张紫妍、王建雄、余建新：《空心村废弃宅
基地复垦策略》，《农学学报》2017 年第 7 卷第 6 期。

弃地建造一个更加适宜的土壤剖面和综合土壤肥力因素。① 退化污染废弃地生态修复工程能够在较短的时间内改善土壤的内部结构和环境质量，恢复并提高土壤的质量水平，大大促进了农业产量和质量的提升，使得农地边际化的可能性大大降低；同时在水利设施建设、机械道路以及抗灾避灾设施等建设协调配套与高效组合下，退化污染废弃地生态修复工程提高了农田的抗干扰能力和综合生产力，并为农业生产和发展提高了良好的条件和环境，易于产生规模效应，以防止农地边际化的产生。

（三）生物多样性和景观生态修复工程协助农地边际化治理

生物多样性是农田生态健康的一个重要指标。它不仅涉及农田"植物—动物—微生物"系统内部的关系，同时涉及农田物质的高效利用与转化，而且对农地基础地力的高低也有很大影响。② 然而，在传统农业经济发展模式过程中，农户过于注重通过化肥农药等外部性经济肥力，推动农业生产物质向单线性开环式（资源—产品—污染）、单生产功能的方向流动以获得短期良好的农业收益，却忽视了农地生态功能与生物多样性在农地自然肥力中的长期稳定作用。

与传统农业生产方式相比，桑基鱼塘模式③作为农业生态系统是生物多样性和景观生态修复工程的典型模式④，其注重农田"植物—动物—微生物"系统内部的关系，并运用生物多样性满足农地物质之间的高效利用与转化的需求。2018 年，浙江湖州的农户通过运用桑基鱼塘模式进行农业循环生产，在人均桑地和鱼塘面积仅为 0.046 公顷的农地上，将人均

① 谭志海：《土地开发整理对湘南农村环境的影响研究》，硕士学位论文，湖南大学，2009 年。

② 杨正礼、梅旭荣、黄鸿翔、徐明岗：《论中国农田生态保育》，《中国农学通报》2005 年 4 月 30 日。

③ 桑塘模式是种桑养蚕同池塘养鱼相结合的一种生产经营模式，即在池埂上或池塘附近种植桑树，以桑叶养蚕，以蚕沙、蚕蛹等作鱼饵料，以塘泥作为桑树肥料，形成池埂种桑、桑叶养蚕，蚕蛹喂鱼，塘泥肥桑的生产结构或生产链条，形成桑、蚕、鱼、泥互相依存、互相促进的良性循环，避免了水涝，营造了理想的农业生态环境，提高了经济效益，同时减少了环境污染。

④ 2017 年 11 月 23 日，"浙江湖州桑基鱼塘系统"被联合国粮农组织（FAO）正式认定为全球重要农业文化遗产（GIASH）。

生产性收入提升至 13926 元，占该地区农村居民人均可支配收入的
52.76%，该生产模式也逐渐成为区域内农民家庭收入的主要来源之一。
桑基鱼塘模式带来的农地收入的提升、农地的多功能循环利用与农业生
态保护等成效，极大地缓解了地区农地因粗放型生产模式而导致的农地
质量下降、农地收入单一微薄等生产经济边际问题，推动农地利用从趋
于边际转向高质量、绿色化发展（见图8-7）。

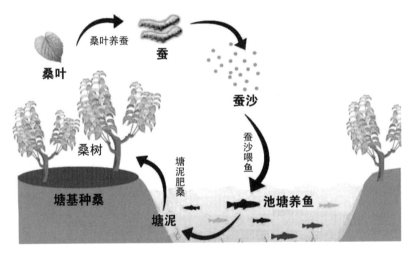

图8-7 桑基鱼塘模式示意①

（四）山水林田湖草生态修复工程协助农地边际化治理

农地生态系统并不是一个自我封闭、单独的自然系统，其作为农村
生态系统的子系统，与山水林湖草等多个子系统存在相互依存、互相影
响的密切联系。因此，在进一步治理农地边际化等农地生态系统问题时，
需在遵循自然生态系统的整体性、系统性、动态性及其内在规律的前提
下，综合运用科学、法律、政策、经济和公众参与等手段，统筹整合项
目和资金，采取工程、技术、生物等多种措施，对山水林田湖草等各类
自然生态要素进行保护和修复，实现国土空间格局优化，提高社会—经
济—自然复合生态系统弹性，进而促进农地生态系统良性循环利用。基

① 《重磅！南浔桑基鱼塘系统入选全球重要农业文化遗产》，2017 年 11 月 24 日，搜狐网，
https：//www.sohu.com/a/206442597_781631。

于此，为促进有效山水林田湖草综合治理措施在农业生态系统中的良好作用，财政部、自然资源部和生态环境部三部委联合印发《关于推进山水林田湖生态保护修复工作的通知》，并相继通过了 3 个批次共 25 个山水林田湖草生态保护修复试点工程，涵盖了中国 24 个省（自治区、直辖市）。① 2020 年，自然资源部、财政部办公厅、生态环境部办公厅联合印发《山水林田湖草生态保护修复工程指南（试行）》，系统指导和规范各地通过山水林田湖生态保护修复工作对以农地边际化等主要农地生态系统问题的有效治理。②

在该方案的系统指导的指导与各地区实地探索的推动下，中国已成功遏制荒漠化扩展态势，荒漠化、沙化、石漠化土地面积以年均 2424 平方千米、1980 平方千米、3860 平方千米的速度持续缩减③，沙区和岩溶地区生态状况整体好转，实现了从"沙进人退"到"绿进沙退"的历史性转变④；2020 年，全国受污染耕地安全利用率达到 90% 左右，污染地块安全利用率达到 93% 以上，土壤污染风险得到基本管控⑤。而在农地生产方面，山水林田湖草生态保护修复工程试点之一的黑龙江七星农场，在一片面积有 1.4 万多亩的水稻田——"万亩大地号"上，在经过山水林田湖生态保护修复工程对以农地边际化等主要农地生态系统问题的有效治理，该水稻田年产水稻高达 9000 吨。⑥ 山水林田湖草沙以农地边际化等主要农地生态系统问题的有效治理，有效保障了农地资源与农地的投入产出，避免农户因产出不足而产生预期以外的经济成本。以山水林田湖草为导向，进行整体生态系统修复。有利于整个农业生态系统的恢

---

① 苏海磊、王凡凡、陈海燕、刘雪松、魏源、罗艳、陈灵敏、白敏冬：《浙江省丽水市山水林田湖草生态保护修复工程规划与实践》，《环境工程技术学报》2022 年第 12 卷第 1 期。

② 《山水林田湖草生态保护修复工程指南（试行）权威解读》，《资源与人居环境》2020 年第 10 期。

③ 《我国荒漠化、沙化、石漠化面积持续缩减》，《中国环境监察》2021 年第 6 期。

④ 张亚敏：《我国已成功遏制荒漠化扩展态势实现了"绿进沙退"的历史性转变》，《国土绿化》2021 年第 6 期。

⑤ 祁巧玲：《"十三五"生态环境保护工作如何推进？——解读〈"十三五"生态环境保护规划〉》，《中国生态文明》2016 年第 6 期。

⑥ 刘少华：《像保护大熊猫一样保护耕地》，《人民日报》（海外版）2022 年 1 月 13 日第 5 版。

复和发展，从而为农业的生产和发展提供了良好的系统环境，促进了农业生产效率的提高和农业利润空间的扩大，缓解了弃耕撂荒等农地边际化问题。

第 九 章

农地边际化的应急管理

全球气候的持续变化、新冠疫情的暴发以及一些大国在经济、教育和科技领域试图"脱钩"都对农地利用提出了新的要求和挑战。首先，气候变化引起的温度、降水、二氧化碳浓度等因素的变化和极端气候的出现导致了农地利用数量减少和农地生产质量下降，这不仅直接影响了粮食生产，也间接改变了土地利用结构，因此农地边际化现象不断发生。其次，2020年新冠疫情暴发，对农业生产产生了深远的影响。农业播种需要的种子、化肥、农药无法及时得到供应，有关农机作业服务和劳动力的需求无法得到满足。这些不良影响极大增加了农业生产的成本和阻力，加速了农地边际化的进程。同时，自由贸易、多边主义正被保守主义、孤立主义所取代，一些大国在经济、教育和科技领域采取"脱钩"策略，不少国家为了确保本国的粮食安全，实施粮食贸易禁运政策，并对粮食贸易设置壁垒，人为阻碍粮食贸易和流通。

面对瞬息万变的全球环境，农地边际化应急管理成为保障中国粮食安全的现实需求，也因此成为农地边际化研究的一个新兴领域。尽管农业应急管理理论对农业突发事件进行了细化分类，但在当时的时代背景下，农地边际化问题不是非常突出，因此未将农地边际化问题纳入考虑。然而，在欧洲和北美地区，农地边际化应急管理思路已经相对成熟。东亚的韩国和日本在农地边际化应急管理方面也有宝贵的经验。因此，基于以上考虑，本章重点从以下三方面探讨农地边际化应急管理：农地边际化应急管理理论探讨，农地边际化应急管理的海外经验，农地边际化应急管理的中国实践。

Continuous changes of the global climate, the outbreak of COVID – 19 and the gradual decoupling between great powers in the fields of economy, education and science and technology have all created new requirements and challenges for agricultural land use. Firstly, changes of temperature, precipitation and carbon dioxide concentration and occurrence of extreme climate caused by climate change have led to the decrease of the quantity and quality of agricultural land use, which not only directly affects food production, but also indirectly changes the land use structure. Therefore, the phenomenon of marginalization of agricultural land continues to appear. Secondly, the outbreak of COVID – 19 in 2020 has had a profound impact on agricultural production. Seeds, fertilizers and pesticides needed for agricultural activities cannot be supplied in time, and the demand for agricultural machinery services and labor force cannot be met. These adverse effects have considerably increased the cost and resistance of agricultural production, thus accelerating the process of marginalization of agricultural land. In the end, conservatism and isolationism are replacing free trade and multilateralism, great powers are gradually decoupling from each other in the fields of economy, education and science and technology. So many countries implement the grain trade embargo policy and set up barriers to grain trade, which is to ensure their own food security but artificially hinders grain trade and circulation.

Facing the rapidly changing international environment, emergency management of agricultural land marginalization has become a realistic demand to ensure China's food security. Therefore, emergency management of agricultural land marginalization has become an urgent field in the study of agricultural land marginalization. Although the theory of agricultural emergency management provided a refined classification of agricultural emergencies, the issue of marginalization of agricultural land was not considered as it was not extremely prominent at that time. While the emergency management of agricultural land marginalization in Europe and North America has been relatively mature, South Korea and Japan in East Asia also have valuable experience in emergency management of agricultural land marginalization. Thus, based on the concern mentioned above, this chapter will discuss the emergency management of agricultural land marginalization from three aspects: theoretical discussion on emergency management of agricultural land marginalization, overseas experience in emergency management of agricultural land marginalization, China's practice of emergency management of agricultural land marginalization.

第一节 农地边际化应急管理理论探讨

应急管理是农地边际化研究的一个新兴领域。新时代背景下，中国农业生产面临的风险不断增加，同时也越来越复杂。除了自然灾害，工业化、城镇化、全球化等趋势叠加引发的综合性农业生产风险也日益增加。比如，工业废渣废水排放造成土壤污染的风险、人口城镇化造成农业从业者急缺的风险、全球气候变化引发各种突发气象灾害的风险等，各种灾害事故风险相互交织、叠加放大，形成复杂多样的灾害链、事故链[①]，从而影响农业生产，加剧了农地边际化风险。早在 21 世纪初，中国在建设社会主义新农村的同时，也经历着各种各样农业突发性应急事件。这些事件不仅给农民造成了巨大的经济、财产损失，而且严重阻碍了农村社会经济的发展和社会的稳定，阻碍了社会主义新农村的建设[②]。为此，房桂芝、董礼刚等学者在山东省农学会 2006 年学术研讨会上提出了"农业应急管理"的理论。尽管农业应急管理理论对农业突发事件进行了细化分类，但在当时的时代背景下，由于农地边际化问题不是非常突出，因此未将农地边际化问题纳入考虑。为了更深入地探讨农地边际化应急管理理论，本节将从农地边际化的传统应对措施、农地边际化应急管理内涵、农地边际化应急管理原则三个方面展开讨论。

一 农地边际化的传统应对措施

基于对农地撂荒驱动因素的研究和分析，学者们针对性地提出了相应的治理措施。经过对现有文献的梳理认为，根据治理措施的性质可以分为三类：经济价格措施、法律法规措施、产业结构措施。

（一）经济价格措施方面

经济价格措施是实践中治理农地边际化问题最常用的手段。如，在 2014 年美国国会预算局的预算计划中将 80% 的农业支出用于食物补贴，

---

① 薛澜：《学习四中全会〈决定〉精神，推进国家应急管理体系和能力现代化》，《公共管理评论》2019 年第 3 期。

② 房桂芝、董礼刚：《预防管理：农业应急管理的基础》，《前沿》2006 年第 10 期。

目的是通过提高农产品价格直接增加农民的收入进而降低农民的务农机会成本，进而降低农地边际化风险。与美国直接的农业补贴相比，国内更重视通过加大农业的科技投入，发展科技农业，提高农业生产的物质转化效率，提高劳动生产率，进而增加农业物质投入的经济效益，进而来降低农地边际化的风险。① 据统计，2012 年以来，中国中央财政累计投入 19.4 亿元，专项用于中国农科院科技创新工程。② 在农技推广方面，中央财政投入 58.5 亿元基本建设资金，用于改善乡镇农技推广机构工作条件。另外，中央财政每年投入 26 亿元，支持全国 2500 多个农业县健全农技推广体系，提升农技推广效能。同时，提升农业综合生产能力，全面改善农业基础设施条件，支持高标准农田建设和水利建设。③ 截至 2021 年，中国农业科技进步贡献率已达到 60.7%，主要农作物良种基本实现了全覆盖，畜禽品种良种化、国产化比例逐年提升。④ 这些措施在保障粮食生产安全和农产品有效供给、农业增效农民增收等方面作出重要贡献的同时，还有效地提高了农业地租，降低了劳动力成本，进而起到了降低农地边际化风险的作用。

（二）法律法规措施方面

针对耕地撂荒的具体情况制定农地利用的相关法律法规是治理农地边际化的重要措施。一是妥善处理好农村劳动力析出与耕地撂荒引发的人口、劳力、土地变化形成的人地矛盾问题，制定多余耕地调剂工作政策或者规定。2018 年，国务院办公厅出台《跨省域补充耕地国家统筹管理办法》和《城乡建设用地增减挂钩节余指标跨省域调剂管理办法》⑤，允许耕地后备资源严重匮乏的直辖市和资源环境条件严重约束下补充耕

---

① 熊祥强、沈燕、廖和平：《农村土地抛荒问题的调查与分析——以重庆市忠县三汇镇为例》，《安徽农业科学》2006 年第 11 期。

② 《现代农业的强力引擎——党的十八大以来农业科技创新发展综述》，《吉林农业》2017 年第 20 期。

③ 申学锋：《财政支农这五年：稳步推进 夯实基础》，《中国财政》2017 年第 24 期。

④ 张占耕：《新时代中国特色农业现代化道路》，《区域经济评论》2018 年第 2 期。

⑤ 《国务院办公厅关于印发跨省域补充耕地国家统筹管理办法和城乡建设用地增减挂钩节余指标跨省域调剂管理办法的通知》，《中华人民共和国国务院公报》2018 年第 10 期。

地能力严重不足的省①，可以向耕地后备资源丰富省份申请多余耕地调剂落实补充耕地任务。二是考虑农村部分耕地的闲置问题，制定农村土地流转的法律法规。例如，2018 年修正的《中华人民共和国农村土地承包法》和《农村土地承包经营权流转管理办法》中②，引导和鼓励农户依法采取转包、出租、互换、转让、入股等多种形式流转分散的抛荒田地，增大弃耕撂荒土地的盘活概率③，尽可能盘活弃耕撂荒土地的同时增加农民的收入。

（三）产业结构措施方面

一般认为面对农地边际化问题首先需要积极调整和优化农业结构，改变传统的种植模式和粗放的生产经营模式。出现大规模弃耕撂荒问题的地区主要是农村劳动力流失严重的地区，这些地区通常表现为"空心化""耕地细碎化"。通过推进撤并村庄进行土地要素整合、流转农村土地经营权、开展农村土地细碎化整治等措施，既能够发挥土地的规模经济效益，提高农业生产水平，也能够在规模化经营中提高耕地使用率，抑制耕地撂荒现象，从而降低农地边际化风险。其次，以市场为导向大力调整农业结构、建立"风险共担、利益互补"机制和提高农业组织化程度，既能满足市场对农产品多样化的需求，又能推进农业产业化进程，使农业能够分享加工、流通环节利润，从而增加农户的农业经营收入，激发农户的农业生产积极性，抑制农户的弃耕撂荒行为。另外，探索农业多元化经营模式，探索和创新农户土地入股、联营合种、收益共享机制，能够推动进村资本与耕地资源相结合④，从而盘活农村闲置耕地，这也是有效防治耕地撂荒，抑制农地边际化风险的措施。

①　刘丹、巩前文、杨文杰：《改革开放 40 年来中国耕地保护政策演变及优化路径》，《中国农村经济》2018 年第 12 期。

②　石永明、邱道持、骆东奇：《城乡统筹视角下农村劳动力转移驱动机理研究》，《西南师范大学学报》（自然科学版）2011 年第 36 卷第 4 期。

③　刘建华：《培育新型农业经营主体的实践与思考》，《北京农业》2013 年第 30 期。

④　李爱刚、郑林子：《我国耕地撂荒发生机理及治理对策研究》，《小城镇建设》2021 年第 39 卷第 9 期。

二 农地边际化应急管理内涵

（一）农地边际化应急管理的定义

农地边际化应急管理是应急管理领域的重要组成部分。在全球气候的持续变化、新冠疫情的暴发以及全球粮食贸易受阻的大背景下，农地边际化的应急管理已成为保障国家粮食安全的重要途径。然而，应急管理理念在传统农地边际化研究中没有得到足够的重视，这使得农地边际化应急管理研究尚处于探索阶段。目前学术领域没有形成对"农地边际化应急管理"这一学术概念的统一认识。因此，本书基于农业应急管理的相关理论阐述，尝试性地对"农地边际化应急管理"提出理论定义。

本书认为农地边际化应急管理是指，农业管理部门及其他公共机构为了避免或减少在重大突发事故或灾害发生时因边际土地缺乏维护、农地利用效益持续下降、粮食储备不足等造成粮食急缺而带来的损失和危害，通过建立必要的应对机制，采取一系列必要措施，应用科学、技术、规划与管理等手段整合协调资源①，对可能发生或已经发生的危机事件进行有效管理，保障农地可持续利用，保障粮食安全的有关活动。引致农地边际化应急管理的危险因素包括人的危险、物的危险和责任危险三大类。② 人的危险可分为生命危险和健康危险，比如可能危害人生命和健康的传染病。当突发传染病这样的重大公共卫生事件时，国家随时可能做出抑制人员活动和全面封城的决策，此时充足的应急粮食物资是维持人员生存的重要支撑。如果因为农地边际化风险导致国家在重大突发公共卫生事件应急管理中应急粮食资物不充足，将加大国家应急管理的难度，加重危机带来的人员和财产损失。物的危险指威胁财产安全的火灾、雷电、台风、洪水等事故灾难。当发生火灾、台风、洪水等重大自然灾害时，农作物的产量会大大减少，此时农业生产因不可控的自然因素受到

---

① 郑珊：《昆明"3·01"暴恐事件中网络舆情应急处置案例研究》，硕士学位论文，电子科技大学，2017 年。

② 任喜功：《浅析风险辨识与控制在企业应急管理体系建设中的地位和作用》，《机械管理开发》2013 年第 1 期。

巨大冲击，加剧农地边际化风险。如果做好农地边际化应急管理，可以提前预防和及时补救重大自然灾害带来的损失。

从应急管理的角度，农地边际化应急管理包括预防、准备、响应和恢复四个阶段，见图9-1。农地边际化应急管理的预防阶段是指，将农地边际化治理纳入农业经济发展规划中，组织农地边际化治理项目并进行边际化风险评估，监测监控边际化风险，同时对农村农业部门工作人员、农村村民、农业经营企业进行农地边际化防治的教育、宣传、培训。农地边际化应急管理的准备阶段是指，在评估监测边际化风险之后，针对可能出现高农地边际化风险的地区发布农地边际化风险预测、预警信息，结合地区实际情况，编制应对农地边际化风险的应急管理预案，农业管理部门与其他公共机构制订应急管理的联动计划，培养具备农地利用管理技术的农地边际化应急管理人员，准备装备和物资。农地边际化应急管理的响应阶段是指，启动应急管理预案，协调应急管理各部门行动，同时向社会通报农业部门采取的措施及农地边际化治理情况。农地边际化应急管理的恢复阶段是指，启动恢复计划和措施，进行农地边际化地区进行整理和修复，同时提供经济补偿或补助，最后进行农地边际化治理评估、总结和审计。尽管在实际情况中，这些阶段往往是重叠的，

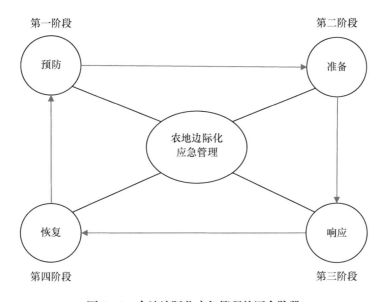

图9-1 农地边际化应急管理的四个阶段

但它们中的每一部分都有自己单独的目标,并且成为下个阶段内容的一部分。

(二)农地边际化应急管理的过程

农地边际化应急管理的过程是指开展农地边际化应急管理工作的具体流程。本书认为农地边际化应急管理的过程包括以下四个步骤,见图9-2。

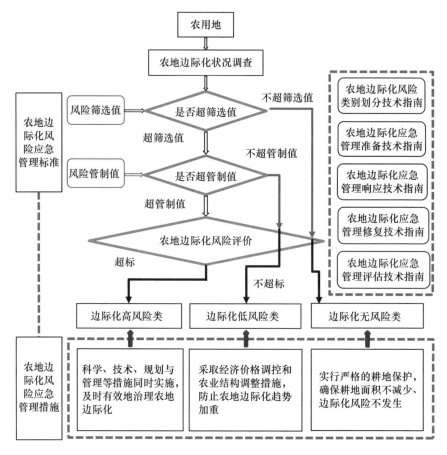

图9-2 农地边际化应急管理的过程

第一步,制定农地边际化风险应急管理标准和农用地系列应急管理技术规范。通过设置农地边际化风险筛选值和风险管制值,有助于判断农地是否存在边际化风险、是否发生边际化以及是否应该采取相应的应急管理措施。其中,农地利用系列应急管理技术规范包括:农地边际化风险类别划分技术指南、农地边际化应急管理准备技术指南、农地边际化应急管理响应技术指南、农地边际化应急管理修复技术指南和农地边际化应急管理评估技术指南。

第二步,调查农用地的农地边际化状况,计算出农用地的边际化风险值和风险管控值,然后与风险筛选值和风险管控值作比较。若农用地的边际化风险值超过风险筛选值,则进入农地边际化风险管制值判断程序;若农用地的边际化风险值不超过风险筛选值,直接进入农地边际化无风险评价程序。在农地边际化风险管制值判断程序中,若农用地的边际化风险管制值超过管制值标准,则进入农地边际化高风险评价程序;如果农用地的边际化风险管制值不超过管制值标准,则进入农地边际化低风险评价程序。

第三步,评价农用地的农地边际化风险并进行分类,根据前面两个步骤的结果,判断不超风险筛选值的农用地为农地边际化无风险,超风险筛选值但不超风险管控值的农用地为农地边际化低风险,超风险筛选值且超风险管控值的农用地为农地边际化高风险。

第四步,根据农地边际化风险评价结果,实施相应的农地边际化应急管理措施。对于边际化无风险类的农用地,实行严格的耕地保护,确保耕地面积不减少、边际化风险不发生;对于边际化低风险类的农用地,采取经济价格调控和农业结构调整措施,防止农地边际化趋势加重;对于边际化高风险类的农用地,科学、技术、规划与管理等措施同时实施,及时有效地治理农地边际化。

(三)农地边际化应急管理的体系

农地边际化应急管理的体系包括农地边际化应急管理预案体系、农地边际化应急管理体制、农地边际化应急管理运行机制和农地边际化应急管理预法制四个内容,见图9-3。

农地边际化应急管理预案体系。首先,要根据农地边际化发生和可能发生的突发事件,事先研究制定农地边际化应急管理预案,包括农业管理部门总体预案、专项预案和部门预案[1]。其次,建立并完善"纵向到

① 赵杰烨:《上海市安全社区建设研究》,硕士学位论文,西北师范大学,2016年。

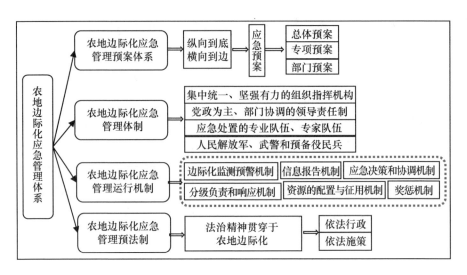

图 9 - 3　农地边际化应急管理体系

底，横向到边"的农地边际化应急管理预案体系①。所谓"纵"，就是按垂直管理的要求，从国家到省到市、县、乡镇各级政府和基层单位都要制定应急预案，不可断层；所谓"横"，就是所有种类的农地边际化风险都要有部门管，都要制定专项预案和部门预案，不可或缺②。相关预案之间要做到互相衔接，逐级细化。预案的层级越低，各项规定就要越明确越具体，避免出现"上下一般粗"现象，防止照搬照套。

　　农地边际化应急管理体制。首先，要建立健全集中统一、坚强有力的农地边际化应急管理组织指挥机构，发挥国家的政治优势和组织优势，形成强大的农地边际化治理社会动员体系。其次，要建立健全以事发地党委、政府为主，有关农业部门和相关地区协调配合的领导责任制，建立健全农地边际化应急处置的专业队伍、专家队伍③。同时，必须充分发挥人民解放军、武警和预备役民兵在开垦荒地中的重要作用。

　　农地边际化应急管理运行机制。根据农地边际化问题的发展阶段和

――――――――――

　　①　自治区民政厅：《立足民生保障　服务发展大局》，《宁夏日报》2012 年 9 月 26 日第 13 版。

　　②　吴松喜：《政府应急管理研究》，硕士学位论文，安徽大学，2012 年。

　　③　《国务院办公厅关于印发〈省（区、市）人民政府突发公共事件总体应急预案框架指南〉的函》，《中华人民共和国国务院公报》2004 年第 21 期。

应急管理的过程特征，建立健全农地边际化监测预警机制、信息报告机制、应急决策和协调机制、分级负责和响应机制、资源的配置与征用机制、奖惩机制。

农地边际化应急管理法制。主要是加强农地边际化应急管理的法制化建设，把整个农地边际化应急管理工作建设纳入法制和制度的轨道，按照有关的法律法规来建立健全农地边际化应急管理预案，依法行政，依法实施农地边际化应急处置工作，要把法治精神贯穿于农地边际化应急管理工作的全过程。

三　农地边际化应急管理原则

农地边际化应急管理的原则是根据农地边际化应急管理的特征，从目的、方法、手段和后果等方面对农地边际化应急管理提出的要求。主要包括：

（一）农地边际化治理的统一领导原则

坚持农地边际化治理的统一领导原则。农地边际化应急管理离不开党中央、国务院和各级政府的领导。因此，在农地边际化应急管理过程中，要坚持党中央、国务院的统一领导，同时各级政府和农业管理部门也要负责做好本区域的农地边际化应急管理工作。另外，在政府应急管理组织的协调下，各相关单位应按照各自的职责和权限，负责农地边际化应急管理和应急处置工作；农户和企业要认真履行农业安全生产责任主体的职责，建立与农地边际化应急预案和应急机制相匹配的应急体系。

（二）农地边际化的预防为主原则

坚持农地边际化的预防为主原则。在危机管理或应急管理中，预防是首要工作。做好一切危机的预防工作能够避免或减少突发事件带来的损失。因此，在农地边际化应急管理时，要坚持农地边际化风险预防为主，增强忧患意识，高度重视农地边际化风险，居安思危。要坚持农地边际化预防与应急相结合，农地边际化应急常态与非常态相结合，做好应对突发公共事件对农地利用的重要影响的思想准备、预案准备、组织准备以及物资准备等。

（三）农地边际化风险的快速反应原则

坚持农地边际化风险的快速反应原则。快速反应是农地边际化应急管理中极其重要的一项原则。当突发公共事件发生时，快速反应能够降低突发事件带来的危害或损失。因此，要加强以属地管理为主的农地边际化应急处置队伍建设。同时，还要建立协调联动机制，加强农业部门与其他部门之间、地区之间、中央派出单位与地方政府之间的沟通协调，形成统一指挥、反应灵敏、功能齐全、协调有序、运转高效的快速反应机制，及时获取充分而准确的农地边际化信息，跟踪研判，果断决策，迅速处置，最大限度地减少公共危机事件对农地利用的危害和影响。

（四）农地利用损益合理的原则

坚持农地利用损益合理的原则。损益合理原则在农地边际化应急管理中发挥着保护农民利用的作用。因此，处置突发公共事件对农地利用影响所采取的措施应该与突发公共事件造成的社会危害的性质、程度、范围和阶段相适应；处置突发公共事件对农地边际化应急治理有多种措施可供选择，应选择对农民利益损害较小的措施；对农民权利与自由的限制，不应超出控制和消除农地边际化造成的危害所必要的限度，并应对农民的合法利益所造成的损失给予适当的补偿。

（五）农地边际化治理的资源整合的原则

坚持农地边际化治理的资源整合的原则。资源整合能够起到充分利用每一项资源，实现利益最大化。因此，在进行农地边际化应急管理时，要坚持资源整合的原则，整合现有突发公共事件的监测、预测、预警等信息系统，建立网络互联、信息共享、科学有效的农地边际化防范体系；要整合现有农地利用管理组织网络，建立统一、科学、高效的指挥体系；要整合现有突发公共事件对农地利用的应急处置资源，建立分工明确、责任落实、常备不懈的保障体系。

（六）农地边际化治理的科学规范原则

坚持农地边际化治理的科学规范的原则。依靠科学，按照法律规范利用农地是促进农地可持续利用和发展的重要原则。因此，在农地边际化应急管理过程中，应该采用先进的农地边际化治理装备和技术，充分发挥农地边际化治理专家作用，实行科学民主决策，增强农地边际化应急治理能力；同时，也要依法规范农地边际化应急管理工作，确保应急预案的科学性、权威性和可操作性。

第二节 农地边际化应急管理的海外经验

许多发达国家的土地利用历史表明，在工业化与城镇化进程中往往会伴随着农地边际化[①]，因此发达国家对农地边际化问题的关注早于中国。20世纪80年代，随着工业化进程的加快，许多发达国家农地粗放化经营并逐渐出现农地撂荒现象，进而引发一系列生态环境问题。面对农地边际化带来的生态环境问题，以及考虑到农地边际化问题恶化可能会危及国家粮食安全，国外发达国家开始治理农地边际化问题，并开展了一系列农地边际化应急管理工作。近几十年来，经过不懈努力，许多国家在农地边际化应急管理方面取得了较好的效果，并积累了丰富的经验，尤其是日本、韩国、美国及一些欧洲发达国家。本节将从日韩农地边际化应急管理经验、北美农地边际化应急管理经验、欧洲农地边际化应急管理经验这三方面展开论述。

一 日韩农地边际化应急管理经验

日韩两国不仅位列当今世界城市化水平最高的国家行列，而且是创造了"日韩模式"农业奇迹的国家。[②] 城市化与农业现代化双赢成就的取得，与两国对土地资源科学配置，特别是开展农地边际化应急管理工作有着直接关系。

日本农地边际化应急管理过程一般分为中央、都（道、府、县）、市（町、村）三级，当重大灾害或紧急事件发生时[③]，首先，内阁官房在获取灾情情报的第一时间内召开紧急内阁会议，讨论灾情，并制定应对决策[④]；其次，设置临时的"重大灾难对策本部"，在总理办公室，

---

① 闵弟杉：《农地边际化的后拉因素分析》，《长江大学学报》（自然科学版）2013年第10卷第5期。

② 任军利、周佳：《城市化背景下日韩农地保护的比较及启示》，《世界农业》2016年第2期。

③ 宫晓阳：《县级政府自然灾害应急管理机制研究》，硕士学位论文，华北理工大学，2017年。

④ 黄碧滢：《阳江市阳东区气象灾害应急管理体系研究》，硕士学位论文，华南理工大学，2018年。

分析和处理灾情，应急处置工作立即启动；最后，总理大臣寻求中央防灾会议的意见，根据形势的紧迫性以考虑是否在首相官邸设置"非常灾害对策总部"统筹调度；同时，根据就近原则，在受灾地区成立"非常灾害现场对策总部"进行指挥，各层面和市层面也成立"灾害对策本部"，管辖各自区域的应急救援工作。日本还采用地理信息系统（GIS），迅速收集相关的复杂的重要信息。另外，JIS 安全研究所构造出农地边际化应急仿真系统，用于模拟灾难中和灾难后重建可能遇到的问题及提出有效的对策。日本在农地边际化应急管理方面也有不少的实际经验。

以日本东大地震后的农地恢复为例，为应对地震海啸过后农地受损无法耕作等农地边际化问题，日本政府于 2011 年编制了一系列补充预算，其中包括补贴部分恢复农田所需的成本，为恢复农业提供援助，以及为受灾农民提供免息贷款。由于上述政策措施，加上农民自身和志愿者的艰苦努力，到 2012 年 4 月，受海啸影响的农地中约 90% 已恢复原状。与此同时，福岛的一些地区在地震后遭受了福岛核电站中子泄漏的破坏，但这些地区并没有采取什么行动，农业还需要几十年才能恢复。

日韩的农地边际化应急管理经验主要有以下三点。

（一）重视土地边际化的预防管理

日韩尤为重视对稻田边际化进行应急管理，通过对从事大米生产的企业、农户和组织给予超常规的补贴，使得日韩基本能够实现大米的自给自足。日本特别重视大米的生产和价格保护。比如，为了防止自主流通米价格下跌给稻农造成过大的冲击和保证农民收入的稳定，在不违背世贸组织农业规则的情况下，日本实行了"稻作安定经营对策"[1]。甚至有一段时期，日本通过限制大米的产量来保障大米的价格，进而保障种粮农户的经济收益。除此之外，日本政府还以"生产成本 + 收入补偿"的方式确定大米收购价格，而且在计算生产成本时，按城市职工工资估算农户自家劳动力的成本。[2] 这种农业劳动力成本与城市职工工资绑定的

① 李瑞：《河北省农业补贴政策研究》，硕士学位论文，河北经贸大学，2011 年。

② 叶兴庆：《日本大米支持政策的改革动向及启示》，《农业经济问题》2017 年第 38 卷第 12 期。

补偿方式，极大地提高了农民从事大米生产的积极性。同样，韩国也尤为重视大米的自给率，给予大米生产类似的政策支持。比如，自 1948 年以来，韩国一直推行"稻米增产政策"，不断采取措施鼓励和督促农民提高大米产量，同时不断提高大米的收购价格。[①] 尽管韩国政府从 2002 年开始降低或冻结收购价格，以实行大米收购价格的"稳定化"[②]，但在中国小麦和玉米的自给率分别只有 0.2% 和 0.8% 的时候，韩国大米自给率已达到 99%。

（二）重视边际土地的应急规划

日韩更加注重在遇到紧急情况下，保证国内的粮食供应，而不是长期花费大量财政去维持高产的粮食。比如日本农林水产省在鹿儿岛、冲绳岛和佐渡岛等远离日本本土的海岛上规划应急开垦区。这些应急开垦区在平时处于边际化状态，但是具备比较完善的农田水利设施。在出现公共危机或者其他紧急情况下，3—6 个月内这些应急开垦区就能够产出粮食协助保障日本本土的粮食安全。同样地，韩国也有边际土地应急规划。韩国农业部不仅在巨济岛和江华岛等岛屿规划有后备耕地区，在东北部山地丘陵地区（平昌、春川等地）也规划有后备耕地区。尽管这些被规划为后备耕地区的土地（包括山水林田湖草各种土地利用类型）在平时大都并不用于耕种，处于撂荒或季节性撂荒状态，但都具备短时间内产出粮食的潜力。

（三）重视边际化应急中的社会参与

日韩农地边际化的主要因素也是农村劳动力的流失，这是城市化进程中不可逆转的趋势。因此，日韩十分重视农户在农地边际化应急管理中的参与，其重点是通过制定相关政策帮扶骨干农户，而不是寄希望于阻止人口城市化。为此，1999 年日本实行了"农业经营对象培养制度"，重点支持骨干农户。2000 年后又对特定地区的粮农进行定点补贴。2007年日本实施"跨品种经营稳定政策"后，对特定骨干农户不分品种地进行收入补贴。自此，日本逐步建立了以补贴和帮扶骨干农户、核心农户为中心农地边际化治理模式。与日本相比，韩国更是对骨干农户的年龄

---

①　郭静：《论东亚粮食安全问题》，硕士学位论文，东北财经大学，2005 年。
②　时以群：《韩国为何从根本上改变稻米生产政策？》，《世界农业》2002 年第 4 期。

做出了界定，男性为 20—45 岁，女性为 20—40 岁。对这个年龄段从事粮食生产且具有较高收益的群体给予特别高的财政补贴和一系列配套优惠政策，保证他们能够在农村过上体面的生活。近年来，面对农村地区老龄化问题日趋严重的趋势，日韩两国的政策思路是将吸引城市青年返乡创业和提高青年人的从农意愿相结合，逐步改善农民年龄结构①。日韩都非常强调农民职业化，希望将有限的农业资源集中到包含职业农民在内的少数经营者手中。而关于职业农民，日韩的政策着力点分别是加强技能培训和加大政策扶持。

二 北美农地边际化应急管理经验

北美国家地广人稀，耕地面积是中国的一倍多。然而，随着城市发展，城市建设用地不断扩张，耕地被转为建设用地的情况越来越严重，耕地资源的过快消耗引起了北美国家的注意。为此，北美国家实行了一系列防止农地边际化的措施进行农地边际化应急管理。

美国建立了联邦政府、州政府和地方政府的三级农地边际化应急管理组织结构。同时，美国应急工作强调运用高科技，强调事先预防和模拟演练。FEMA 通过"E‑FEMA"战略的实施，建立信息系统层次结构模型，让各种信息资源进行更新，促进信息在不同系统之间共享。② 此外，美国农地边际化应急管理合作机制也非常完善。非政府组织和私营部门在应急运作中发挥了巨大的作用，受到了地方政府的高度重视。在美国，不乏公益性组织应急服务机构。

北美的农地边际化应急管理经验主要有以下两点。

（一）完善农地边际化应急管理的法律体系

美国和加拿大都面临着城市扩张速度加快而引发大量农耕田地被占用的问题，为了保护农耕田地，他们都选择制定法律法规来预防农地边际化。美国联邦政府和地方各个州以及郡都制定了农地边际化应急管理

---

① 马红坤、李言、毛世平：《提升小农竞争力：中国农业突围的现实选择及日韩典型经验》，《经济学家》2020 年第 2 期。

② 宫晓阳：《县级政府自然灾害应急管理机制研究》，硕士学位论文，华北理工大学，2017 年。

相关的法律法规。例如，美国国会制定有《美国联邦土地政策管理法》《农地保护政策法》等；各州和地方立法机构制定有《加利福尼亚州土地保护法》《密歇根州农地和开阔空间保护法》《新泽西州农地评价法》等。① 从联邦政府至州与地方，各项法律法规相互协调，相互呼应。因此，美国很少出现法律间的效力冲突，同时也有效保护了美国农地数量，缓解农地边际化问题。相比美国而言，加拿大更侧重于农地用途的管制。加拿大的农地边际化应急管理重点是防止高质量农用土地的城市化开发，具体来说，主要基于政府调控机制。从加拿大联邦政府到各个省的地方政府相继制定了多部耕地保护法律。联邦政府制定了一项缓解令，内容包括每一亩农用土地的开发，意味着另一亩土地的永久保护。而在地方政府中，最为严格的法律出自两个省，不列颠哥伦比亚省制定了《农地委员会法》，魁北克省制定了《农地保护和农业活动法》。这些法律法规对保护农地数量、治理农地边际化起到了一定的作用。

（二）设置完整的边际化应急管理机构体系

面对土地边际化问题，完整的应急管理机构体系能确保应急工作有条不紊地进行。在美国，国土安全部是最高的应急管理机构，之后，2003 年联邦紧急事务管理署（FEMA）并入国土安全部，成为美国联邦政府应急管理的最高行政部门，统一负责全国各种紧急事务工作，全美被划为十个应急管理区并在每个管理区、每个州设置紧急事务管理办公室②，负责协调各管理区、各州的紧急事务管理，而在地方，政府一般都设有应急管理中心③。美国还建立了联邦、州、县、市、社区 5 个层次的农业应急管理机构，国家、州、地方三级涉农部门纵向协调，相关政府职能部门横向协作。通过"国家—州—地方"三级涉农部门的纵向协调和相关政府职能部门的横向协作，建立了一个全方位、立体化、多层次

---

① 李韵、李薇、赵龙、侯红：《北美耕地环境保护管理制度对我国的启示》，《环境保护》2016 年第 44 卷第 6 期。

② 张朝华、郭泽潮：《发达国家农业应急管理的主要经验及其对我国的借鉴》，《四川行政学院学报》2011 年第 1 期。

③ 郭泽潮：《发达国家农业应急管理的经验及借鉴》，《韶关学院学报》2011 年第 32 卷第 3 期。

的综合性农业应急管理网络。① 当事故发生后，应急行动的指挥权属于当地政府，仅在地方政府提出援助请求时，上级政府才调用相应资源予以增援，并不接替当地政府对这些资源的处置和指挥权限，但是上一级政府有权在灾后对这些资源所涉及的资金使用情况进行审计。

三 欧洲农地边际化应急管理经验

20 世纪 80 年代，由于面临食物大量剩余、市场竞争日趋激烈、农业收入下降等复杂形势，欧盟开始采取措施鼓励其成员国的农户降低生产水平。② 1988 年，欧盟制定了休耕政策，目的是防止耕地过度利用，保护农地生产潜力，避免农地出现边际化问题。20 世纪 90 年代，农业污染问题突出，引起欧盟对农业环境保护的重视。1992 年，欧盟将休耕政策被并入一体化市场规则时，又添加了一项名为"绿色议程"的计划，目的是对于环境质量较好、防治人工污染和减少化肥使用的农地提供财政激励措施。③ 除此之外，欧洲各国也采取了一系列措施来开展农地边际化应急管理工作。比如德国成立联邦公民保护与灾难救援署（简称 BBK），主要负责处理公民的保护事务，支援联邦政府各部的危机应急管理工作。

欧洲国家的农地边际化应急管理经验主要有以下三点。

（一）建立边际化应急规划制度

在人口密度相对较高的英国，由于人多地少，英国政府对农业和农地保护相当重视。④ 为了防止城市发展带来的农地面积减少问题，英国采用的主要是规划工具，通过制定《城乡规划法》，建立控制城市增长的规划制度，颁布规划政策（如绿化控制带政策），让联邦规划引导和规范地方政府的城市建设。⑤ 而英国城市规划的一个显著特点，就是"城市围墙"政策，主要是通过绿化带提高城市基础设施率和保护乡村美丽风景，

---

① 李金慧：《20 世纪 90 年代以来美国健康促进政策分析》，硕士学位论文，首都师范大学，2004 年。

② 赵学涛：《发达国家农地保护的经验和启示》，《国土资源情报》2004 年第 6 期。

③ 单傲：《通山县高标准基本农田划定研究》，硕士学位论文，华中师范大学，2014 年。

④ 石彦：《基于农户行为的耕地保护研究》，硕士学位论文，西南大学，2009 年。

⑤ 赵学涛：《发达国家农地保护的经验和启示》，《国土资源情报》2004 年第 6 期。

同时保护了农地。① 以色列的做法与英国相似。1965 年，以色列颁布
《规划和建筑法》将保护农地作为各级地方政府、各区和国家的法定目
标。② 该法要求，所有的规划机构必须重视农业用地的利用，并且中央政
府拥有绝对的权力，地方规划的许可、修订都必须经过中央批准。除此
之外，以色列中央政府还被授权编制分区规划，下级规划必须与上级规
划保持严格一致。任何有关道路、建筑物甚至栅栏的建筑活动都必须获
得许可，农业建筑也不例外。法国也制定了完备的土地规划体系，并对
土地所有者的土地开发规定了上限，在限度之内可以自主使用，超过限
度的部分要向政府支付费用。这些国家的做法几乎都是通过建立用地规
划制度来达到土地用途管制的目的，在农地边际化治理上取得了一定的
成效。

（二）通过发放农产品差价补贴和补助金实现边际化应急准备

为了促进农业发展和加大对农业用地以及环境的保护，实行农地边
际化应急准备，欧洲各国采取了发放补助金的措施。比如，英国政府除
对农业进行直接投资外，还对农业基本建设（如土地改良、田间供排水
设施）和自然条件较差的山区提供补助金。③ 与此类似，法国在制定《农
业发展方向法》时也提出，对在休耕、轮作、养殖密度、化肥农药使用
等方面达到要求的农场主给予相应的补贴。④ 另外，英国政府还对农户提
供农产品差价补贴，但是对农产品差价补贴的数额基本取决于各个农场
的播种面积和销售数量。

（三）构建以土地流转与规模经营为主的边际化应急模式

在欧盟共同农业政策目标的引导下，欧洲各国开展土地流转与农业
规模化经营，将细碎化的农地集中利用起来，达到农地边际化应急管理
的目的。比如，为发挥规模效益、诱导规模经营，实现农地农用，英国

① 周海波：《借鉴典型发达国家的耕地保护措施　浅谈我国的耕地保护办法》，《农业与技术》2012 年第 32 卷第 7 期。
② 刘国凤：《中国最严格耕地保护制度研究》，博士学位论文，吉林大学，2011 年。
③ 魏霞：《农村土地流转中农民权益保护法律制度研究》，硕士学位论文，北京交通大学，2011 年。
④ 薛建良、郭新宇：《欧盟主要国家农地流转与土地规模经营的经验与启示》，《农业部管理干部学院学报》2015 年第 2 期。

政府制定了鼓励农场向大型化、规模化发展的法令，对愿意合并的小农场，可提供50%的所需费用。① 对愿意放弃经营农业的小农场主，可获得2000英镑以下的补贴，或领取终生养老金。② 除此之外，英国政府对农产品差价补贴的数额也基本取决于各个农场的播种面积和销售数量，这就促成了自营农场逐步地走上大型化、规模化和商业化的道路。③ 而德国为了解决"二战"后形成的农地地块分散、细碎、不便于机械化作业的问题，实施了田亩重整计划。④ 该计划由参与的农地所有者组成共同体，在国家支持下，通过田亩重整程序，对不同所有者的农地进行互换、重新登记，并加以平整改造，使之连片成方，适合于机械化耕作，促进了农业集约化和规模化。法国则是实行土地集中政策，通过高价收买"没有生产力农户"的土地，卖给大土地经营者或工业企业家去经营。

第三节 农地边际化应急管理的中国实践

应急管理是针对解决和治理突发风险问题提出的，其本质是在尽可能短的时间内有效应对、处置具有不确定性的突发事件，预防、减缓和消除由此带来的危害。⑤ 随着突然发生的自然灾害、外来有害生物入侵灾害、动物疫情灾害等突发事件对农业生产、种植业、养殖业等造成大面积损坏、毁坏⑥，中国越来越重视农业突发事件对农业发展的影响，并将应急管理应用于农业领域。当今世界全球化不断发展，各类突发事件变得越来越复杂，比如自然灾害、各类公共危机、国际贸易危机等，都在农地利用方面引发一系列的连锁反应。接下来，本节将从应对自然灾害、公共危机及国际贸易危机三个方面论述农地边际化应急管理在中国的

---

① 吕艳梅：《农村城市化进程中的耕地保护问题研究》，硕士学位论文，河南理工大学，2009年。

② 吴萍：《构建耕地轮作休耕生态补偿制度的思考》，《农村经济》2017年第10期。

③ 龚莉红：《加强农地保护和利用的国外经验及启示》，《群众》2015年第2期。

④ 薛建良、郭新宇：《欧盟主要国家农地流转与土地规模经营的经验与启示》，《农业部管理干部学院学报》2015年第2期。

⑤ 龚维斌：《应急管理的中国模式——基于结构、过程与功能的视角》，《社会学研究》2020年第35卷第4期。

⑥ 房桂芝、董礼刚：《预防管理：农业应急管理的基础》，《前沿》2006年第10期。

实践。

一 应对自然灾害的农地边际化应急管理

自然灾害的种类很多，既包括水旱灾害、台风、冰雹、雪、沙尘暴等气象灾害；又包括火山、地震、山体崩塌、滑坡、泥石流等地质灾害；还包括风暴潮、海啸、海水污染等海洋灾害。[①] 在农地利用过程中，这些自然灾害会影响农作物的生长及最终产量，阻碍农业发展，因此它们成为农业发展面临的常规风险。为了预防自然灾害引发的农地边际化问题，中国开展了一些关于应对自然灾害的农地边际化应急管理工作。

（一）建立农地边际化应急管理的组织机构

由于农业应急管理涉及部门众多，分散管理的问题更加突出。为了整合资源，提高效率，中国坚持"整合资源、分级管理"的原则，设立中央、省（自治区、直辖市）、地（市）、县（旗）、乡镇、村庄六级农业应急管理组织机构[②]，农业部设立农业应急管理指挥中心，建立了统一的、上下分工明确的农业应急管理组织体系。农业应急管理中心是一个综合性很强的应急管理部门，它把所有级别和所有类型的应急工作总览起来，统筹研究和分析，然后制定各种预案。农业应急管理中心平时对各种潜在的风险进行评估，根据不同的农业风险制订不同的应急计划和各项措施。一旦发生紧急情况，各级农业应急管理中心迅速启动，负责指挥紧急情况的处置、资源物资的统一调度、部门的协调、信息的整合与发布等，积极进行抢险救灾。

（二）建立农地边际化应急管理的风险评估机制

预防管理的重要内容是对各种潜在的农业风险随时进行监测评估。评估可能遇到的各种风险，了解把握风险的数量、种类、性质、特点及其规律，并对风险的形态和性质进行分类，划分不同的等级。首先，中国根据事件的危害程度，把农业风险分为特别严重（Ⅰ级）、严重（Ⅱ

---

① 《国务院办公厅关于印发〈省（区、市）人民政府突发公共事件总体应急预案框架指南〉的函》，《中华人民共和国国务院公报》2004 年第 21 期。

② 郭泽潮：《发达国家农业应急管理的经验及借鉴》，《韶关学院学报》2011 年第 32 卷第 3 期。

级）、较严重（Ⅲ级）和一般严重（Ⅳ级）四级。再根据等级的不同，确定不同的处置范围。① 一般来讲，特别严重的、影响规模极大、非地方之力所能控制和解决的，由中央统一指挥，省市等协助处理，不是特别严重的由地方处置。其次，中国建立了灵敏的信息网络体系。信息网络体系主要搜集与农业风险有关的各种信息，通过对信息的整合、处理、判断和数据的分析，掌握能够引起农业风险的各种变化和最新信息，监测其发生的概率和趋势，对可能发生的农业风险做出科学的预测和判断。

（三）制订农地边际化应急管理计划

农业应急管理中心根据风险的种类的不同制订具体的应急处理方案，一旦发生各种风险，根据应急计划马上进入应急处置阶段。应急计划应对风险的类别等级、指挥、分工、责任、物资调配、信息发布与沟通、后勤保障、社会救助、部门协调等诸方面进行较为详细的说明。由于风险的性质不同、类别不同，应急计划制订的侧重点亦各有不同，没有统一的计划标准；同时应急计划并不是一成不变的，而是随着客观环境的变化而不断变化，并在风险应对实践中不断修正。

（四）完善农业应急事件管理的法律体系

世界许多国家都制定了有关应急状态的法律和防灾减灾救灾方面的法律，美国有《紧急状态法》，俄罗斯有《紧急事态法》，日本也有《紧急事态法》，这些法律都明确规定了紧急状态的定义，详细规定了危机来临时政府、公民、社会及相关部门的责任和义务，规定了政府在紧急状态中的权力，为政府实施应急处置提供法律依据。② 中国也加强了有关方面的立法工作，如 2005 年国务院公布了《国家突发公共事件总体应急预案》，2006 年相继公布了《国家自然灾害救助应急预案》《国家突发重大动物疫情应急预案》等。2013 年，农业部发布了《关于进一步加强农业应急管理工作的意见》，指出：要建立和健全农业气象灾害、农业资源环

---

① 杨宇：《中小城市突发事件应急管理机制研究》，硕士学位论文，南京航空航天大学，2010 年。

② 赛得尔也·阿不来克木：《新疆农牧区自然灾害应急管理研究》，硕士学位论文，新疆大学，2011 年。

境污染、草原火灾等监测预警服务体系。[①] 2014 年，农业部围绕农业重大自然灾害等内容，制定了《农业应急管理信息化建设总体规划（2014—2017 年）》。2017 年，国务院办公厅印发的《国家综合防灾减灾规划（2016—2020 年）》强调：要全面提升全社会抵御自然灾害的综合防范能力。这些为农业突发事件的应急处理提供了法律依据。

（五）提高农民投保意识，完善农业应急保险制度

中国是一个自然灾害频发的国家，农业生产常常面临着巨大的风险。农业灾害给农民造成的损失是难以估量的，据统计，中国农业受灾面积的比例每年大约在 40% 以上。过去，由于中国农民的投保意识淡薄，农民遭遇灾害时所导致的损失往往由个人承担，农民得不到任何补偿[②]，政府的补贴亦是杯水车薪，如 1998 年发生在长江流域的洪灾，造成直接经济损失约 300 亿美元，但保险损失只有 3 亿美元，仅占 1% 的比例。为此，中国大力普及农业投保知识，提高农民的投保意识，增加农业投保的比例。同时中国也出台了《农业保险条例》和相应的优惠政策，鼓励农民投保，最大限度地减少自然灾害给农民造成的损失。

二　应对公共危机的农地边际化应急管理

当发生公共危机前，如传染病疫情、动物疫情等严重影响公众健康和生命安全的突发事件，高度重视应急资源（如粮食）的生产、储备、调运和分配，能够真正提升客观的公共安全指数。[③] 随着中国经济高速增长和国家实力显著增强，这一点在常态化应急管理过程中，已经基本不成问题，但遇到发生概率极低、受灾范围极广、灾难性后果极其严重的特别重大公共突发事件或巨灾时，保证应急资源充分到位就显得特别重要。

2020 年新冠疫情的突然暴发，既考验了中国控制疫情快速传播的应

① 郑沃林、纪倩：《农业风险管理体系的思考：基于气候变化和新型冠状病毒肺炎的视角》，《经济界》2020 年第 6 期。

② 吴静：《农业生产中的突发事件及应对策略研究》，硕士学位论文，河南农业大学，2012 年。

③ 童星、周利敏：《灾害风险与公共安全》，《广州大学学报》（社会科学版）2021 年第 20 卷第 4 期。

急能力，也考验了中国合理调度应急物资的应急能力。在这次新型冠状病毒感染性肺炎疫情应急管理过程中，曾出现过封城百姓生活物资（如大米、蔬菜类）急缺的情况。灾情是重要的基本国情，而大米、蔬菜等粮食类应急物资生产能力及其储备则是重要的国家实力。此时，一方面是"封城"的城市面临应急粮食物资急缺，另一方面是当下中国出现大量耕地撂荒的现象，二者的矛盾引起中国对"如何通过治理农地边际化预防公共危机"的重视。

（一）建立边际土地应急开垦区

近年来，江浙地区的大部分农村劳动力选择进城务工，优质耕地抛荒现象严重，农地边际化风险高。面对新冠疫情引发的粮食安全问题，有学者提出优化粮食安全保障体系，将边际土地应急管理纳入其中。比如，在浙江东部沿海地区，特别是在具备粮食种植条件的岛屿开展边际土地应急管理试点工作。允许将部分无人海岛长期租赁给企业或者个人，在保持不破坏海岸带（海岛）生态的前提下，鼓励在试点地区建造农田水利设施，适当开垦荒地用于粮食种植。同时将海岛旅游与农田开发相结合，船只的粮运功能与客运功能相结合，打造类似日韩的应急开垦区用于保障危机时刻的粮食安全。另外，在编制山地丘陵地区农村全域土地综合整治规划时，增加应急开垦区的相关建设内容。这些应急开垦区可以是目前已经处于边际化状态的农田，也可以将合适耕种的生态用地纳入其中，只有在暴发危机的时候用于粮食生产。

（二）构建差别化农业补贴政策

虽然中国一直出台有相关农业补贴政策，但微薄的农业补贴弥补不了高农业生产成本带来的农业消极性。有学者提出构建差别化的农业补贴政策，重点开展稻田边际化整治。打破目前"一刀切"式的农业补贴模式，首先根据自然地理特征将浙江省农业补贴区分为平原区、山地丘陵区和海岸带（海岛区），然后以"生产成本＋收入补偿"的方式确定具体补偿标准。其中按当地城市职工工资估算农户劳动力成本，争取缩小务农生产收入与务工生产收入的差距，甚至在部分粮食高产地区实现务农收入超越务工收入，进而从根源上彻底消除浙江省部分地区农地边际化问题。另外，建议重点选取大米作为农业补贴的重点作物，将有限的财政资金用于治理稻田的边际化，早日实现浙江省大米的自给自足。

（三）加大对骨干农户的帮扶

农地边际化的主导因素是农村劳动力的流失。挽救流失的农村劳动力或增强从事农业生产农户的农业生产能力，是开展农地边际化应急管理的目标之一。有学者提出，加大对骨干农户的帮扶，逐步开展"一村一品"运动。选取思想政治表现好、文化素质较高、年纪轻、在群众中有威信的农户作为骨干加以培育。在同等条件下，给予骨干农户更高的农业补贴支持、更多的技能培训机会以及更好的子女教育渠道。同时，学习日本"一村一品"运动，以村为基本单位，按照省内外市场需求，以骨干农户为抓手，充分发挥本地资源优势，大力推进规模化、标准化、品牌化和市场化建设，使一个村（或几个村）拥有一个（或几个）市场潜力大、区域特色明显、附加值高的主导农产品和产业。[1]

三　应对国际贸易危机的农地边际化应急管理

中国是世界上粮食进口大国之一。尽管中国是一个农业大国，但相比其他国家，中国的农业实力相对薄弱[2]，而且对于庞大的 14 亿人口来说，中国的农业用地以及水土资源还不够充足，存在粮食供不应求的风险。为此，从他国购买粮食成为中国缓解粮食供不应求的另一途径。

（一）中国粮食进口贸易现状

当前，中国粮食供给缺口仍然较大，对进口贸易的依赖依然明显。据中商产业研究院数据库显示，2020 年中国粮食进口量为 14262 万吨，同比增长 28.0%，如图 9 - 4 所示[3]。就中国粮食进口贸易规模而言，中国粮食进口数量近几年有所回落，但总体态势均为波动上升。具体来说，2015—2016 年和 2017—2019 年，中国粮食进口贸易增长率呈短暂的下降趋势。但 2020 年，中国粮食进口量又回升达到最大值，进口规

---

① 陶启威、李宛骐、吴仪、陈文琼、刘东贺、李铮、钱春桃：《"一村一品"农产品品牌建设与推广研究——以江苏省常熟市董浜镇为例》，《安徽农业科学》2019 年第 47 卷第 8 期。

② 沈子威：《论全球化贸易视角下的中国主要粮食贸易格局》，《山西农经》2021 年第 7 期。

③ 张屹：《贸易摩擦形势下高新技术企业转型升级问题研究》，《现代管理科学》2020 年第 1 期。

模仍然很大。

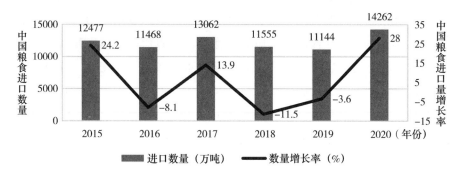

图9-4 2015—2020年中国粮食进口量及其增长情况①

就中国粮食进口贸易结构而言，小麦、玉米、大豆和稻谷仍为主要进口粮食作物。据中国海关发布的数据显示，2018年中国大豆进口8803万吨，占粮食进口总量的76.18%；谷物进口2046万吨，占粮食进口总量的17.71%；小麦进口287.6万吨，占粮食进口总量的2.49%。近年来，在供给侧结构性改革的调整下，中国粮食进口贸易结构有所调整。最新数据显示，2020年上半年中国累计进口粮食6090万吨，同比增长20.6%。其中累计进口小麦335万吨，同比增长90.3%；进口玉米465.63万吨，同比增长17.6%，进口大豆4504万吨，同比增长17.69%。而进口稻谷及大米124万吨，同比下降2.4%。

就中国粮食进口贸易参与国而言，相对聚集且固定。中国进口的稻谷多来源于东南亚的泰国与越南，中国从这两个国家进口的稻谷占中国进口总量的70%以上②。澳大利亚、美国以及加拿大是中国进口小麦的主要国家，2000—2009年，主要通过美国和澳大利亚输入小麦，进口量占据中国小麦总量的70%。因为中美贸易摩擦的爆发，小麦进口来源地有所变化，近年中国主要从"一带一路"沿线国家进口小麦。中国玉米进口国主要来源于美国、巴西以及乌克兰，自2015年起，中国进口玉米的

---

① 资料来源：中商产业研究院数据库。
② 张琰：《中国粮食贸易中虚拟土地进口的影响因素分析》，硕士学位论文，云南财经大学，2021年。

最大来源地变成乌克兰。大豆主要是从美国和巴西进口，而且自2013年起，巴西超越美国，成为中国最大的大豆进口国（见表9－1）。

表9－1　　　　　2001—2018年中国主要粮食作物主要进口来源国①

年份	稻谷	小麦	玉米	大豆
2001	泰国　老挝	加拿大　美国	美国　巴西	美国　阿根廷
2003	泰国　老挝	美国　加拿大	美国　阿根廷	美国　巴西
2005	泰国　越南	美国　加拿大	美国　阿根廷	美国　巴西
2007	泰国　越南	加拿大　澳大利亚	老挝　缅甸	美国　巴西
2009	泰国　老挝	美国　澳大利亚	美国　巴西	巴西　美国
2011	泰国　越南	澳大利亚　美国	美国　巴西	巴西　美国
2013	越南　巴基斯坦	美国　加拿大	美国　乌克兰	巴西　美国
2014	越南　泰国	澳大利亚　美国	美国　乌克兰	巴西　美国
2015	越南　泰国	澳大利亚　加拿大	乌克兰　美国	巴西　美国
2016	越南　泰国	澳大利亚　美国	乌克兰　美国	巴西　美国
2017	越南　泰国	澳大利亚　美国	乌克兰　美国	巴西　美国
2018	越南　泰国	加拿大　哈萨克斯坦	乌克兰　美国	巴西　美国

资料来源：联合国贸易数据库。

（二）中国面临的国际贸易危机

当下世界局势多变，意识形态、地缘政治、多边贸易和投资框架体系遭遇挑战等一系列非市场因素严重扰乱全球农产品市场和贸易秩序，而粮食能源化和金融化、自然灾害频发等层出不穷的因素则导致国内外农产品市场形势更加错综复杂。② 在极端情形下，全球粮食市场稳定性堪忧，中国面临全球粮食供应贸易危机。

一方面，随着全球变暖形势日益严峻，极端天气衍生出的自然灾害和病虫害进入高发期，严重威胁全球粮食生产和粮食市场的稳定性。据

---

① 资料来源：联合国贸易数据库。
② 朱晶、臧星月、李天祥：《新发展格局下中国粮食安全风险及其防范》，《中国农村经济》2021年第9期。

报道，2020 年东非国家遭遇 70 年来最严重的蝗灾，其中埃塞俄比亚、肯尼亚、索马里、南苏丹、乌干达和坦桑尼亚这六个国家的蝗灾最为严重，其粮食生产和出口贸易受到严重威胁。另一方面，世界范围内单边主义、贸易保护主义盛行，严重扰乱了国际粮食市场与贸易的秩序和格局。尤其是在逆全球化背景下，国际政治经济变局对全球粮食的可获得性和稳定性的影响不容小觑。比如，美国的弱势美元政策、粮食能源化的农业政策、国际投机资金的疯狂炒作以及主要粮食集团在世界范围的垄断操控等①，受这些因素影响，国际粮价进入频繁波动期，加重了国际粮食市场的不稳定性。

除此之外，2020 年的新冠疫情更是导致国际贸易受阻。2020 年 4 月以来，欧洲和大洋洲许多与中国有着良好贸易关系的国家都宣布采取粮食禁运政策，限制或禁止粮食出口。联合国粮食及农业组织表示，产粮国限制出口、进口国扩大库存、运输问题以及新兴市场货币的贬值，正在推高粮食进口国的谷物进口价格。

（三）中国应对国际贸易危机的农地边际化应急管理

面对国际贸易危机可能引发的粮食安全问题，中国从农地边际化治理的角度采取了一些应急措施。一是提出"藏粮于地、藏粮于技"的治理理念，努力加大"藏粮于地、藏粮于技"力度，阶段性提高谷物进口量，缓解土地过度消耗的资源压力②。二是制定相关扶持政策，鼓励本土大粮商"走出去"，在海外开辟种植基地或进行农业投资合作，利用境外农业资源种植既有自主知识产权又有市场竞争力的大豆转基因品种，以此建立稳定可靠的进口渠道。这样既有利于满足国内转基因品种的需求，又能够做到风险自主可控，减少对外部的依赖。同时，有利于持续不断地提升转基因品种的科研水平，开发更具竞争力的转基因品种，始终保持竞争优势。三是建立健全金融支持机制，发挥农业政策性金融和开发性金融的职能作用，为本土粮食企业全产业链发展提供融资支持，国家财政给予配套贴息和风险补偿。特别是积极支持本土大型粮商"走出去"

---

① 宋承国：《世界粮食危机与中国粮食安全》，《当代经济研究》2009 年第 2 期。

② 杨晓东：《危机后世界粮食贸易发展及其对中国粮食安全的影响》，《内蒙古社会科学》（汉文版）2017 年第 38 卷第 3 期。

战略，在海外建立粮食生产基地，有效开发和利用海外资源，强化全球粮源、物流、贸易、加工、销售的垂直整合与布局，打造具有国际影响力和竞争力的世界级大粮商。这为农地边际化应急管理提供了一些有价值的实践经验。

索　引

后　记

笔者致力于农地边际化研究 10 余年，较为科学地将农地边际化内涵从土地经济学范畴拓延至行为经济学及心理学范畴，通过提出"农地利用心理纯收益"的概念，解决了传统农地边际化研究过程中理论与实际不匹配的问题，优化了农地边际化的理论内涵。较为科学地设计了农地边际化定量研究体系，通过对地理空间大数据的挖掘及相关可视化技术的研发，解决了传统农地边际化研究对统计数据的极大依赖问题，拓展了农地边际化时空演变研究的思路。通过综合考虑粮食安全、环境保护与经济效益之间的关系，有针对性地提出了差异化的农地边际化治理策略。为精准化开展农地边际化治理工作提供了理论与方法支持，同时为扭转传统农地边际化研究只重视其负外部性而忽视其正外部性的现状提供了科学依据。

本书是浙江省自然科学基金杰出青年项目（LR21G030001）和教育部人文社会科学研究青年项目（19YJC630076）的主要成果。感谢自然资源部国土整治中心、中国国土勘测规划院、中国科协调研宣传部、浙江省自然资源厅、福建省自然资源厅、浙江省自然科学基金委员会、浙江省科协、浙江省国土整治中心、宁波市自然资源和规划局对本项研究工作的支持和帮助。感谢南京大学黄贤金教授、中科院地理科学与资源研究所李秀彬研究员、中国人民大学严金明教授、浙江大学吴宇哲教授、香港城市大学张晓玲教授、香港中文大学关美宝教授、加拿大滑铁卢大学钱筑教授在本研究开展过程中给予的指导和帮助。感谢浙江工商大学马妮娜、秦海涛、程怡诺、李天翔、李科、杨超、孙聪聪、顾涛、杨润等同学在本项研究工作中的协助。

农地边际化的治理是保障国家粮食安全与可持续发展的重要议题。

本书仅仅是从理论、方法和思路等方面做了些初步的探索性研究，这是我们进一步开展更多研究的起点。书中不够成熟或错误之处还希望得到各位读者的关注与指正。

李 焕

2022 年 11 月